Luís XVI

Coleção Biografias **L&PM** Pocket:

Balzac – François Taillandier
Freud – René Major e Chantal Talagrand
Gandhi – Christine Jordis
Júlio César – Joël Schmidt
Kafka – Gérard-Georges Lemaire
Luís XVI – Bernard Vincent
Kerouac – Yves Buin
Modigliani – Christian Parisot
Picasso – Gilles Plazy
Shakespeare – Claude Mourthé

Bernard Vincent

Luís XVI

Tradução de Julia da Rosa Simões

www.lpm.com.br

Coleção **L&PM** Pocket, vol. 652
Série Biografias/10

Título original: *Louis XVI*

Primeira edição na Coleção **L&PM** POCKET: outubro de 2007

Tradução: Julia da Rosa Simões
Capa: *Projeto gráfico* – Editora Gallimard
  Ilustrações da capa: O rei da França Luís XVI (1754-1793, rei entre 1774-1791) com a insígnia da ordem de Saint Esprit, autor anônimo (Musee Carnavalet, Paris); e discurso do rei Luís XVI diante da Convenção Nacional em 1792, época da Revolução Francesa, autor anônimo.
Revisão: André de Godoy Vieira, Bianca Pasqualini

CIP-Brasil. Catalogação-na-Fonte
Sindicato Nacional dos Editores de Livros, RJ

V6811	Vincent, Bernard, 1935-
	   Luís XVI / Bernard Vincent ; tradução Julia da Rosa Simões. – Porto Alegre, RS : L&PM Editores , 2007.
	   264p. : 18 cm. – (Biografias L&PM Pocket ; 652)
	
	   Tradução de: *Louis XVI*
	   Apêndice
	   Inclui bibliografia
	   ISBN 978-85-254-1700-8
	
	   1. Luís XVI, Rei da França, 1754-1793 - Biografia. 2. França - Reis e governantes - Biografia. I. Título. II. Série.

07-3708.	CDD: 923.144 CDU: 929"1754/1793"

© Éditions Gallimard 2005

Todos os direitos desta edição reservados a L&PM Editores
Rua Comendador Coruja, 314, loja 9 – Floresta – 90220-180
Porto Alegre – RS – Brasil / Fone: 51.3225.5777 – Fax: 51.3221-5380

Pedidos & Depto. comercial: vendas@lpm.com.br
Fale conosco: info@lpm.com.br
www.lpm.com.br

Impresso no Brasil
Primavera de 2007

Sumário

Apresentação / 7
Um fim alcançado / 9
Inícios difíceis / 17
Um novo destino / 29
Um casamento diplomático / 37
Rei aos vinte anos / 54
A reforma inalcançável / 89
A miragem americana / 104
À espera da Revolução / 127
O início do fim / 148
Como um tufão / 159
A Revolução em curso / 177
O fiasco de Varennes / 194
Fim de partida / 209

ANEXOS
Referências cronológicas / 236
Referências bibliográficas / 242
Notas / 245
Agradecimentos / 255
Sobre o autor / 256

Apresentação

Se fosse verdade que a história é sempre escrita pelos vencedores, a imagem dos vencidos transmitida à posteridade seria, em si, o produto de uma historiografia marcada – para sempre? – pelo resultado das grandes convulsões coletivas.

Fazer como se a história não tivesse acabado de uma vez por todas e querer voltar às representações alteradas que ela nos lega é uma tarefa particularmente desconfortável. É, no entanto, dever do historiador e do biógrafo tentar fazê-lo, contanto que não ceda à tentação maléfica do revisionismo.

Neste livro, meu objetivo será, portanto – ao tentar, nos limites do possível, imaginar-me no lugar e na posição do personagem –, buscar a verdade de Luís XVI por trás do espelho deformador da história e da historiografia republicanas. Esse monarca foi censurado por tudo – tudo e seu contrário: por ter favorecido a Revolução e ter-se oposto a ela, por ter sabido acomodar-se aos novos tempos e ter encabeçado conflitos ultrapassados. Sem dúvida existe verdade nessas duas maneiras de abordar o personagem, mas também é preciso levar em conta a complexidade das coisas – a do indivíduo, que era grande, e a da época, que não o era menos.

Na verdade, não nos contentamos em cortar a cabeça deste rei da França: nós o matamos uma segunda vez, ao apagar uma boa parte do que ele foi como rei e como pessoa e ao jogar no cesto, ao mesmo tempo que sua cabeça, toda uma parte do que ele foi e fez. Ao escrever isto, penso, mas não unicamente, em seu extraordinário engajamento a favor da revolução americana.

Ele tem vinte anos ao subir ao trono, 21 quando começa a guerra da Independência, 27 no momento da vitória de Yorktown, 35 quando eclode a Revolução Francesa, 39 no ano de sua decapitação. A imagem deformada de Luís XVI – geralmente representado como um ser envelhecido antes do tempo, pequeno, obeso, introvertido, sem envergadura, inconstante e inconsistente, bonachão, pouco inteligente, indeciso e fraco – desempenha historicamente, mas em sentido inverso, o mesmo papel que a imagem deformada de George Washington nos Estados Unidos: uma é diabolizada; a outra, divinizada –, as duas são irreais. A cortina de fumaça é tão espessa entre essas representações e o que elas têm por função mascarar que tentar ver claramente de outra forma, sem para tanto deformar as coisas no sentido contrário, é não apenas um desafio, mas uma espécie de sacrilégio. É, em todo caso, tratando-se de Luís XVI, o desafio que esta obra se propõe recuperar.

Um fim alcançado

Em 21 de janeiro de 1793, às cinco horas da manhã, Luís XVI, que está separado de sua família desde 11 de dezembro e vive isolado num aposento da prisão do Temple, desperta, acordado por Jean-Baptiste Cléry, seu mordomo.

O apartamento do rei está localizado no segundo andar da grande Tour du Temple*. A rainha está instalada no andar superior, num apartamento quase idêntico, mas qualquer comunicação é impossível. O aposento do rei tem aproximadamente 65 metros quadrados e possui quatro peças de tamanho mais ou menos igual: uma antecâmara, na qual se revezam guardas e vigias e onde foi afixada uma Declaração dos Direitos do Homem e do Cidadão, o quarto de dormir do rei, uma sala de jantar e um segundo quarto, reservado a Cléry.

O rei fora dormir por volta da meia-noite e meia. Cléry, por sua vez, não passara a noite em seu próprio quarto, mas na mesma peça, sentado em uma cadeira. "Dormi bem", diz o rei, "eu estava precisando[1]". Então ele faz a barba e se veste, não sem tirar dos bolsos sua luneta, sua caixa de tabaco e seu porta-moedas. Como de hábito, ele usa uma roupa marrom-clara, forrada com um fino tecido cru, com botões de metal dourado. Ele pede a Cléry que lhe corte os cabelos, mas o par de tesouras lhe é recusado. "O carrasco é suficiente para ele"[2], murmura uma sentinela.

Por volta das seis horas, o abade Edgeworth de Firmont entra, transforma a cômoda em altar e, com o que havia à disposição, celebra uma missa de comunhão. O rei, bastante recolhido, fica de joelhos durante toda a duração do ofício e recebe o viático. A partida para o cadafalso, prevista para as oito horas, só acontecerá às nove horas. Está frio. Do lado de fora, o termômetro marca três graus.

---

* *Tour du Temple* (Torre do Templo): antiga fortaleza parisiense construída pelos templários que, nessa época, servia de prisão. (N.T.)

Na véspera, por volta das duas horas da tarde, a Convenção, que acabara de pronunciar a condenação à morte do "antigo" rei por "conspiração contra a liberdade da nação"[3], havia enviado ao Temple uma delegação conduzida por Garat, ministro da Justiça. Este, escoltado por Hébert, substituto do procurador da Comuna, e por Malesherbes, um dos advogados de Luís XVI, notificou ao condenado tanto a natureza do veredicto como o fato de que a sentença era de execução imediata e seria realizada nas próximas 24 horas. Antes mesmo de Garat falar, o rei, vendo seu advogado enxugar os olhos, fizera esta observação: "Eu esperava o que suas lágrimas me informam; recomponha-se, meu caro Malesherbes"[4].

O rei ficou como mármore à declaração do veredicto, e sua placidez espantou todos os dignitários presentes, inclusive Hébert. Alguns dias antes, esse último exigira, no entanto, a morte de Luís Capeto, chamado de "Luís, o traidor", não hesitando em descrever o antigo rei com os traços de um bêbado "roncando à noite como um porco em sua pocilga", equiparando Maria Antonieta ("a arquitigresa da Áustria"), por sua vez, a uma "macaca" e seus filhos a "pequenos sajuns"[5]. Sucede que esse mesmo homem, fundador do célebre *Père Duchesne*, folheto de propaganda de opiniões e vocabulário particularmente enérgicos, que ninguém desconfiaria de complacência em relação ao rei, relatou, em termos ao mesmo tempo emocionados e elogiosos, a cena da notificação:

> Ele ouviu com raro sangue-frio a leitura do julgamento. Mostrou tanta unção, dignidade, nobreza, grandeza em sua postura e suas palavras que não pude agüentar. Lágrimas de raiva vieram molhar minhas pálpebras. Ele tinha em seus olhos e em suas maneiras algo de visivelmente sobrenatural ao homem. Eu me retirei, tentando reter as lágrimas que escorriam a contragosto e decidido a encerrar ali meu ministério[6].

Luís XVI não deixou de fazer diversas solicitações. Ele pediu que lhe dessem três dias de prazo para melhor se preparar para a morte, que autorizassem a vinda de um sacerdote refratário* (o abade de Firmont, já confessor de sua irmã, Madame Elisabete), que deixassem de submetê-lo a uma "vigilância perpétua", que o autorizassem, durante os três dias em questão, a ver sua família "livremente e sem testemunhas" e que a nação cuidasse das pessoas ligadas a ele. A resposta da Convenção chegou por volta das dezoito horas: era não para o prazo suplementar, sim para o resto. Segundo o abade de Firmont, o rei conservou a mesma impassibilidade que expressara quando do anúncio do veredicto: "Ele estava no meio deles, calmo, gracioso, até tranqüilo"[7].

A delegação se retirou. Pouco depois, os oficiais municipais serviram ao rei o último jantar de sua vida. Como não lhe haviam levado nem faca, nem garfo, Luís XVI não conseguiu reprimir certa irritação: "Consideram-me covarde o suficiente para atentar contra minha própria vida?". E acrescentou, para estupefação dos presentes: "Eu morrerei sem medo. Gostaria que minha morte fizesse a alegria dos franceses e pudesse afastar as desgraças que prevejo: o povo entregue à anarquia, vítima de todas as facções, crimes se sucedendo, grandes dissensões dilacerando a França"[8].

Por volta das vinte horas, o rei, ansioso por começar a prestar contas a Deus, exigiu a presença do abade de Firmont e fechou-se com ele para uma primeira conversa. Depois, despediu seu confessor e recebeu a família real. Era a primeira vez em mais ou menos um mês e meio que ele revia os seus, apesar de eles estarem alojados no andar imediatamente acima de seu próprio apartamento. Acompanhada pela filha Madame Royale, que acabara de festejar seus quatorze anos, e por sua cunhada, madame Elisabete, Maria Antonieta entrou, segurando o filho Luís Carlos pela mão. O rei instalou-se numa poltrona, e a criança, que só fará oito anos em dois meses, foi aconchegar-se entre seus joelhos.

O encontro ocorre na sala de jantar. A porta está fechada e, portanto, pode-se falar ou chorar livremente, mas a parede é

---

* *Sacerdote refratário*: sacerdote que se recusara a fazer o juramento de fidelidade à Constituição Civil do Clero, que subordinava a religião ao poder civil. (N.T.)

em parte envidraçada e sem cortinas. Apesar de não ouvirem nada, os guardas municipais não deixam de observar a cena – uma cena ao mesmo tempo digna e dilacerante, entrecortada por silêncios e soluços. O reencontro durará aproximadamente duas horas. A Luís Carlos, logo nomeado para a sucessão sob o nome de Luís XVII, o rei dispensa um último conselho:

– Meu filho, prometa-me jamais pensar em vingar minha morte!

A criança o jura com a mão erguida. Os demais estão em prantos, e Maria Antonieta acha-se prestes a desfalecer. Ela faz o marido prometer que os receberá uma última vez, na manhã seguinte, antes de partir:

– Eu garanto a vocês que os verei amanhã de manhã, às oito horas.

– Por que não às sete horas? – insiste a rainha.

– Pois bem, sim, às sete horas – consente o rei[9].

Ele não manterá sua promessa. Sem dúvida por carinho pela mulher e pelos seus, e para evitar, graças a essa piedosa mentira, uma cena penosa demais para todos – mas principalmente porque Luís XVI, que já não pertence totalmente a este mundo, está dominado por uma preocupação que se sobrepõe a todas as outras: sua salvação.

Perto das onze horas, a família se retira e o rei se fecha novamente em seu quarto com seu confessor. O conciliábulo terminará perto da meia-noite. Meia hora mais tarde, como já dissemos, o rei vai para a cama. Uma noite muito curta e mais algumas horas de espera ainda o separam daquilo que o poeta italiano Giovanni Pascoli magnificamente chamou "o glacial verão dos mortos".

*

Às nove horas, então, deste 21 de janeiro de 1793, tudo parece pronto. Das ruas dos arredores elevam-se ruídos crescentes de cavalgada, de relinchos, de canhões empurrados sobre a pavimentação. Rumores de complô e de ataques haviam circulado. Na véspera, Le Pelletier de Saint-Fargeau, um dos membros da Convenção que votou pela morte do rei, não fora assassinado? Teme-se que o monarca seja resgatado por seus aliados entre a prisão do Temple e a Place de la Révolution (hoje Place de la Concorde), onde deve acontecer a execução. O rei parece indiferente a toda essa agitação: "É provavelmente a Guarda Nacional", ele observa, "que começa a se agrupar"[10].

Depois, ele pede a Cléry que transmita à sua mulher, a seus filhos e à sua irmã o adeus que não pôde ou não quis expressar em pessoa. Ele lhe entrega dois objetos: seu anel de casamento, para Maria Antonieta ("Diga-lhe que o tiro com pesar"[11]), e especialmente seu sinete, com o brasão de armas da França, para o delfim, que, em algumas horas, personificará, por sua vez, a continuidade da tradição monárquica. Ele só conserva no dedo o anel da sagração.

No meio de todos esses preparativos, dizem que Luís XVI encontrou tempo para informar-se sobre uma expedição científica que ele mesmo ordenara e patrocinara alguns anos antes. Tratava-se, para toda uma equipe de eruditos, da exploração de diversos aspectos, naturais e humanos, do oceano Pacífico. A empresa tivera um desfecho trágico, pois a tripulação fora sem dúvida massacrada, em 1788, por um povo "selvagem" em Vanikoro, ilhota perto das Ilhas Salomão. Um navio fora então enviado à busca de sobreviventes, e corria o boato de que vários deles, inclusive o chefe da expedição, haviam sido avistados. Daí a pergunta feita a Cléry pelo rei:

– Têm-se notícias de La Pérouse?

Pergunta pouco comum, convenhamos, levando em conta a situação em que se encontrava o questionador, mas que (se a anedota for exata, o que não é totalmente comprovado) falaria por si mesmo sobre o humanismo e a humanidade deste rei insólito.

Santerre, comandante da Guarda Nacional, apresentarase às oito horas da manhã, acompanhado por uma dezena de gendarmes, mas o rei, que não terminara com seu confessor, convidou-o firmemente a aguardar:

– Estou ocupado, espere-me aqui, sou todo seu.

Luís XVI recebe do abade uma última bênção ("Tudo está consumado"[12], ele confidencia), entrega seu testamento a um dos oficiais municipais e anuncia a Santerre que está à sua disposição. O rei é então convidado a subir num carro de praça, cercado por seu confessor e por dois gendarmes. Antes de sentar-se, ele se vira para um dos porteiros que sem dúvida repreendera indevidamente dois dias antes e lhe diz: "Eu fui um pouco vigoroso com o senhor anteontem, não me queira mal!"[13] Luís XVI inteiro, ou quase, está nesta observação. Ela mostra a que ponto sua maior qualidade como homem foi talvez, enquanto príncipe, sua fraqueza mais trágica – a de acreditar que bastava ser um rei bom para fazer um bom rei.

De repente, tambores e trombetas anunciam em fanfarra a partida oficial do monarca. Precauções extraordinárias haviam sido tomadas pelas autoridades, e canhões haviam sido colocados em grande número em cada cruzamento estratégico. O fúnebre comboio era precedido e seguido por cerca de duzentos gendarmes a cavalo. Milhares de homens haviam sido mobilizados, e guardas nacionais estavam posicionados ao longo de todo o percurso, a fim de contar a multidão que se aglomerava de ambos os lados das vias utilizadas.

O povo estava lá, numeroso e silencioso, às vezes com alguns gritos: "Misericórida, Misericória!", ou, ao contrário, "*Ça ira, ça ira**!". Não há ninguém nas janelas; a maior parte das venezianas está fechada; quase todas as lojas estão fechadas. Paris retém a respiração.

Durante os 75 minutos do deslocamento, o rei, muito recolhido e insensível a tudo – ao nevoeiro gelado que envolve a cidade e penetra na berlinda, bem como às filas intermináveis de militares e curiosos –, recita sem parar os salmos e a oração dos agonizantes. Às dez e quinze, o cortejo pára. Estamos na Place de la Révolution.

– Chegamos, se não me engano – diz o rei[14].

---

* "*Ça ira, ça ira*": refrão emblemático da Revolução Francesa, que pode ser traduzido como "Vai dar certo, vai dar certo". O texto continua: "Os aristocratas serão enforcados / O despotismo expirará / A liberdade triunfará". (N.T.)

"Se não me engano..."! Luís XVI está a tal ponto indiferente e tranqüilo, podendo permitir-se uma espécie de gracejo? É de se perguntar com que massa era feito este homem criticado e denegrido.

O monarca sai com dificuldade do carro e coloca os pés no chão. Ele percebe a guilhotina erguida diante do Jardim das Tulherias, entre o pedestal da estátua desmantelada de Luís XV (no lugar atual do obelisco) e a entrada dos Champs-Élysées. Para evitar qualquer eventualidade, vinte mil homens foram dispostos em volta do cadafalso. A um dos carrascos que avança em sua direção, Luís XVI indica seu confessor e diz: "Eu lhe confio este padre. Cuide que depois da minha morte não lhe seja feito nenhum insulto"[15].

Todas as testemunhas da cena, hostis ou não ao rei deposto, notaram a calma absoluta que emanava de sua pessoa. Seus cabelos não estão desarrumados. Sua tez não está alterada nem seus traços estão cansados. Como confessou ao abade de Firmont, ele se sente, desde a véspera, invadido por "uma sensação deliciosa e extraordinária"[16] que não consegue explicar. Está a alguns metros dos degraus do cadafalso. Ele mesmo retira seu casaco, sua echarpe e, a pedido do carrasco principal, o célebre Carlos-Henri Sanson, abre o colarinho de sua camisa, para melhor desimpedir a nuca. Então querem amarrar suas mãos. Ele recusa:

– O que vocês pretendem fazer? – ele exclama.
– Amarrar o senhor – responde o homem.
– Amarrar-me! Não, jamais consentirei. Façam o que lhes foi ordenado, mas vocês não me amarrarão, desistam desse plano.

Mas ele acaba o aceitando, a pedido expresso do abade de Firmont, que, para convencê-lo, evoca o exemplo do Cristo: "Façam o que vocês quiserem", diz o rei aos executores, "eu beberei no cálice da amargura até o fim"[17]. Ele deixa então que lhe cortem os cabelos. Enquanto o rufar dos tambores acompanha cada um de seus passos, ele galga lentamente os altos degraus do cadafalso. Contra qualquer expectativa, ele imediatamente avança em direção à borda esquerda do estrado, faz sinal aos tambores para se calarem e, com uma voz forte, dirige-se à multidão e, para além dela, ao conjunto do país:

– Eu morro inocente de todos os crimes que me imputam. Perdôo os autores de minha morte. Rogo a Deus que o sangue que vocês derramarão jamais recaia sobre a França[18].

Ele quer continuar, mas Santerre faz com que sua voz seja encoberta por novas batidas de tambor. O abade de Firmont tem o tempo exato de dizer ao supliciado: "Filho de São Luís, suba aos Céus"[19]. O rei é agarrado, amarrado à prancha, o cutelo cai, a cabeça rola para dentro do cesto. O "navalha nacional" faz seu trabalho. São 10h22.

Um assessor do carrasco, chamado Gros (a menos que se trate de Henri Sanson, o próprio filho do guilhotinador), apodera-se então da cabeça sanguinolenta de Luís XVI e a estende para a multidão reunida. Alguns gritos, "Viva a Nação! Viva a República! Viva a Liberdade!", algumas salvas de artilharia, ao longe algumas danças. Mas o sangue do rei esguichou sobre a multidão, e cenas inimagináveis acontecem então: as pessoas se empurram para comprar do guilhotinador alguns cabelos avermelhados do monarca; no cadafalso, os carrascos mergulham seus dedos no sangue derramado e lambuzam o rosto uns dos outros; embaixo, na multidão, oficiais molham a ponta de seus sabres nas manchas de sangue, enquanto mulheres embebem seus lenços. Vemos até, observa o biógrafo Éric Le Nabour, "um ex-nobre trepar no estrado, esfregar os braços com o sangue de Luís XVI, depois aspergir o público três vezes, num sinistro e último ritual". Não apenas o rei foi morto, a monarquia foi executada. No auge do furor mimético, o homem de braços maculados, um revolucionário da cidade de Brest, solta então este grito:

– Republicanos, o sangue de um rei traz sorte![20]

Os despojos do monarca serão pouco depois transportados na carroça de Sanson até o cemitério próximo de La Madeleine, sepultados em uma fossa mais profunda que o normal (para colocar o cadáver ao abrigo de profanações e roubos), depois aspergidos com cal viva.

A felicidade da França podia começar.

Inícios difíceis

O futuro Luís XVI nasceu em Versalhes, em 23 de agosto de 1754. Neto de Luís XV, que contava então 44 anos, o recém-nascido tinha por pai o delfim da França, Luís Ferdinando, e por mãe a delfina Maria Josefa da Saxônia*.

Poderíamos pensar que o menino tinha pouco sangue francês. Jean-François Chiappe divertiu-se, aliás, em fazer a lista de suas origens: saxão pela mãe, polonês pela avó, *savoyard* pela bisavó, duplamente espanhol pela trisavó e pela tetravó, florentino pela sogra desta. Por essa conta, o menino só seria francês por "$1/128$" de seu sangue. Mas, acrescenta o historiador, essa maneira de ver é falsa, pois todas essas estrangeiras tinham, elas mesmas, graças a múltiplos casamentos entrecruzados, sangue francês nas veias. Portanto, podemos dizer que, com exceção da mãe do recém-nascido, "todos os ascendentes [desse último] remontam à sua própria família"[21].

Maria Josefa da Saxônia não estava nem em seu primeiro, nem em seu último parto: entre 1750 e 1764, ela daria à luz cinco meninos e três meninas, sem contar os numerosos abortos. Graças a ela, o futuro da casa de Bourbon estaria assegurado de qualquer maneira.

O delfim e sua mulher viviam o quanto podiam afastados da corte. Eles não gostavam da intrigante que ali reinava, a Pompadour, e não suportavam nem seus hábitos, nem sua influência. Luís XV, que dera a seu filho uma educação das mais austeras, não pretendia oferecer a seu olhar e a seu julgamento, a cada dia, a frivolidade de sua própria existência (em 1770, uma de suas filhas, Luísa, entrará para as carmelitas a fim de expiar os pecados do pai!). Por isso, ele não se opôs ao afastamento do delfim e de sua esposa. Esse isolamento tinha a vantagem de facilitar a vida de casal dos dois, mas tornava

---

* *Delfim* é o título do primogênito do rei da França, herdeiro do trono. A *delfina* é sua esposa. (N.T.)

os nascimentos problemáticos, pois a vinda ao mundo de uma criança real precisava ser publicamente constatada por várias testemunhas. Como o delfim era um esposo dos mais atenciosos, era difícil para a delfina fazer cálculos precisos e saber em que momento se produziria o evento esperado.

Assim, quando por volta das três horas da manhã, nesta noite de 22 para 23 de agosto de 1754, ela foi tomada por dores, o rei se encontrava com seu séquito em Choisy, onde se instalara para o verão. Ele tinha ali um castelo, resgatado à princesa de Conti. Situada nas margens do Sena e a dois passos da floresta de Sénart, essa morada tinha a vantagem de oferecer um pouco de frescor – e nesses últimos dias de agosto o calor estival se tornara sufocante.

O parteiro da família real, o célebre Jard, acorre em plena noite à cabeceira da delfina e, enquanto ele se ocupa, o delfim, vestido com um simples roupão, alerta os carregadores de cadeira, os guarda-costas, a sentinela, dizendo a cada um: "Entre, meu amigo, entre rápido, para ver minha mulher parir". Logo chegam o chanceler, o ministro da Justiça, o controlador-geral e o marquês de Puysieux: eles poderão atestar que o nascimento aconteceu em sua presença e às 6h24 minutos da manhã.

Durante o trabalho, Binet, primeiro mordomo do delfim, despachara para Choisy um cavalariço da Petite Écurie. Este era portador de uma mensagem anunciando a Luís XV o nascimento iminente do bebê, mas, querendo fazer bem demais, ele caiu do cavalo antes de chegar ao destino. O delfim, depois do nascimento da criança, enviou um de seus escudeiros, M. de Montfaucon, para prestar contas ao rei. O escudeiro encontrou no caminho o cavalariço, que jazia atravessado na estrada. Ele pegou sua mensagem e levou ao monarca, ao mesmo tempo, a dupla notícia, do trabalho de parto da delfina e do nascimento. O rei voltou para Versalhes rapidamente, não sem conceder dez luíses de pensão de seu tesouro particular ao cavalariço e mil libras ao escudeiro.

O bebê é, portanto, um menino: o terceiro, pois ao primogênito, o duque de Borgonha, nascido em 1751, convém acrescentar o duque de Aquitânia, nascido em 8 de setembro de 1753, mas que morreria de coqueluche um ano mais tarde, em 22 de novembro de 1754 – três meses depois do nascimento do futuro Luís XVI. Durante o ano de 1755, a delfina também perderia uma filha, Maria-Zéphirine. Às mortes sucediam os nascimentos, aos nascimentos sucediam as mortes: ciclo cruel da vida naqueles tempos de fragilidade humana, quando, em todos os estratos da sociedade, muitas vezes se nascia para morrer quase imediatamente.

Assim que o rei entrou no quarto da delfina e pegou o recém-nascido, que já recebera a ablução, ele decidiu chamá-lo Luís-Augusto (nome que só se tornará oficial depois de seu batizado, em outubro de 1761) e o nomeia duque de Berry. O bebê é logo confiado à condessa de Marsan, governanta dos Filhos de França. Depois, segundo a regra, é conduzido a seus aposentos pelo duque de Villeroy, capitão da guarda.

Luís-Augusto tem, portanto, um irmão mais velho, destinado à coroa da França, à sombra do qual passará os primeiros anos de sua vida. Um ano mais tarde, em 17 de novembro de 1755, chegará um outro irmão, o conde de Provença, futuro Luís XVIII. A leitora de Maria Josefa da Saxônia dirá, sobre o duque de Borgonha, que ele "é belo como o dia", sobre Luís-Augusto, que ele "não lhe perde em nada", e sobre os três príncipes juntos, que eles são todos "belos e bem saudáveis"[22]. Um quarto irmão virá se somar à lista em 9 de outubro de 1757: o conde de Artois, futuro Carlos X.

Rapidamente foram avisadas as mais altas autoridades do Estado e da Igreja, e fez-se a novidade chegar aos soberanos amigos da Europa – sem esquecer o papa. Por volta das treze horas, o rei e a rainha assistiram a um *Te Deum* na capela do castelo e, à noite, foi lançado, na Place d'Armes, em frente aos aposentos do rei, um fogo de artifício que o próprio Luís XV acendeu de seu balcão com um "estopim móvel"[23]. Em Paris, os sinos começaram a tocar, mas menos do que haviam feito para o duque de Borgonha. E o rei não decretou três dias de descanso e de luzes, como fizera três anos antes. Os parisienses estavam descontentes com os aumentos de impostos, e a

Guerra dos Sete Anos contra a Inglaterra e a Prússia acabara de iniciar no Antigo e no Novo Mundo: os espíritos estavam tensos, e o povo não tinha cabeça para festejos. Além disso, Berry não era o herdeiro do trono. Cada um voltou para sua casa, e parou-se de pensar nesse príncipe supranumerário.

A moda da época eram crianças obesas, e logo se percebeu que o pequeno Luís-Augusto era franzino em excesso e de "temperamento fraco e enfermiço"[24]. O recém-nascido suportara mal o desmame, e sua ama tinha muito pouco leite. Teria sido fácil encontrar uma melhor doadora entre as suplentes que haviam sido solicitadas, mas a ama oficial era a amante do ministro da Casa Real, o duque de La Vrillière, e somente ele estava habilitado a destituí-la. A insistência materna acabou prevalecendo, apesar de tudo, e uma nova ama foi admitida, madame Mallard. O lactente começou a retomar o gosto pela vida, mas sem corresponder aos cânones da época.

Em abril de 1756, o rei, muito preocupado com a saúde de seus netos, mandou vir a Versalhes um médico famoso, o doutor Tronchin, de Genebra, que estava de passagem por Paris. Tronchin examinou Luís Augusto, achou-o um pouco frágil e sugeriu que o afastassem do ar impuro de Versalhes, empestado na estação quente pelas águas estagnadas e pelas fontes enlodaçadas. Ele recomendou que o fizessem passar o verão no castelo de Bellevue, nos altos de Meudon. O que foi feito: Luís Augusto e seu irmão mais velho ali ficam de 17 de maio a 27 de setembro de 1756. A delfina os visita todos os dias, saindo de Versalhes, apesar de ter também que cuidar de seu filho mais novo, o conde de Provença, que viera completar a família no outono anterior. O delfim também vai ver seus filhos sempre que pode. É do terraço do castelo de Bellevue, ao abarcar Paris com o olhar, que ele um dia fez esta observação: "Eu imagino o prazer que deve sentir um soberano ao causar a felicidade de tantos homens!"[25].

A condessa de Marsan, governanta dos filhos reais, era uma mulher por quem Luís XVI jamais sentiu real afeição. Se o duque de Borgonha, porque herdeiro do trono, era naturalmente o favorito do rei, madame de Marsan não escondia sua preferência pelo pequeno caçula, o conde de Provença: assim, Luís-Augusto se encontrava, no plano afetivo, numa situação incômoda. A governanta estava a serviço desde janeiro de 1754. Viúva de um príncipe da Lorraine, o conde de Marsan, e irmã do marechal de Soubise, ela pertencia ao "partido devoto" – isto é, ao círculo tradicionalista que, tanto em matéria de religião como de política, queria ver as idéias antigas triunfar na corte – e se opunha com força a todas as novidades, especialmente às que os "filósofos" procuravam impor e que certos ministros como Choiseul cultivavam. Mesmo quando adulto, Berry não levará madame de Marsan em seu coração e sempre se recusará a participar das pequenas festas que esta oferecia à família real. Sem dúvida, ele via em sua governanta uma "mãe" atenciosa, mas injusta ou no mínimo parcial.

O pai de Luís XVI – o delfim – fora uma criança impetuosa, até mesmo violenta. Mas seus preceptores, homens de devoção estreita e austera, haviam moldado seu caráter a ponto de fazer dele um devoto taciturno, inimigo das frivolidades (que não conjugais) e alérgico a festejos públicos, sob qualquer forma ou pretexto. Este ardente simpatizante da Companhia de Jesus era sem dúvida culto, tendo estudado direito público, diplomacia, agricultura e literatura inglesa, mas era um ser resignado, em quem toda a paixão e autoridade reais haviam sido apagadas e em quem só sobreviviam qualidades individuais, para não dizer privadas. Somente a arte da conversação era para ele um divertimento aceitável. Seu pai o mantivera regularmente afastado dos assuntos políticos ou militares – ele por fim o convidará para os conselhos somente pouco antes de sua morte. Não apenas o delfim estava "rodeado de hipócritas tristes e inoportunos" (as palavras são do conde de Argenson[26]), mas também via com maus olhos as idéias então na moda: "Estudei as doutrinas novas", escreveu a seu pai em 1762, "passei de seus princípios a suas conseqüências. Postas em prática, que perigos não engendrariam?"[27] Além das atividades familiares e de suas inúmeras devoções e orações, nada parecia realmente inflamar este homem, salvo os prazeres da mesa. Ele comia ou, mais exatamente, devorava sem moderação, constantemente ganhando curvas e peso, a ponto de acabar sendo descrito como um "monstro de gordura"[28].

Luís-Augusto, que sem dúvida herdara do pai esse "perfil discreto" que pouco convém a um príncipe de sangue – e que, entre outras coisas, o incitou a riscar "Augusto" de seu nome quando se tornou rei! –, tinha em sua mãe um modelo muito mais imitável. Filha de Frederico Augusto, eleitor da Saxônia e rei da Polônia, e de Maria Josefa, arquiduquesa da Áustria, possuidora de um espírito de grande delicadeza, culta, praticante de latim e diversas línguas modernas, esta jovem mulher, afastada de seu país aos dezesseis anos e desde então propensa à melancolia, tinha todas as qualidades de sua dinastia e era dotada, sob uma aparência um pouco triste, de um caráter enérgico, que contrastava com a indolência do jovem príncipe que ela desposara em 1747. Sua graça e seu espírito lhe haviam permitido, recém-casada, ser escutada e estimada pelo rei – e suscitar a admiração dos membros da corte, sendo que sua virtude e seus princípios lhe proibiam, é claro, misturar-se a seus prazeres.

Mesmo fazendo de tudo para fugir delas, nem o delfim, nem sua mulher – nem mesmo seus filhos – podiam escapar de todas as obrigações que lhes cabiam. Depois do despertar do rei, era comum que tal ou tal cortesão desejasse visitar o delfim e seus filhos, todos monarcas em potencial. Os embaixadores recebidos em Versalhes e os soberanos de passagem tinham a mesma atitude. Os netos de Luís XV tinham o dever, cada um em sua condição, de assistir aos enterros reais e aos casamentos importantes. E, tratando-se de visitas, os membros da Igreja não deixavam por menos. Em maio de 1756, três cardeais recentemente nomeados foram fazer a corte aos jovens príncipes: "O duque de Borgonha (com cinco anos) os recebeu, escutou seus discursos e passou um sermão, enquanto de Berry (22 meses) e o conde da Provença (seis meses), sentados com ar grave em poltronas metidos em seus vestidos e seus pequenos gorros, imitavam os gestos do mais velho"[29].

Em 5 de janeiro de 1757, Luís XV foi vítima de um atentado cometido por um louco solitário, Damien. Ligeiramente ferido por um golpe de canivete, ele precisou se ausentar dos conselhos por algum tempo. Estes foram então presididos pelo delfim, nomeado para a ocasião tenente-general do reino. Mas, logo que restabelecido, o rei retomou seu lugar e Luís-Ferdinando, o seu – junto à sua família.

Mantido afastado das responsabilidades políticas, o delfim se dedicou ao futuro da dinastia, isto é, à educação de seus filhos. O único poder real que Luís XV consentiu em delegar-lhe foi o de escolher os professores e preceptores de seus netos. Pois, com o passar do tempo, estes deveriam, um depois do outro, deixar as saias de suas governantas e "passar aos homens", como se dizia então.

Primeiro foi preciso escolher um "governante" encarregado de controlar as atividades educativas como um todo. Não faltavam voluntários, inclusive entre os filósofos. Os intelectuais da moda, apesar de críticos em relação ao catolicismo e às tradições monárquicas, não eram menos sensíveis às bajulações do poder. Mas, por mais distintos que fossem, esses espíritos em geral tinham o inconveniente de ser hostis ao regime em vigência. Como a principal preocupação do delfim era, evidentemente, evitar qualquer contaminação à sua progênie e pô-la ao abrigo das doutrinas novas, ele decidiu – e isso lhe parecia o menos importante – que aos futuros monarcas da França seria dispensada uma educação... pró-monárquica.

Primeiro cogitou-se o nome do marquês de Mirabeau (pai do famoso conde), economista, discípulo de Quesnay e autor de *L'Ami des hommes*, mas suas indiscrições e exigências fizeram o plano fracassar: de resto, esse nobre, provavelmente maçom, sem dúvida pendia um pouco demais para o lado do povo. Pensou-se então no duque de La Vauguyon. Descendente dos príncipes de Bourbon-Quincy e dos duques soberanos da Bretagne, cavaleiro da Ordem do Espírito Santo, homem gordo, de aspecto devoto e costumes irrepreensíveis, já homem de confiança do delfim, ele teve a sorte de estar "presente no momento certo, o que é o segredo das grandes carreiras"[30]. Ele chamará seus alunos de os "quatro F": *o Fino*, o duque de Borgonha; *o Fraco*, o duque de Berry; *o Falso*, o duque de Provença; *o Franco*, o duque de Artois.

La Vauguyon foi cercado por diversos ajudantes: um preceptor, M. de Coëtlosquet, antigo bispo de Limoges; um subgovernante, o marquês de Sinety, marechal-de-campo; um subpreceptor, o abade de Radonvillers, membro da Academia Francesa; e um leitor, o abade de Argentré. Somente a enumeração desse conjunto de educadores já dá uma idéia da orientação que tomaria a instrução dos Filhos de França. Nos salões filosóficos e nas ruas de Paris, riu-se dessas escolhas, ao mesmo tempo em que houve inquietação sobre a formação que receberiam os jovens príncipes.

O delfim apressou-se em pôr os pingos nos is e recomendou a Vauguyon que se apoiasse, além de nas Sagradas Escrituras, no *Télémaque* de Fénelon: "O senhor nele encontrará tudo o que convém à orientação de um rei que quer cumprir perfeitamente todos os deveres do trono"[31]. Sessenta anos antes, Fénelon lançara as bases para uma monarquia renovada, inimiga do despotismo, moderando o poder central com assembléias e conselhos, colocando a religião acima das considerações humanas e a moral acima da política, reforçando, no entanto, os privilégios da nobreza. Esses devaneios haviam parecido arriscados a Luís XIV, que relegara o bispo-escritor à sua diocese de Cambrai, mas em pleno século XVIII eles ainda estavam na atmosfera da época e ajustavam-se particularmente bem ao temperamento comedido do delfim. Este só podia aderir às sábias e previdentes análises de Fénelon: "Quando os reis se acostumam a não conhecer outras leis que suas vontades absolutas e não refreiam mais suas paixões, eles podem tudo: mas, por força de tudo poder, eles minam os fundamentos de seu poderio [...] eles não têm mais povo; só lhes restam escravos, cujo número diminui a cada dia"[32].

Em 1º de maio de 1758, o duque de Borgonha foi entregue, como era costume aos sete anos, aos cuidados de La Vauguyon. Sua passagem aos homens provocou um duplo sofrimento: às lágrimas de madame Marsan somou-se a emoção verdadeira do jovem príncipe, mesmo este conseguindo dominar seu pesar; mas o mais triste era Berry, pois os dois irmãos se viram repentinamente separados. Luís Augusto seguiu, portanto, de vestido, em vez de usar as roupas masculinas, e continuou a aprender a escritura, a leitura e a história sagrada sob a tutela de sua governanta e sob a vigilância estrita de seus pais. Estes não deixavam aos outros a total responsabilidade pela educação de seus filhos. Maria Josefa se encarregava da história das religiões, e o delfim do ensino de línguas, sem jamais esquecer as lições de moral: aprendam, dizia ele, "que todos os homens são iguais perante a natureza e aos olhos de Deus, que os criou"[33]. Estranhamente, isso parecia anunciar os belos princípios da Declaração de Independência americana ("todos os homens foram criados iguais e dotados por seu Criador de direitos inalienáveis") ou, ainda, a futura Declaração francesa dos Direitos do Homem e do Cidadão ("Os homens nascem e permanecem livres e iguais em direitos"), mas, na realidade, tinha antes de tudo um significado ético, o de que um príncipe, apesar de dever ser o modelo de todas as virtudes, não pertence, no entanto, a uma raça superior e deve ser sensível aos males da humanidade.

Normalmente, o duque de Berry deveria esperar três anos antes de juntar-se a seu irmão mais velho ao lado do governante e seus assistentes. Mas um acontecimento inesperado precipitou as coisas e fez com que ele passasse aos homens em 1760, quando tinha apenas seis anos.

O duque de Borgonha era a adoração de seus pais e da corte. Com facilidade para aprender, mas detestando o esforço, ele era uma criança alegre, mimada, caprichosa, segura de si, naturalmente brutal com os subalternos, já consciente do poder que encarnava e convencida de ser superior a todos – a seu pai, e mesmo ao rei: "Por que não nasci Deus?"[34], perguntou um dia. Mas na primavera de 1760 esta criança paparicada, a quem é oferecido um dos mais belos brinquedos da Europa, cai do alto de seu cavalo de papelão. Ele começa a mancar, e descobre-se que sofre de um tumor na coxa. O menino é operado, mas nada acontece. O mal parece se agravar a cada dia que passa, e os médicos não sabem como dissimular aos pais e ao rei que um desenlace fatal é previsto. O pequeno príncipe é condenado a ficar no quarto, e seus estudos são interrompidos. Ele sofre, se aborrece e começa a definhar. Seu melhor consolo seria ter a seu lado o mais velho de seus irmãos. O pedido é atendido. Berry passa aos homens, e La Vauguyon recruta para ele um segundo subpreceptor.

A partir de então, os dois irmãos ficam freqüentemente juntos e o duque de Borgonha, que não perdera nada de sua soberba, encontra um meio de ocupar seu tempo: ele vai se dedicar a aperfeiçoar a educação de Berry, em quem nascera o gosto precoce pela geografia e pelas artes mecânicas, mas que se sentia pouco inclinado à literatura ou à reflexão abstrata – e a quem convém mostrar, *através do exemplo,* o que é e como deve se comportar um príncipe bem instruído. Podemos ver as coisas de outra maneira e considerar que o delfim e a delfina conscientemente sacrificaram os interesses do mais novo pelos do mais velho: é preciso a qualquer custo distrair o duque de Borgonha, e seu restabelecimento prevalece sobre todo o resto, mesmo se isso precisar atrasar os estudos do irmão.

Em todo caso, o duque de Borgonha leva a sério seu papel de pedagogo e não hesita em passar sermões a seu irmão, que nunca protesta. Ele corrige todos os seus desvios de linguagem (Berry só tem seis anos!), enche-o de conselhos e se passa por professor espiritual. Eles jogam cartas, mas o mais velho trapaceia e Berry se cala. Ele agüenta, jamais se rebela – ou muito raramente. Ele se torna, apesar da ternura natural que une os dois meninos, a vítima de um primogênito que nunca deixa de lembrar-lhe que é o futuro rei e que, a longo prazo, todos os demais, inclusive seus irmãos, serão seus súditos. Alguns fazem de tudo para pôr os dois jovens príncipes um contra o outro. E quando insinuam ao duque de Borgonha que devido à sua doença de Berry poderá um dia subir ao trono em seu lugar, ele explode: "Não, nunca, mesmo que eu fique na cama toda a minha vida no estado em que estou"[35]. Apesar desses insultos, o mais velho permanecerá um modelo na consciência e na lembrança de Berry. Em 1781, este, agora Luís XVI, escolherá espontaneamente nomear seu primeiro filho, Luís José, duque de Borgonha.

Com o passar do mês, o estado do irmão mais velho apenas piora. É diagnosticada uma tuberculose dupla – pulmonar e óssea. Estamos em novembro de 1760 e todos, inclusive o delfim e a delfina, precisam admitir: não há mais esperança, o menino está destinado a uma morte inelutável. Todos os que freqüentam os pais do pequeno duque de Borgonha os encontram "em um abatimento de dor difícil de se imaginar"[36]. O desfecho parece tão próximo que se decide batizar o jovem príncipe e levá-lo a fazer sua primeira comunhão. A cerimônia do batismo ocorre em 29 de novembro, em seu gabinete. A comunhão acontece na manhã seguinte, em seu quarto. O capelão do rei é o oficiante, assistido pelo duque de La Vauguyon e por M. de Coëtlosquet. O *Le Mercure de France* observa que "o duque de Borgonha realizou esta grande ação com uma piedade, um respeito e um recolhimento que seria impossível louvar em excesso"[37].

Chega o momento de informar ao menino sobre seu estado. É seu confessor, o padre Desmarets, o encarregado dessa tarefa delicada. Ele a cumpre e até sugere ao príncipe que peça a extrema-unção. O menino lhe confessa que já sabia que sua vida chegava a seu termo: "Já fiz há muito tempo o sacrifício a Deus"[38]. Ele demonstra, para sua idade, uma incrível dignidade. Sabe que em Versalhes a morte de um membro da família real é vivida como um espetáculo e que aquele ou aquela que agoniza é apenas um figurante, antes de tornar-se uma sombra. Mas o duque de Borgonha faz o jogo com um senso agudo de representação, e seu comportamento suscita a admiração geral, tanto na corte como na imprensa.

A extrema-unção é administrada em 16 de março de 1761, na ausência de Berry, que por sua vez está doente, cospe sangue e sofre de uma forte febre. Imagina-se um contágio: nada de surpreendente, depois de seis meses passados à cabeceira de um tuberculoso. O menino está, além disso, profundamente tocado pela interminável agonia do irmão, de modo que sua memória ficará para sempre marcada. No momento, ele precisou ficar de cama no quarto vizinho, mas todas as atenções estão voltadas para o agonizante. Tão preocupado com o estado do irmão quanto com sua própria sina, o duque de Borgonha pergunta três vezes notícias por sua saúde – solicitude que, aos olhos de muitos, exaltará mais ainda sua imagem. Mas ele não verá Berry novamente e, depois de uma última e lancinante crise de tosse, falecerá na noite de 20 para 21 de março, depois de pedir um crucifixo. São duas e meia da manhã. O jovem defunto não tem ainda dez anos. Sua mãe desfalece ao saber do ocorrido, seu pai encerra-se na tristeza. A monarquia está de luto. Estamos num sábado. Amanhã é dia de Páscoa.

Um novo destino

Para o delfim e a delfina, bem como para o rei, no fundo está claro que a morte enganou-se de presa, e é preciso que suas fés sejam muito verdadeiras e fortes para que eles não insultem os Céus por tal equívoco. Nada, escreve Maria Josefa da Saxônia em 1º de maio de 1761, "nada pode arrancar de meu coração a dor que nele está gravada para sempre[39]".

Mas todos vão se esforçar para não se deixar abater pelo revés. O caçula se tornou o primogênito. A partir de agora ele é, depois de seu pai, o príncipe herdeiro do trono, e será preciso adaptar-se a seus defeitos, transformando-os em virtudes. Os preceptores vão se dedicar a isso – desta vez, sob os olhares particularmente atentos do pai e da mãe.

Mas logo são cometidos erros, ditados pela dor e pela nostalgia. Apesar de beneficiar-se de maior atenção, Berry não goza de um ressurgimento da afeição familiar. Assim que seu irmão é enterrado, ele é instalado no quarto do príncipe desaparecido, em meio a tudo que lembra aos visitantes a "superioridade" do finado duque de Borgonha. Em uma carta escrita em 21 de julho, seu pai não fala do novo quarto do duque de Berry, mas do "aposento que [ele] ocupa, onde fui propositadamente todos esses dias para acostumar-me". E isso, ele acrescenta, "reabriu minha ferida com uma vivacidade impossível de explicar. Até mesmo a propriedade e as muralhas me lembram do que perdemos, como faria uma pintura; parece que vemos seus traços gravados e que ouvimos sua voz; a ilusão é muito poderosa e muito cruel"[40].

Não é para Berry que se voltam o delfim e sua mulher a fim de encontrar consolo, mas para os dois mais novos, o conde de Provença e o conde de Artois. Como o duque de Borgonha, eles são morenos, têm os olhos negros e o olhar vivo, falam com facilidade e adoram chamar a atenção. Berry é o anti-Borgonha: grande para sua idade e parecendo mais velho do que o primogênito, ele tem os cabelos louros, o olhar pensativo e reflexivo, olhos azuis como que embaçados (muitos pensarão, erroneamente, que sofre de miopia precoce, mas ele comprará óculos somente após sua ascensão ao trono). Sério demais, ajuizado demais para agradar a uma corte fútil, ele se distingue por uma grande reserva, na qual alguns acreditam detectar uma ausência de caráter. O duque de Croÿ observa, em fevereiro de 1762: "Notamos que, dos três Filhos de França, somente *monsieur* de Provença demonstrou espírito e um tom resoluto. *Monsieur* de Berry, que era o mais velho e o único na mão dos homens, parecia bem desajeitado"[41]. Artois, por sua vez, só tinha três anos, mas já estava cheio de vida – e cheio de si.

A sabedoria diz que devemos desconfiar das aparências e que não se mede o valor de uma criança pelo barulho que ela faz ou pela arrogância que demonstra. Em uma carta a Luís XIV sobre a educação do Grande Delfim (morto de varíola em 14 de abril de 1711), o duque de Montausier, bom psicólogo, explicava que seria um erro acreditar "que as crianças ativas, ousadas e loquazes devem ser hábeis [...] sua vivacidade torna-se freqüentemente aborrecida e inoportuna; elas deixam de ser pessoas honestas quando chega o momento de sê-lo". E ele acrescenta, em prol dos tímidos, "que seria injusto julgar mal essas crianças que vemos envergonhadas em grupo, que só falam quando as provocamos e que, por isso, parecem ter pouco espírito". Elas geralmente escondem mais "senso e julgamento" do que se poderia crer, e convém "esperar algo delas"[42].

Apresentou-se uma ocasião que permitiu ao jovem duque de Berry demonstrar espírito e audácia – o que surpreendeu a muitos.

Em 1763, o célebre historiador e filósofo escocês David Hume é recebido em Versalhes. Na corte, nem o rei, nem o delfim dirigem a palavra a este amigo dos enciclopedistas, a este profeta do ceticismo, adversário das superstições e dos cultos, cuja *História da Inglaterra* e cujas idéias sobre a religião natural já haviam contaminado muitos espíritos na Europa. Mas, quando Hume é apresentado aos Filhos de

França, "o duque de Berry, o mais velho, um menino de dez anos [ele tem apenas nove anos e três meses], aproximou-se e me disse como eu tinha amigos e admiradores neste país, e que ele se incluía entre eles, por causa do prazer que obtivera na leitura de várias passagens de minhas obras". Em seguida Provença, com oito anos, apresenta seu pequeno cumprimento, depois Artois, do alto de seus seis anos.

Muitos se questionaram sobre essa cena impressionante e em geral concluíram, como o próprio Hume, que se tratava de um "panegírico ditado"[43]. Isso parece pouco provável. É difícil imaginar o conservador e tradicionalista delfim, que não dissera nada à corte, organizando semelhante acolhida em homenagem ao amigo de Rousseau e de Voltaire (que chamava o escocês de "irmão Hume") e dos filósofos de quem ele desconfia como da peste – assim como desconfia de seu patrão e protetor, Choiseul, então ministro da Guerra. Assim, quem preparou e encenou esse pequeno discurso? A lógica diz que o próprio Berry – que, durante toda a sua vida, inclusive na prisão do Temple, lerá e relerá esta *História da Inglaterra* tão precocemente descoberta.

Apesar de raramente parecer espirituoso, Berry não deixava de ter humor e respostas prontas. Cumprimentado um dia por um deputado da província que louvava seu espírito, ele deu esta resposta semidivertida, semi-ácida: "Senhor, eu lhe agradeço muito, mas não sou eu quem tem espírito, é meu irmão Provença"[44]. Em outro dia, Berry comete um erro de gramática, dizendo *chovou,* em vez de *choveu*. "Ah! Que barbarismo", exclamou então Provença, "que coisa feia, um príncipe precisa conhecer sua língua. – E o senhor, meu irmão", replicou o mais velho, "deveria conter a sua"[45].

Os pais de Luís Augusto logo acabaram vendo que seu filho não era a nulidade que eles tinham imaginado. O delfim pediu a um pregador renomado, o padre de Neuville, que viesse observar e sondar seus três filhos e dizer-lhe, com toda sua "franqueza apostólica", o que ele previa para o futuro – "sobretudo do mais velho". O veredicto não teve surpresas: Berry tinha menos vivacidade e menos graça que seus jovens irmãos, mas, tratando-se de juízo ou das qualidades do coração, ele não lhes perdia em nada. O delfim, que havia, como ele dizia, "sempre acreditado reconhecer em [Berry] um desses simples sem pretensões", declarou-se encantado: "Eu temia que meu coração me seduzisse [me enganasse] no que se refere a esta criança"[46].

Antes mesmo do relatório do padre de Neuville, La Vauguyon não deixara de perceber a inteligência que se escondia atrás da timidez de Luís Augusto, bem como uma teimosia que podia chegar à exaltação (esses traços contraditórios – a reserva e a impetuosidade, a timidez e a veemência – se encontrarão estranhamente misturados no Luís XVI adulto). O governante chegara a redigir algumas observações que iam na mesma linha das conclusões de Neuville, observações que terminavam com um retrato positivo do príncipe herdeiro: "Índole de espírito superior, discernimento e retidão de espírito – esclarecido, nada devoto de complexão – digno, fechado, subordinado, justo, bom pela razão, e não por fraqueza, econômico, sólido, não se diverte com infantilidades, nascido para amar vinte milhões de homens, e não cinco ou seis pessoas"[47]. Em 1763, mesmo continuando a apresentar o falecido duque de Borgonha como um modelo de perfeição que Berry deve tentar alcançar, o governante diz a esse último que o julga absolutamente capaz e que, se ele se mantiver nessa linha, seu destino real estará assegurado: a morte do duque de Borgonha, ele conclui, "tornou o senhor a mais cara e séria esperança do Estado e de sua augusta família; é tempo de responder a seu grande destino. A França e a Europa inteira têm os olhos fixos no senhor [...] suas boas inclinações nos fazem esperar [...] que o senhor será um dia, aos olhos de Deus e aos olhos dos homens, um grande santo e um grande rei"[48].

É preciso dizer que nesse ano de 1763 a França acaba de perder a Guerra dos Sete Anos, deixando aos ingleses a quase totalidade de suas possessões na Índia e na América do Norte – e não dispondo mais de uma marinha digna desse nome. A popularidade de Luís XV, até então medíocre governante e medíocre visionário, está em baixa, enquanto, a seu lado, a

Pompadour é cada vez mais criticada e desprezada ("a glória", ela dizia, "é uma deusa cruel, que cobra caro por seus favores"): é ela quem leva a culpa, mais que seu senhor, pois todos sabem a influência real que exerce sobre o governo, fazendo e desfazendo generais, embaixadores ou ministros. Diante de tantos fracassos e tanta decadência, entende-se que a preparação de um futuro monarca, que se espera seja ao mesmo tempo um "grande rei" e um "grande santo", isto é, um *soberano virtuoso*, esteja em primeiro lugar nas preocupações do delfim e dos educadores responsáveis por Berry.

Assim como é indulgente com os mais novos, o delfim demonstra uma severidade crescente para com o primogênito. Ele não suporta, por trás da aparente placidez de seu filho, sua tendência à teimosia e seu espírito de independência, e espera endireitar-lhe o caráter: a firmeza seria a melhor maneira de consegui-lo. No entanto, Luís Augusto é um aluno aplicado, interessado pela geografia do globo, capaz de desenhar um atlas completo: essa paixão fará dele, que no total pouco viajou, uma espécie de "navegador imóvel". Ele estuda sete horas por dia. À noite, em seu quarto, lê bastante, de tudo, especialmente alguns grandes autores do momento (entre os quais Hume, como vimos, e Montesquieu), mas é atraído principalmente por obras técnicas e científicas. A literatura o atrai menos, a não ser os grandes clássicos. Entre eles, *Jerusalém libertada*, de Tasso, e *Robinson Crusoé*, de Defoe. Ele saberá de cor o *Athalie,* de Racine. Além disso, aprende física, redação, moral e direito público, história, dança, desenho, esgrima, sem esquecer religião. E ele tem talento para as línguas: começa a dominar o latim, se vira em alemão e começa a estudar italiano. O inglês já lhe é bastante familiar e ele lê as gazetas de Londres. Mais tarde, chegará a traduzir a *História da Inglaterra*, de David Hume, bem como os três primeiros volumes de *Declínio e queda do Império Romano*, de Edward Gibbon. Ele também é bom em matemática. Sabemos por seu professor, Guillaume Le Blond, que, em trinta lições de cálculo ou geometria, ele obtinha bons resultados em 24, resultados medianos em apenas seis, mas nunca se encontrava na zona das notas ruins.

Isso não impedia nem um pouco que seu pai fosse severo ao menor relaxamento. É assim que, em outubro de 1765, sob o pretexto de uma "má lição", ele decidiu punir Berry proibindo-o de ir, em companhia de toda a família real, à tradicional caça de Saint-Hubert. O menino saía pouco, não gostava muito dessas batidas oficiais e só assistia a esta todos os anos. A mortificação não estava na punição infligida, mas em suas conseqüências públicas: a ausência do príncipe herdeiro não passaria despercebida pela corte e pelos embaixadores estrangeiros convidados para esse importante festejo anual. Um mito sem dúvida nasceu nesse dia – a imagem de um príncipe preguiçoso e ignorante, rebelde aos estudos e justamente privado por seu pai de sua única paixão, a caça (esse gosto lhe adviria somente mais tarde).

A desproporção entre o erro e o castigo era tamanha que a delfina suplicou a seu marido, mas em vão; o próprio rei, de alguma forma mais sereno com a morte recente de Madame de Pompadour (em 15 de abril de 1764) e de repente mais próximo pelo coração de sua família, tentou, mas sem maiores sucessos, apelar aos sentimentos de seu filho: "Quando o senhor impede seus filhos de estarem em minhas caçadas, é a mim mesmo, tanto quanto eles, que o senhor coloca em penitência"[49]. Nada adiantou.

O delfim estava então doente e acamado, e talvez isso explique o caso. Luís-Ferdinando, cuja magreza tornava-se inquietante, jamais gozara de muito boa saúde. Em 1738, ele é vítima de um abscesso na garganta; em 1753, contrai varíola; em 1764, se salva de uma pneumonia. Desta vez, em 11 de agosto de 1765, ao fazer uma visita à abadia de Royal-Lieu e ser surpreendido pela chuva, ele volta a Versalhes atacado por um forte resfriado, fica com febre e começa a cuspir sangue. Os que o viram então, dentre os quais o escritor inglês Horace Walpole, notaram seu aspecto fantasmagórico. Como seu estado piorava ao longo das semanas, o delfim, convencido de que uma mudança de ares era necessária, pediu e conseguiu que a corte se transferisse para Fontainebleau, como fazia todos os anos durante o outono. Mas o castelo, tão úmido e mal calafetado quanto mal mantido, era mais aberto a todos os ventos e ainda mais insalubre que Versalhes. Logo Luís-Ferdinando não deixou mais a cama: sua mulher, ajudada por sua cunhada, madame Adélaïde, ficava à sua cabeceira do alvorecer até tarde da noite. Houve um breve período de restabelecimento, mas o desfecho não era mais dúvida para ninguém. O próprio delfim estava consciente de seu estado e não tinha nenhuma ilusão quanto à seqüência dos acontecimentos. Ele estava calmo e sereno. Profundamente religioso, encarava a morte sem grandes apreensões. Chegava até a fazer graça do assunto. Ao duque de Orléans, que fora lhe fazer uma visita e exibia uma cara de circunstância, ele disse: "Estou lhe proporcionando uma pequena agonia"[50].

Sente-se que ele não tem mais amor pela vida. Desencantado com a política de seu pai, desapontado por não ter recebido dele o comando das tropas francesas durante a desastrosa Guerra dos Sete Anos, escandalizado com a recente expulsão da ordem dos jesuítas (inspirada por Choiseul), enojado com as loucuras amorosas do rei e seus folguedos em Parc-au-Cerf, ele está decepcionado com tudo e não acredita em mais nada – a não ser em Deus. Em seu foro íntimo, talvez ele esteja aliviado com a idéia de jamais ter de herdar um trono caído tão baixo.

Mas ele se preocupa com o que acontecerá com seu filho mais velho no dia em que Luís XV não estiver mais lá. Em 19 de outubro, alguns dias depois de Saint-Hubert, ele manda chamar o menino mal-amado, que assiste, prostrado, ao início da agonia de seu pai, quatro anos depois da do duque de Borgonha. O delfim lhe diz então palavras em que é difícil separar a graça, a ternura e uma certa crueldade, até mesmo um certo cinismo:

– Pois bem, meu filho! O senhor pensava então que eu só estava resfriado?

E acrescenta:

– Sem dúvida, quando souber de meu estado, o senhor dirá: "Melhor assim, ele não me impedirá mais de ir à caça".

A agonia durou 35 dias. No início de dezembro, o delfim está no fim de suas forças. Uma única coisa ainda parece obcecá-lo: a formação intelectual, moral e religiosa de Luís Augusto e sua preparação para as funções reais, que não deixarão de lhe caber um dia. Ele solicita a Luís XV que a delfina continue a ser a "mestra absoluta da educação de seus filhos"[51]. Depois, sentindo a chegada de seus últimos momentos, pede a seu confessor, o abade Collet, que tome o seu lugar e leia a La Vauguyon o texto de suas últimas vontades, que dizem respeito inteiramente ao futuro de seus filhos: além da obediência à mãe – mulher e educadora altamente "respeitável" –, o que ele lhes recomenda, "acima de todas as coisas", é "o temor a Deus e o amor pela religião[52]".

O delfim expirou em 20 de dezembro de 1765, por volta das oito horas da manhã. Ele tinha 36 anos.

Quando tudo terminou, Luís XV acompanhou até a rainha seu novo herdeiro, uma criança coberta de tristezas e sem dúvida sobrecarregada com a perspectiva de suas futuras e inelutáveis responsabilidades. Dirigindo-se aos oficiais, o rei diz então, em honra à sua esposa, à corte e ao mundo:

– Anunciem *monsieur* delfim.

Depois, com uma voz alterada, ele murmura:

– Pobre França! Um rei de 56 anos e um delfim de onze![53]

Um casamento diplomático

O desaparecimento de Luís Ferdinando ensombreceu um pouco mais o caráter do novo delfim, que teve bastante dificuldade em acostumar-se ao novo título. Mas nada mudou no tipo de educação do futuro rei, a não ser que ao modelo do duque de Borgonha substituiu-se, ou melhor, veio superpor-se, a imagem exemplar do pai desaparecido.

Para ensinar-lhe moral e direito público, La Vauguyon recrutou um assistente suplementar, o padre Berthier, um jesuíta chamado do exílio para tal ocasião. Em 1º de março de 1766, em Versalhes, durante uma cerimônia organizada em memória do defunto na igreja paroquial Notre Dame, o governante aconselha o jovem príncipe enlutado e o incita publicamente a tomar como modelo o falecido:

– Prometa-lhe que o senhor se formará a seu exemplo; venha meditar diante de sua imagem; proponha-se todos os dias a imitar uma de suas virtudes e faça com que em minha velhice eu possa exclamar com emoção: "Deus [...] havia levado da França o maior dos príncipes [...] ele o devolveu à nação na pessoa de seu filho"[54].

A partir de então, apesar de continuar exigente com seu aluno, o governante se mostra, no entanto, mais liberal. Em março de 1766, ele manda imprimir, nos próprios aposentos do delfim, e em presença de seus dois irmãos, Provença e Artois, um exercício que Luís Augusto redigira a seu pedido. Trata-se de uma série de dezoito "máximas morais e políticas" livremente inspiradas pelo *Télémaque* de Fénelon. Nele lemos – o autor ainda não tem doze anos – que "a condição dos lavradores deve ser honrada como uma das mais úteis ao Estado", que "a visão de um monarca deve estender-se a todo o corpo de cidadãos", que ele deve recompensá-los associando-se "ao mérito e à virtude" e que os melhores, graças a suas próprias qualidades, deverão obter do príncipe que ele "detenha seu olhar sobre eles e os escolha para conduzir à felicidade do Estado". O delfim também se torna o defensor do livre-comércio, mas, à diferença de Fénelon, ele deseja que somente o lucro *direto*, e não a totalidade dos lucros, vá para os negociantes, sendo que o comércio deve *indiretamente* beneficiar o país como um todo. Ele lembra por fim (alusão a seu avô?) que um rei deve ao mesmo tempo afastar de si todos aqueles que "exibem publicamente" o vício e a irreligião, sem, no entanto, "perscrutar os corações nem exercer sobre as consciências um despotismo que poderia se tornar odioso". Em outras palavras, os que gravitam em torno de um monarca têm, *privadamente*, o direito de se entregar ao vício e de rejeitar a religião, mas não devem absolutamente alardear e ter seus desregramentos como ostentação – nem como exemplo. Quanto ao próprio príncipe, ele tem o dever de desconfiar do luxo, que "ensina aos homens um espírito de dissipação e de libertinagem" e os desvia de suas ocupações "mais essenciais". Se ela se deixar corromper pelas paixões humanas, a política, conclui nosso príncipe-filósofo, não passará "de uma sucessão de perfídias, infidelidades e intrigas"[55]. Severa acusação!

La Vauguyon poderia, nessa ocasião, dizer novamente a seu aluno o que lhe sussurrara três anos antes: "Falo com um homem que a razão esclarece e que busca conhecer os direitos da humanidade"[56]. Luís XV, a quem fora oferecido um exemplar encadernado, sente-se visado por diversas passagens – especialmente pela frase relativa aos vícios alardeados, mas também pela idéia de que, "na corte dos príncipes corrompidos, os favores e as paixões escoam pelo mesmo canal". Visivelmente irritado, e preocupado com que o texto seja propagado, ele chama o neto que se tornara impressor e declara: "Senhor delfim, sua obra terminou, pare as máquinas"[57].

A delfina também não vê com muito bons olhos essa evolução liberal encorajada pelo governante. Enquanto este procura aplicar, nos trabalhos de seu aluno, o método do livre-arbítrio (e essa tomada de distância intelectual convém muito bem ao temperamento do jovem príncipe), ela decide romper com tal procedimento e impor a seu filho o jugo de uma espécie de catecismo pedagógico cujo conteúdo será ditado somente por ela: "Não se trata apenas de exercer vossa memória e ornar vosso espírito; é preciso, o que é mais importante, fixar vossa maneira de pensar [...] Um príncipe nascido para o trono não deve ser jovem por muito tempo [...] Nunca é cedo demais para acostumá-lo a refletir sobre suas obrigações"[58]. Ela quer que o futuro rei que é seu filho encarne a perfeição moral, que ele seja um monarca insensível aos atrativos que o cercam, "submisso a Deus somente, e apresentando à terra o maior espetáculo que a fé possa dar"[59]. E como é preciso começar de algum lugar, seu filho recebe em 21 de dezembro o sacramento da confirmação, sendo sua primeira comunhão celebrada três dias depois, na igreja Notre Dame.

É preciso dizer que a morte do marido mergulhou a delfina numa tristeza de que ela não se recuperará jamais e que influencia tudo o que empreende, especialmente a educação do futuro rei. Esse último, ao contrário, se emancipa. Ele começa, passo a passo, a sair de si mesmo e a conhecer o mundo. Participa de excursões e, em 23 de agosto de 1766, por ocasião de seu aniversário, segue uma caçada em veículo descoberto pela primeira vez na sua vida. Dois dias antes, também pela primeira vez, ele montara a cavalo; depois, até outubro, ele freqüenta aulas de equitação. Mas a delfina logo põe um fim a esses excessos de divertimento: "Tudo o que é novo", escreve sua irmã Christine, "causa-lhe agitações horríveis"[60].

Mas subitamente, no fim de 1766, a mãe de Luís Augusto parece, para surpresa e prazer de todos, afastar-se de seu estado depressivo e retomar o gosto pela vida. Ela volta a tolerar as saídas de seus filhos. Os passeios se multiplicam; eles acontecem quase todos os dias, quase sempre de caleche. O jovem delfim retoma, por sua vez, o prazer de certas liberdades e restabelece seu espírito de independência. Ele não gosta dos artifícios da corte. Veste-se com simplicidade, caminha de maneira um pouco pesada, a fim de, sem dúvida, distinguir-se dos elegantes que se pavoneiam nos salões e corredores de Versalhes. E como observa a biógrafa de Maria Antonieta, Simone Bertière, "ele gosta de falar com as pessoas simples, segura com mão firme o arado de um lavrador, sobe nas escadas dos gesseiros e pintores que arrumam o castelo, escolhe como passatempo não o torneamento da madeira e do marfim, como seu avô, mas a serralharia que suja suas mãos, obriga a dominar o fogo e força a lutar contra a resistência do metal, ao mesmo tempo em que exige uma extrema precisão de execução"[61]. Ele também se interessa pela relojoaria, em que a precisão é mais ainda a regra. Nesse mundo codificado, nesse universo compassado, rígido, povoado de espíritos e regras arcaicas, este jovem príncipe traz um leve toque de modernidade.

Naturalmente, nem todo mundo o vê sob essa luz favorável: na corte e fora dela, muitos não aceitam que um herdeiro real não procure se valorizar mais pelas aparências, maneiras e adornos. O marquês de Caraccioli, embaixador de Nápoles, chegará a dizer a seu respeito: "Ele parece ter sido criado numa floresta"[62]! E Stefan Zweig o descreverá como um "lamentável grosseirão [...] que sua natureza destina a um cargo de burocrata ou funcionário da alfândega"[63].

Luís XV, por sua vez, não se recupera bem da morte do filho e vê o novo delfim apenas como um fraco consolo. A lembrança do falecido o obceca, e ele escreve a Ferdinand de Parme: "O senhor avaliou bem a minha dor [...] quando chamam o meu neto, que diferença para mim, principalmente quando o vejo entrar!"[64]

Confrontado com a angústia do monarca, Choiseul só vê uma solução: apressar o matrimônio do delfim. Como a Guerra dos Sete Anos deixara a França amarga e a fragilizara, seria sensato, diante do monstro britânico, proceder a uma inversão de alianças. A idéia seria apoiar a monarquia francesa no Império Austríaco, casando Berry com uma arquiduquesa. O rei parece convencido, e não há demora. Em 24 de maio de 1766, o embaixador da Áustria em Paris está em condições de escrever à imperatriz Maria Teresa que ela "pode, a partir deste momento, considerar como decidido e garantido o casamento do delfim e da arquiduquesa Maria Antonieta"[65].

A delfina, por sua vez, não via as coisas da mesma maneira. Para ela, se era preciso casar Berry, que o ligassem então a um membro de sua própria família – à Amália da Saxônia, por exemplo! Habilidosa, ela não se opôs frontalmente às manobras de Choiseul e à decisão de seu real sogro. No dia em que este anunciou a opção que escolhera, ela sugeriu-lhe que esperasse o momento oportuno, pois uma vez que Maria Antonieta estivesse definitivamente instalada em Versalhes, de que meios eles disporiam para obter de Viena eventuais "retornos de complacência"? Em vez de ficar de mãos atadas tão rapidamente, melhor seria, ela explicou, manter a corte de Viena na expectativa – "entre o temor e a esperança"[66]. O rei não ficou insensível à sutileza do raciocínio e, por ora, o casamento austríaco permaneceu em aberto.

Mas a delfina não teve tempo de desenvolver sua estratégia franco-saxã, pois, no seio da família real, a longa cadeia de falecimentos logo contou com mais um anel – o seu. No início de 1767, ela novamente caiu em melancolia. Chamado à sua cabeceira, o doutor Tronchin afirmou que não se tratava de uma afecção tuberculosa, mas a poucos convenceu. Os médicos franceses, dentre os quais Sénac, eram de opinião contrária e previam o pior. Alguns começaram a pensar que a sucessão de doenças, seguidas de mortes, tinha uma única e mesma origem: veneno. Para encontrar o envenenador, bastava perguntar a quem beneficiavam todos esses crimes. E um único nome vinha à mente – especialmente à de La Vauguyon, que não deixou de propagar o rumor. O nome era o de Choiseul, inimigo jurado do delfim anterior e que, com a delfina eliminada, e com Luís XV morto por sua vez, poderia, dizia-se, governar sozinho o país, pois Berry ainda era apenas uma criança, ou um adolescente. A delfina não deixava de pensar o mesmo, a ponto de mandar fiscalizar seus alimentos e escrever um testamento dirigido a Berry, no qual suplicava ao filho, assim que ele acedesse ao trono, que jamais escolhesse Choiseul como ministro.

Esse ambiente inflamado e as geadas da estação invernal não contribuíram para o restabelecimento da delfina. Ela enfraqueceu semana após semana e começou a cuspir sangue. Tronchin teve de admitir que ela provavelmente contraíra a tísica durante os meses passados à cabeceira de seu marido. Em 4 de março, o abade Soldini, capelão do Grand Commun de Versalhes, informa à delfina que seu estado não permitia mais a esperança de uma evolução positiva. Quatro dias mais tarde, ela recebe os últimos sacramentos, em presença de Luís XV e da família real. Pela terceira vez, Berry segue dia após dia a agonia de um ente querido. Sua mãe está terrivelmente emagrecida e "pálida de fazer o coração sangrar"[67]. Em 9 de março, ela manda chamar seus três filhos e lhes dá sua bênção, mas as lágrimas a impedem de prosseguir, e é Soldini quem conclui seu pequeno discurso – discurso em que ela incita os jovens meninos a honrar o rei e a rainha, a inspirar-se nas "virtudes de [seu] augusto pai" e a "caminhar perante Deus na retidão de [seus] corações". No dia seguinte, é a vez das duas filhas – Clotilde (nascida em 1759) e Elisabete, que tem apenas três anos – de ouvir as últimas recomendações da moribunda. Na tarde de 13 de março, durante uma visita do rei, o rosto da delfina se transforma bruscamente, e ela começa a suar frio. Ela dará seu último suspiro por volta das oito horas da noite.

Assim como seus irmãos e irmãs, Berry, uma vez enlutado e abatido, encontra-se duplamente órfão. O rei, que há pouco tempo tem uma nova favorita, a condessa du Barry (ela só fará sua entrada oficial na corte em 22 de abril de 1769), participa pouco dos serviços solenes organizados em memória da delfina falecida, de modo que é Berry quem carrega nos ombros o grosso da dor familiar. Luís XV gosta de seu neto; ele o leva para a revista das tropas e demais cerimônias oficiais, mas entre eles o entendimento não é mais como antigamente, e já não há muita intimidade em suas relações, visto que o jovem príncipe não tem em alta estima a nova amante de seu avô e que este percebe tal reticência. Esta lhe lembra ainda mais, e cruelmente, a que Luís Ferdinando tinha quanto à Pompadour.

Berry, o mal-amado, nunca se sentiu tão só. Ele retoma a rotina de estudos, ao menos para esquecer suas tristezas acumuladas. La Vauguyon pede a Jacob-Nicolas Moreau, homem de letras, zombador dos filósofos e atualmente empregado a serviço dos Negócios Estrangeiros, que prepare para Berry "Diálogos sobre a Justiça e sobre a Firmeza". Nas reflexões cheias de fé religiosa – mas não de beatice ou devocionismo – que o delfim escreve nas margens desse documento de trabalho, percebemos o amadurecimento de seus pensamentos e a vaidade que ele começa a sentir de si mesmo e do papel que o espera enquanto futuro monarca por direito divino: "Eu só posso ser grande por [Deus], porque somente nele reside a grandeza, a glória, a majestade e a força, e estou destinado a um dia ser sua imagem viva sobre a terra"[68]. Ou, ainda, esta observação profética sobre o temperamento resmungão de seus futuros súditos: "Os franceses são inquietos e rabugentos, as rédeas do governo nunca são conduzidas a seu gosto; eles gritam, se lamentam, reclamam eternamente: parece que a queixa e a reclamação estão na essência de seu caráter"[69].

O futuro Luís XVI reuniria em um único manuscrito todas as idéias que lhe haviam sido inspiradas por suas conversações regulares com seu governante, bem como as diversas dissertações escritas em sua intenção, dentre as quais a de Moreau. Esse documento, intitulado *Reflexões sobre meus diálogos com M. duque de La Vauguyon*, nos informa com precisão sobre a evolução do pensamento do duque de Berry e sobre certas audácias em sua maneira de ver ou julgar o mundo. Nele lemos, particularmente, que um monarca não deve exercer a justiça diretamente e que os juízes devem, por sua vez, trabalhar de maneira autônoma, pois "o trono está longe demais dos pequenos, cercado demais pelos nobres". Berry sem dúvida coloca a piedade em primeiro lugar nos deveres de um rei, mas repreende o clero, sempre disposto a abusar das riquezas da Igreja, e os bispos ausentes demais de suas dioceses. Quanto aos próprios reis, "eles são responsáveis por todas as injustiças que não puderam impedir". E se, por causa do soberano, "a nação que lhe está submissa não é tão feliz quanto poderia ser, ele é o culpado"[70].

Apesar de se fortalecer intelectualmente, Berry fica doente diversas vezes entre 1766 e 1770, tanto que todos se perguntam se ele não sofre da mesma coisa que levou seu irmão e seus pais. Alguns acharam que ele estava condenado, mas sua forte constituição recompôs-se e, apesar de mais magro, ele saiu fisicamente revigorado dessa nova provação. Ele é visto, em agosto de 1769, acompanhando suas primeiras caçadas a cavalo, esporte que logo se torna uma paixão. Mas as ameaças à sua saúde tiveram como outra conseqüência aproximar Luís XV de seu neto. Esquecidas as tensões produzidas pelo exercício sobre o *Télémaque*, em junho de 1770 o rei comunica a Ferdinand de Parme os novos sentimentos que o animam: "Eu o amo de todo o coração porque ele me corresponde"[71].

Um pouco de sol brilha novamente, portanto, na família real. Os anos passaram, o delfim cresceu e logo será maior de idade. É chegado o momento de pensar novamente em seu matrimônio. Com a morte de sua mãe, nada mais se opõe ao projeto austríaco do rei e de Choiseul, que se tornou uma espécie de primeiro-ministro. Esse último mexera todos os pauzinhos. Em 1767, enviara a Viena um embaixador, o marquês de Durfort, com a missão de convencer a imperatriz e seu filho, o futuro José II, das vantagens da união entre os Bourbon e os Habsburgo. As tratativas duraram vários anos, pois Maria Teresa, que deseja aproximar-se da França, teme, no entanto, ofender com essa aliança inédita o poderoso Frederico da Prússia, aquele que ela chama de "o monstro". Por outro lado, os relatórios sobre seu futuro genro enviados por seu embaixador em Versalhes, o conde Mercy-Argenteau, têm de que inquietar a imperatriz: "A natureza parece ter tudo recusado a *monsieur* delfim, [...] por sua compostura e suas palavras este príncipe anuncia apenas um julgamento muito limitado, muita desgraciosidade e nenhuma sensibilidade"[72]. Motivos esses para abalar a mãe mais estóica (a não ser pensando que Maria Antonieta "governará" facilmente tal marido). Soma-se a isso o fato de Luís XV ter enviado à Maria Teresa e sua filha cinco quadros ou imagens de seu neto, sendo que três, escolha misteriosa, representam "o delfim lavourando"! Mas finalmente a imperatriz dá seu consentimento, em nome de interesses superiores de seu país e apesar da idade precoce dos dois interessados – quinze anos para Berry, quatorze e meio para Maria Antonieta.

Esta, primeiro seduzida pela idéia de tornar-se rainha da mais poderosa nação da Europa, logo percebe que dizer adeus à Viena e à sua lendária alegria – deixar Schönbrunn, seu castelo de infância, e o palácio de Hofburg – será um sacrifício. Foi ali que ela conhecera o jovem Mozart, que fora dar um concerto para a corte. Na ocasião – a anedota é conhecida, mas inverificável –, Amadeus escorregara no assoalho e fora ela, um pouco mais velha que ele, quem o ajudara a levantar-se. Ele teria então agradecido com as seguintes palavras: "A senhora é muito gentil; quando eu for grande, vou desposá-la"[73]. Ela sem dúvida teria feito melhor em aceitar essa proposta!

Mas, hoje, seu destino a chamava alhures e, mais do que a honra que lhe era feita, era temor o que ela sentia. Na véspera da partida para a França, eis que ela de repente reclama por expatriar-se tão jovem para horizontes tão distantes, e é preciso toda a autoridade de sua mãe, a quem não faltava, para a jovem princesa se recompor e obedecer. De resto, ela já está casada, pois fora combinado entre a França e a Áustria proceder a duas cerimônias nupciais distintas: uma por procuração, em Viena (que ocorreu em 19 de abril na igreja dos agostinianos, Durfort assinando pela França o ato de celebração); a outra, mais tarde, em Versalhes, em presença dos dois prometidos. E, no dia 17, Maria Antonieta jurou sobre o Evangelho que renunciava à sucessão do trono austríaco – e a seus direitos às possessões austríacas: em lugar dessa herança, ela levaria um dote de duzentos mil florins, recebendo em troca uma renda anual ("pensão vidual") de vinte mil escudos, em caso de viuvez. Há vários dias a cidade está em festa. As recepções se sucedem, toca-se *La mère confidente,* de Marivaux, os cortesãos dançam nos palácios, o povo, nas ruas.

Estamos nos últimos dias de abril de 1770. Depois de uma separação banhada em lágrimas de sua mãe e seus familiares, Maria Antonieta finalmente se dirige para a França. A partida ocorre no dia 21 e a pomposa viagem, longa turnê triunfal, durará mais de vinte dias. A jovem princesa está instalada em uma luxuosa e confortável carruagem, fabricada em Versalhes. Há até mesmo uma segunda, em caso de acidente. Atrás do veículo da arquiduquesa estende-se um longo cortejo de uma quarentena de diferentes veículos – de transporte ou de intendência –, igualmente fornecidos pela França. A primeira noite é passada em Molck. Depois vem Augsburgo, depois Guisburgo, depois a Floresta Negra.

Maria Antonieta não sabe que não verá mais sua mãe. No momento, ela viaja em direção a seu futuro marido, um adolescente de quinze anos e meio, grande de tamanho (aos dezenove anos ele medirá cinco pés e seis polegadas, ou 1,78 metro – e 1,92 metro ao término de seu crescimento!), musculoso mas mais magro que delgado, totalmente puro e virgem – e que tem do sexo feminino uma imagem essencialmente negativa. Apesar de haver senhoras charmosas na corte, Berry só freqüentou verdadeiramente três categorias de mulheres em sua jovem existência: as autoritárias, como sua mãe ou Madame de Marsan; as muito religiosas, como as filhas de Luís XV (Vitória, Luísa, Sofia e Adélaïde), que são chamadas "Mesdames"; e, por fim, as "rameiras", como Madame de Pompadour, detestada por seus pais, ou ainda a nova "cadela" do rei, Madame du Barry, nascida Jeanne Bécu, de quem Mesdames e muitos outros já falavam as piores coisas. Como observa Éric Le Nabour, "entre esses [...] extremos, nada. Nenhum rosto amável, nenhuma figura de mulher que pudesse lhe trazer um pouco de doçura ou compreensão. Um vazio afetivo preenchido por nada"[74]. Será Maria Antonieta o anjo salvador?

Se o abade de Vermond, preceptor francês enviado por Choiseul à arquiduquesa, dizia de Berry, sem jamais tê-lo visto, que ele tinha "o coração melhor que a cabeça"[75], o que dizer do coração e da cabeça da futura esposa? Que Maria Antonieta foi bela e graciosa não há nenhuma dúvida, mesmo ela tendo mais charme que beleza, com sua fronte saliente demais, seu nariz ligeiramente aquilino e seus dentes estranhamente implantados (por causa de várias extrações inadequadas). Mas era inculta, de modo que, comparado a ela, o delfim francês parecia um verdadeiro poço de conhecimento. Vermond logo se sentiu superado pela extensão de sua tarefa, assombrado que estava com a ignorância abissal, a falta de concentração e a desatenção de Maria Antonieta: "Um pouco de preguiça e muita leviandade", ele escreve elegantemente a Mercy-Argenteau, "tornaram sua instrução mais difícil". Sem dúvida a arquiduquesa "fala com facilidade e razoavelmente bem o francês", mas só se consegue "concentrar seu espírito divertindo-a"[76]. A verdade é que ela até então jamais abrira um livro, com exceção de alguns romances fáceis, não conhecia nada do mundo e era ainda apenas uma jovem imatura, que pretendia permanecer na infância tanto quanto possível. Ela só brilhava nas aulas de dança à francesa, ministradas pelo célebre coreógrafo Jean-Georges Noverre, também enviado especial da França. O que Choiseul sabia era que ela era vivaz, alegre, que tinha caráter e espírito, apesar de reflexões sérias não serem seu forte. Ele estava convencido de que esta jovem volúvel e audaz logo levaria a melhor sobre seu tímido esposo e que ele mesmo faria dela um instrumento indireto de seu próprio poder. Talvez já pressentisse o que mais tarde Mirabeau dirá de Luís XVI: "O rei tem apenas um homem, sua mulher"[77]!

Depois de atravessar a Áustria e a Baviera, o cortejo e seus trezentos e quarenta cavalos chegam, no dia 7 de maio, perto de Estrasburgo. Fora combinado que a "entrega" da noiva não aconteceria nem de um lado, nem do outro do Reno, mas sobre uma ilha desabitada, a uma distância igual das duas margens, onde fora edificado um suntuoso pavilhão. Procedeu-se, portanto, como fora decidido: ao sair do pavilhão pelo lado da França, Maria Antonieta deixou de ser arquiduquesa e passou a ser delfina. Nesse meio-tempo, ela se trocara e estava agora vestida à francesa – seus saiotes eram de Paris; suas meias, de Lyon, seus sapatos, de Versalhes. Em volta dela se agitava uma comitiva bourboniana composta por desconhecidos, que vinham ocupar o lugar da comitiva austríaca, e a seu lado estava a condessa de Noailles, sua nova dama de honra, nos braços de quem ela se refugiou por um momento, a fim de derramar algumas lágrimas.

Maria Antonieta, a quem é lida a certidão oficial de casamento, a partir de agora é francesa. Podem-se ouvir os sinos da catedral de Estrasburgo tocarem livremente. A delfina entra novamente em sua carruagem e, sob os aplausos da assistência, toma o caminho da capital alsaciana. Sem dúvida, observa Stefan Zweig, ela compreende, naquele momento, que a infância a que se apegava tão fortemente acaba de terminar e que "seu destino de mulher começa"[78].

A acolhida em Estrasburgo é mais que calorosa. Todas as autoridades são mobilizadas, a cidade está em festa, a multidão exulta, e de sua carruagem a delfina saúda todos os alsacianos e alsacianas entusiastas, muitos dos quais vestem sua roupa tradicional. Na manhã seguinte, na catedral, como o velho cardeal de Rohan estava de cama, é seu sobrinho e coadjutor, o príncipe Luís de Rohan, quem recebe Maria Antonieta. Em nome do cardeal, ele pronuncia um breve discurso, que na verdade se dirige mais à mãe do que à filha:

– A senhora será entre nós, madame, a imagem viva desta imperatriz querida, há muito tempo admirada pela Europa, como o será pela posteridade. É a alma de Maria Teresa que se unirá à alma dos Bourbon.[79]

Ao deixar a Alsácia e seus festejos populares, o cortejo nupcial se dirige então, através da Lorraine, para seu primeiro destino oficial, Compiègne. Por sua vez, o rei e o delfim estão prestes a deixar Versalhes, acompanhados da corte completa e vestida com grande pompa. Luís XV acredita perceber em seu neto uma certa curiosidade à aproximação do grande dia: "O esposo conta os dias e os lugares onde ela está, e parece-me estar impaciente para vê-la e que tudo seja feito"[80].

Enquanto isso, a delfina não está muito longe. Nancy, Bar-le-Duc, Saint-Dizier, Châlons-en-Champagne: por toda parte a sua recepção é festiva, ruidosa, visivelmente afetuosa; mas é preciso se apressar, pois não se faz o rei da França esperar. É na orla da floresta de Compiègne, na ponte de Berne, que o encontro foi previsto. É dia 14 de maio, há uma multidão, e o dia está bonito. O povo, acorrendo desde a aurora, não falta ao encontro e aguarda a "austríaca": o qualificativo ainda não comporta a carga de ódio que terá mais tarde.

Ela está chegando! O rei e seu neto desceram de suas carruagens. Choiseul, honra insigne, foi, um pouco na frente, ao encontro da delfina, que lhe agradeceu por ter sido o artífice de sua felicidade. Com a chegada de sua carruagem ao local previsto, ela põe os pés no chão e então se dirige espontaneamente ao rei, faz-lhe uma reverência (inúmeras vezes repetida) e ajoelha-se para beijar-lhe a mão. Sensível a seus cabelos louros, a seus belos olhos azuis, à sua tez transparente e à graça de toda a sua pessoa, o rei, perito em beleza feminina, ergue-a, abraça-a ternamente e apresenta-lhe então o delfim, que, obedecendo ao protocolo, deposita um beijo discreto sobre a bochecha da jovem. É impressionante o contraste entre este jovem grande, esquelético e desengonçado e esta adolescente tão pequena quanto falsamente magra, cuja altura ainda não está bem definida. Visivelmente, eles não sabem o que dizer um ao outro nem o que pensar um do outro, se é que, neste momento solene, eles estão em condições de pensar alguma coisa.

Uma carruagem os leva até Compiègne, onde todos passarão a noite em aposentos separados. Maria Antonieta está sentada entre o rei, que dirige toda a conversa, e seu marido, que não diz palavra. Ela também está silenciosa. Mas é fácil imaginar, e compreender, o embaraço extremo que deviam sentir esses dois "esposos", que quinze minutos atrás nunca tinham se visto. À noite, no castelo de Compiègne, a velha arquiduquesa foi apresentada a todas as pessoas importantes da corte: primeiro às Mesdames, depois aos príncipes e princesas de sangue, depois às pessoas com títulos, depois aos embaixadores e demais grandes dignitários. É uma delfina bastante cansada quem, pouco depois do jantar, foi autorizada a ir para seu quarto.

Na manhã seguinte, antes de chegar em Versalhes, há uma parada nas carmelitas de Saint-Denis para onde, como vimos, retirou-se recentemente madame Luísa, a mais jovem das filhas de Luís XV. A delfina encanta a todos com sua maneira de ser e parecer, da mesma forma que na véspera "encantara" o rei. De sua mãe ela recebera instruções de enfeitiçá-lo; ela se dedica a isso com sucesso, e seus primeiros passos são exitosos. À noite, o cortejo real chega ao castelo de La Muette, onde lhe são apresentados os dois irmãos de seu marido, Provença e Artois. O rei – o ritual não é novo – oferece à delfina um magnífico adereço de diamantes e a convida a passar à mesa. Entre os numerosos convivas, Maria Antonieta repara em uma jovem loira muito elegante – a condessa du Barry –, em quem percebe encanto e que responde a todos os seus sorrisos. Ela pergunta a Madame de Noailles qual o papel na corte dessa mulher:

– Suas funções! Divertir o rei!

– Nesse caso – responde a delfina –, eu me declaro sua rival.[81]

É difícil dizer, a alma humana sendo o que é, se essa réplica era pura leviandade, uma observação mais ou menos inocente ou uma provocação mal disfarçada. O fato é que, algumas semanas mais tarde, as duas mulheres se destinariam um ódio implacável.

O casamento oficial – único que conta – aconteceu na manhã seguinte, 16 de maio, em Versalhes, na capela do castelo. Maria Antonieta, que tomou posse de seus aposentos (os mesmos em que vivera Maria Josefa da Saxônia), atravessa, em companhia de seu esposo e do rei, a Galeria dos Espelhos, onde se espremem mais de cinco mil convidados. É o arcebispo de Reims, Monsenhor de La Roche-Aymon, quem vai abençoar o casal. O delfim, que ostenta a fita azul da Ordem do Espírito Santo, coloca o anel nupcial no dedo de sua mulher. Ele parece comovido e se vira para o rei a fim de obter dele o sinal ritual de assentimento. Depois da missa, os registros da paróquia são assinados. A delfina, que rubrica por último, faz um movimento em falso e orna a página com um tremendo borrão. A duquesa de Northumberland, que encontra o futuro Luís XVI pela primeira vez, está, como se diz na Bélgica, surpreendida para melhor com sua pessoa: "Eu esperava achá-lo horrível, mas, ao contrário, seu aspecto me agradou muito. Ele é grande e esbelto, com um rosto muito interessante e um ar de ter muito espírito"[82].

O povo, que se deslocara (Zweig fala da metade dos parisienses), está autorizado a se espalhar pelos jardins de Versalhes, onde os chafarizes estavam ligados e onde, à noite, seriam apresentados os fogos de artifício mais impressionantes da história de Versalhes: uma violenta tempestade veio estragar a festa, e os fogos foram adiados para o dia seguinte. Do lado de dentro, a elite da nobreza festeja na novíssima e suntuosa sala de espetáculos do castelo, concebida sob Luís XIV e que Luís XV acaba de finalizar. O jantar é acompanhado em surdina por 24 músicos da guarda francesa vestidos à turca. A delfina parece ter o apetite cortado pelo cansaço, e seu marido, observa novamente a duquesa de Northumberland, "comia muito pouco, parecia absolutamente pensativo e ficava olhando para seu prato e brincando com sua faca[83]".

Pouco depois da meia-noite, o rei e seu séquito conduzem os dois recém-casados a seu quarto nupcial. O arcebispo abençoa a cama. Numa peça contígua, o rei entrega ao delfim sua camisa nupcial, enquanto a delfina, exausta, recebe a sua da duquesa de Chartres, a mulher casada de posição mais elevada da corte. Os jovens esposos se deitam então na cama sob os olhos da nobre assistência, que se animam. Luís XV, por sua vez, não deixa de falar algumas gracinhas – obscenidades familiares e públicas que vinham de uma sólida tradição. Mas logo termina o momento de voyeurismo: as cortinas da cama são puxadas, a pequena multidão se retira e as portas são fechadas atrás dos dois jovens. Apesar de os dois saberem qual é seu dever, a vergonha e o cansaço prevalecem sobre um desejo que sem dúvida ainda não existe (juntos, eles somam apenas trinta anos) e que nada nem ninguém instruiu. Atrás da cortina de brocado do leito nupcial começa o que Stefan Zweig judiciosamente chamou "uma tragédia invisível"[84]. O casamento não será consumado nesta noite. Ele só o será sete anos mais tarde, e o problema se tornará, ao mesmo tempo que um tormento pessoal, uma questão de Estado.

O matrimônio continuou a ser festejado por umas duas semanas: bailes, divertimentos públicos, representações teatrais – *Athalie* na Comédie-Française, depois *Tancrède* e *Sémiramis,* de Voltaire, e finalmente uma ópera de Lully, *Persée*, no novo salão de Versalhes. Mas Luís Augusto não gosta dessa música antiquada, composta em 1682, e se entedia muito, enquanto Maria Antonieta boceja o mais discretamente possível. Eles se divertirão mais no dia 19 de maio, durante o baile a caráter que a corte organiza em sua homenagem e que eles abrem de bom grado. O duque de Croÿ observará que "os dois jovens príncipes dançaram de boa vontade, sem constrangimento"[85]: finalmente algo mais ou menos para sua idade e bom para distraí-los!

A última festividade ocorreu em 30 de maio, na Place Luís XV (hoje Place de la Concorde). A praça e seu planejamento ainda não estão prontos. Uma massa compacta – Paris tem então setecentos mil habitantes – se agrupou no local desse imenso canteiro de obras e seus arredores para ver os fogos de artifício previstos para a noite. Em homenagem ao jovem casal real, foi erigida no centro da praça uma estrutura muito alta – o "Temple de L'Hymen" –, de onde serão lançados os cem mil fogos instalados pelo célebre especialista pirotécnico Ruggieri. O rei decidiu ficar em Versalhes; o delfim, cansado desses festejos repetitivos, não quis fazer a viagem. Somente a delfina, acompanhada pelas Mesdames, toma a estrada para Paris. Mas elas não chegarão até a praça. Ao alcançarem o Cours-la-Reine (hoje Cours Albert I) e, levantando os olhos, começarem a perceber a suntuosa girândola, elas precisam retroceder. Acaba de acontecer uma tragédia na Rue Royale, durante o espetáculo dos fogos de artifício: uma incontrolável movimentação da multidão transformou-se subitamente em pânico, inúmeros transeuntes foram atropelados por veículos ou esmagados pelos cavalos. Testemunhas falaram de um início de incêndio. Em todo caso – mas a delfina só ficará sabendo da notícia no dia seguinte –, a gigantesca confusão fez 132 mortos e centenas de feridos. Os cadáveres foram sepultados às pressas na fossa comum do cemitério de La Madeleine.

Consternado com o acontecido, o delfim escreverá imediatamente ao tenente-general de polícia, Gabriel de Sartine: "Fiquei sabendo que as desgraças aconteceram por minha causa; estou convencido disto. Trazem-me neste momento o que o Rei me dá todos os meses para meus pequenos prazeres. Não posso dispor disto. Eu o envio ao senhor: socorra os mais desafortunados"[86]. A carta estava acompanhada de uma quantia de seis mil libras.

Também muito abatida, Maria Antonieta escreveu à sua mãe: "M. Delfim está desesperado", acrescentando que ela não dormia mais e se sentia "inconsolável"[87].

Por mais abatido que estivesse, o futuro Luís XVI não poderia imaginar que, 23 anos mais tarde, essa imensa praça, hoje enlutada, seria para ele, bem como para Maria Antonieta, um local terrivelmente funesto. Ele também não imaginava que o cemitério de La Madeleine acolheria então, alguns meses depois, seus dois cadáveres decapitados.

Passados alguns dias dessa festa arruinada, uma violenta borrasca se abateu sobre Paris, desenraizou centenas de árvores e desmanchou o Temple de l'Hymen. Dessa vez, não houve vítimas, mas começou-se a falar de sinistros presságios.

Rei aos vinte anos

O casamento pôs fim à educação propriamente dita de Luís Augusto: a vida, a partir de então, se encarregaria de completar o que La Vauguyuon e, a seu lado, o abade Soldini haviam conseguido inculcar-lhe sobre a piedade, a vida moral e as responsabilidades de um príncipe destinado ao trono. O governante (que morreu dois anos mais tarde, em fevereiro de 1772) tornou-se superintendente da casa do delfim, e este rogou a Soldini que se tornasse seu confessor. Como saldo pedagógico, o abade escreveu a seu antigo aluno uma longa e última carta, cheia de recomendações e conselhos de todos os tipos. Tratava-se, por meio desse "ajuste de vida", de guiar os passos do príncipe até o dia em que Luís XV deixasse de ocupar o trono.

Nesse vade-mecum, Soldini adverte o futuro rei sobre os "maus livros" – que a partir de agora ele pode comprar a seu bel-prazer. Os maus livros, aponta o abade, são tanto aqueles que atacam a religião como as obras do partido devoto: rejeite, ele diz, "qualquer escrito contra ou mesmo a favor da Igreja", dado que o fervor que o dita não é "nada caridoso". Soldini também o aconselha a inverter os hábitos indolentes de tantos príncipes e a colocar o trabalho antes dos prazeres. Sendo rei ou delfim, também é preciso estar disposto e, portanto, dormir oito horas por noite (Luís XVI as reduzirá para seis, depois de seu advento). É preciso, finalmente, alusão ao pai do delfim, evitar comer em excesso. Mas esse último conselho não é nada útil, pois, em oposição ao que tantos comentadores afirmaram, Luís Augusto não é e nunca será glutão. Muito se comentou sobre as dezenas de pratos que lhe eram oferecidos a cada refeição e que, dizem, ele "devorava" um após o outro; na verdade, como acontece nos restaurantes hoje em dia, o que lhe era apresentado era um simples "cardápio", sem dúvida abundante, mas que ele apenas beliscava. Soldini, aliás, se felicita por sabê-lo "sóbrio" e o previne contra os servidores complacentes "que não cessarão de oferecer[-lhe] alimentos perigosos, cada um mais apetitoso que o outro". É na verdade Luís XV quem, preocupado com a "magreza" de seu neto, o incitará constantemente a comer mais que o razoável, o que custará ao delfim diversas indigestões graves entre 1770 e 1774. Depois de rei, ele não conhecerá nunca mais esse tipo de mal-estar.

Além disso, Soldini aconselha o futuro soberano a ter como regra absoluta a pontualidade. Para ele, essa não é apenas a boa educação dos reis; é uma manifestação de amor ao próximo: Luís XVI seguirá o conselho ao pé da letra, e isso por toda a sua vida, nunca fazendo esperar e nunca esperando. Um rei, acrescenta Soldini, também deve ser bom, amável, franco e aberto para com seus súditos; mas, apesar da dissimulação ser condenável, tudo dizer não é, no entanto, boa política, de modo que uma certa "reserva" é necessária a quem reina ou governa: "Não vos deixe penetrar jamais", ele conclui. Luís XVI seguirá esse conselho facilmente, pois tal atitude correspondia profundamente à sua natureza. Muitos o descreverão como um ser "impenetrável[88]".

As lições da vida rapidamente se sobrepuseram às dos preceptores. O delfim acabara de casar, e a questão da não-consumação de seu casamento imediatamente ocupou o centro de sua existência, bem como começou a alimentar as conversações – da família real, da corte francesa e das cortes estrangeiras, e logo das gazetas e das pessoas comuns. Ao longo do tempo, inúmeras coisas falsas ou descabidas foram escritas sobre o assunto, sem falar das zombarias de que o casal principesco foi e continua a ser objeto – e sem falar do silêncio incômodo de alguns biógrafos face aos segredos de alcova do casal principesco, bem como às pretensas fraquezas do delfim. As melhores análises do caso se encontram em Stefan Zweig, mas principalmente em Simone Bertière, que soube retificar diversos erros de Zweig e inspirou grandemente as páginas que seguem.

Os contemporâneos do jovem Luís XVI eram muito menos pudicos do que nos tornamos mais tarde. A "coisa" era então abertamente evocada nas conversas, bem como nas correspondências pessoais ou diplomáticas. E como poderia ser diferente, já que o que estava em jogo era o futuro da linhagem – uma questão de Estado, portanto – e que tudo acontecia num âmbito, o da corte, em que as distinções entre a vida pública e a vida privada, mesmo a vida íntima, não eram usuais?

Enquanto faz uma evocação positiva de Maria Antonieta, Stefan Zweig atribui ao jovem marido a total responsabilidade pelo fracasso conjugal. Sua teoria é simples: todas as noites, durante sete longos anos, Luís Augusto – que sofre, segundo Zweig, de uma leve malformação dos órgãos, mas se recusa a ser operado – em vão se servirá do corpo passivo e humilhado da esposa. A corte rumoreja, o mundo ri, histórias indecorosas circulam. Mas para os dois protagonistas o mal está feito, e os danos, tanto políticos quanto psicológicos, são consideráveis. Falta a este "reprimido", diz Zweig ao falar do delfim, "a força de agir na vida pública porque ela lhe falta na vida privada". Ou ainda, e em termos também freudianos: "Incapaz de virilidade na vida privada", será impossível para ele "portar-se como um rei"[89].

Insatisfeita e cansada, para não dizer repugnada, das investidas repetidas e ineficazes de seu esposo (esse "lamentável chato", diz ainda dele Stefan Zweig[90]), Maria Antonieta torna-se nervosa, caprichosa, agitada e também dominadora para com um marido obtuso, que se sente culpado e cede em tudo ("Ele me ama bastante e faz tudo o que eu quero", ela escreve depois de um ano de casamento[91]). A delfina busca então compensações e se distrai nos bailes, nas festas, nas mundanidades, no turbilhão privado ou oficial dos prazeres da corte – busca desenfreada e nociva, que acabará escandalizando todo um povo, apesar de encantar alguns observadores. Eis o que Horace Walpole, subjugado por tanta graça rodopiante, dirá a seu respeito: "Parece que ela não dança no compasso, mas, então, é o compasso que está errado"[92]. O certo é que essa frivolidade sem limites, conclui Zweig, ligada a uma "excitação sexual insaciada"[93], desaparecerá como que por encanto no dia em que, depois que Luís XVI aceitar entregar seu corpo à cirurgia ("este triste César do amor [que consegue] atravessar com sucesso o Rubicão"[94]), Maria Antonieta se tornar finalmente esposa e mãe.

Tal explicação faz sentido e parece tão convincente que foi retomada pela maior parte daqueles que se debruçaram sobre a vida desse estranho casal. Mas ela se baseia em três erros factuais que fazem com que, no geral, ela não seja crível. Em primeiro lugar, Luís XVI jamais sofreu uma operação, pela simples razão de que não precisava de uma; em segundo lugar, Maria Antonieta não precisou suportar durante todos esses anos as investidas cotidianas e noturnas de seu marido, porque os dois esposos tinham camas separadas, para não dizer quartos separados; e, em terceiro lugar, a metamorfose final de Maria Antonieta não se produziu tão rapidamente quanto sugere Stefan Zweig: a consumação do casamento esteve longe de pôr um fim imediato aos hábitos de "dissipação" que a delfina, e depois a rainha, adquirira.

Em julho de 1770, isto é, apenas dois meses depois dos esponsais, Luís XV, aproveitando o fato de o delfim estar resfriado e precisar ficar acamado, convocou um dos cirurgiões mais destacados da época, La Martinière. Duas perguntas médicas são feitas a ele: *O jovem príncipe sofre de fimose e é necessário circuncidá-lo? Suas ereções são obstruídas por um freio curto demais, ou resistente demais, que um simples corte de lanceta poderia liberar?* Sobre esses dois pontos cruciais, a resposta é negativa: o delfim, afirma o especialista. "não tem nenhum defeito natural que se oponha à consumação do matrimônio". Como os rumores persistem e as preocupações de Luís XV continuam as mesmas, La Martinière dirá a mesma coisa, dois anos mais tarde, por ocasião de um segundo exame, explicando então a Mercy-Argenteau, confidente de Maria Antonieta, que "nenhum obstáculo físico se opunha à consumação"[95].

Em Viena, a imperatriz Maria Teresa recusa-se a acreditar nessas constatações. Ela voltará à carga diversas vezes, expedindo a Versalhes seus próprios médicos, que não lhe informarão nada de novo. Em seu íntimo, ela está convencida, ou então quer se convencer, de que sua filha – jovem, bela e atraente o suficiente – não tinha nenhuma responsabilidade pelo fracasso do jovem casal: "Eu não poderia me convencer de que é de sua parte o problema"[96]. Ela prefere acreditar em uma puberdade atrasada do príncipe, mas é certo que, no momento do casamento, Luís Augusto não era mais púbere que a própria Maria Antonieta, que acabara de ter suas primeiras regras. Mas e depois? E nos longos anos que se seguiram? Compreensível aos quinze anos, a ausência de desejo do príncipe só podia explicar-se, com o passar do tempo, por uma anomalia de natureza física.

Quando Luís XVI se tornou rei, a necessidade de uma intervenção cirúrgica, agora percebida por muitos como imperiosa, voltou com força. Cedendo, ao que parece, às exigências de Maria Teresa, o novo monarca é então novamente examinado, em dezembro de 1774, dessa vez por Joseph de Lassone, médico da corte. Mesmo diagnóstico de La Martinière: o rei tem uma constituição normal, e somente sua timidez natural o impede de concluir suas investidas – se é que havia investidas. Treze meses mais tarde, em janeiro de 1776, Luís XVI, bombardeado com perguntas vindas de Viena, apela a uma sumidade, o doutor Moreau, cirurgião do Hôtel-Dieu de Paris, que, para grande aflição de Maria Antonieta e de sua mãe, confirma que a operação "não é necessária". Mas todas as esperanças são permitidas, pois, acrescenta o médico, o corpo do rei "parece adquirir mais consistência"[97].

Consistência ou não, o fato é que os hábitos de vida do casal, ditados por uma longa tradição e pelas regras da corte, não facilitam em nada a intimidade conjugal necessária para o aprendizado do amor. Luís Augusto e a delfina viviam em aposentos próximos mas separados, onde cada um podia se refugiar a seu bel-prazer. Tratando-se de relações conjugais, somente o esposo tinha o direito de visita, e os folguedos só podiam acontecer na cama da esposa. As coisas ficarão piores depois de sua ascensão, pois Luís XVI trocará de aposento e se instalará na outra extremidade do prédio central. Ele não poderá mais chegar até sua mulher sem atravessar diversos salões, inclusive o Œil-de-Bœuf, à vista de cortesãos sempre prontos a fazer a discriminação das idas e vindas do rei. Um corredor secreto será finalmente construído entre os dois aposentos, mas somente o rei pode utilizá-lo com a chegada da noite – com a condição, é claro, de desejá-lo.

Não apenas Luís Augusto e Maria Antonieta eram jovens demais para se casar (a delfina, que tinha quatorze anos e meio, parecia que tinha doze), nenhum dos dois estava fisiológica e psicologicamente maduro para "consumar" semelhante união. Eles poderiam, depois de casados, ter sido mantidos separados por algum tempo (isso já acontecera no passado), mas a imperatriz teria visto nessa solução dilatória a possibilidade de a França anular um casamento que lhe interessava acima de tudo. Em nome da razão de Estado, agiu-se como se as duas crianças fossem adultos. Mas eles não o eram em nada, e nem a educação puritana que tinham recebido, nem os hábitos pudicos que lhes haviam sido inculcados os predispunham a entregar-se aos impudores e ousadias da intimidade conjugal. Em Viena, sob o olhar vigilante da mãe, Maria Antonieta fora educada na desconfiança absoluta do corpo, do sexo e da nudez, tendo por toda a sua vida um pudor extremo, inclusive em presença das mulheres encarregadas de sua toalete. Quanto ao delfim, lembremos as lições prodigalizadas por seus preceptores sobre a permissividade dos costumes, o dever de virtude dos príncipes e a necessidade de uma vida casta e não poluída pela luxúria do ambiente, especialmente a da corte – ou do próprio Luís XV.

Não é surpreendente, portanto, que a noite de núpcias do casal principesco tenha sido um fiasco, ou um não-acontecimento, e que tenha levado a repulsas difíceis de superar. Maria Antonieta havia, no entanto, reagido bem desde a ocorrência do primeiro revés: "Já que devemos viver juntos em uma amizade íntima", ela dissera a seu jovem esposo, "é preciso que falemos de tudo com confiança"[98]. Propósito esse cheio de sabedoria, mas que não teve seguimento. Pouco dado a confidências de alcova, o delfim não é nem um romântico, nem um violador, de modo que ele então se abstém e se refugia cada dia mais numa atividade física que o satisfaz e extenua: a caça. Maria Antonieta, provavelmente petrificada de medo ante a idéia da defloração, aceita ver-se abandonada, apesar de fingir queixar-se e falar abertamente a seus próximos sobre a "negligência" de seu marido. O principal é que as suspeitas recaem sobre ele, e somente sobre ele.

De resto, essa situação de espera não a desgosta. Na verdade, além de Maria Antonieta não sentir, diante desse esposo não-escolhido, nenhum desejo de mulher, ela não tem nenhuma vontade urgente de procriar, apesar das repetidas exortações que a imperatriz lhe faz. Ela sabe que o fato é inelutável e que nos reis um primeiro nascimento anuncia muitos outros; por isso ela pretende, no momento, aproveitar todos os prazeres a que uma princesa grávida deve renunciar: a equitação, a dança, a ópera, as noitadas. "É preciso gozar um pouco o tempo da juventude", ela explica a Mercy, ciente de que virá o dia em que precisará acabar com as "frivolidades"[99]. Mas ela escreve isso em fevereiro de 1777, quase sete anos depois de seu casamento e três anos depois da ascensão de Luís Augusto ao trono!

O tempo passa, passa cada vez mais, e a consumação, igualmente temida e evitada pelos dois esposos, continua fora da ordem do dia. O problema transforma-se em enigma e mergulha as opiniões, tanto da corte como do povo, em extremos de perplexidade. Todo mundo o sabe – das criadas de quarto às damas de honor, dos fidalgos aos oficiais de serviço, das domésticas às lavadeiras – e todo mundo arrisca seu comentário e sua hipótese. Os rumores correm, os rumores aumentam, nada pode detê-los: "Os mexericos", diz Zweig, "viram canções, panfletos, versos pornográficos"[100]. Quanto aos dois irmãos do delfim, os condes de Provença e Artois, eles secretamente esfregam as mãos, pois, caso o primogênito fique sem descendência, quem sabe uma chance inesperada de subir ao trono não lhes seria por fim concedida pelo destino?

O jovem casal, consciente do dever que se impõe e das expectativas da opinião pública, redobra seus esforços para chegar ao resultado esperado. Já em 1772, o príncipe confidenciou a seu avô que, mesmo sendo de constituição forte, ele era interrompido em suas tentativas "por sensações dolorosas"[101]. Em seu relatório para a corte de Espanha, o embaixador Aranda falará de "uma pequena dor inoportuna que se acentua quando ele insiste"[102]. Às dores do delfim vinham somar-se, para coroar a questão, as da delfina, a ponto de ser evocada a existência, entre os dois, de um verdadeiro obstáculo anatômico, a "estreiteza do caminho"[103] – estreiteza que não impediu o jovem casal de continuar seus esforços, por mais desagradáveis e penosos que fossem.

Um primeiro e importante "progresso" foi registrado em julho de 1773 – uma espécie de semivitória, que Maria Antonieta relata nos seguintes termos à sua querida mamãe: "Eu acredito que o casamento esteja consumado, ainda que não sendo o caso de estar grávida"[104]. O delfim, por sua vez, vai até o rei para anunciar-lhe a boa-nova. Mas de que novidade se trata? Pois as palavras utilizadas pela princesa intrigam: "Eu *acredito* que o casamento esteja consumado...". Isso só pode significar uma coisa: houve defloração, mas o jovem esposo não levou seu ímpeto até o fim e, em todo caso, não conseguiu fecundar a princesa. Serão necessárias novas e múltiplas tentativas, será preciso novamente esforçar-se, superar de novo e de novo o desagrado e os sofrimentos, sem falar na vergonha e na culpa partilhadas.

O dia de glória, o verdadeiro, ocorrerá somente quatro anos mais tarde! Quatro anos mais tarde, isto é, em 18 de agosto de 1777. Nesse dia, Maria Antonieta tem ainda, é difícil acreditar, apenas 21 anos. Mas, desta vez, é uma jovem triunfante que, no penúltimo dia do mês em questão, escreve à sua mãe:

> Estou na felicidade mais fundamental de toda a minha vida. Já faz oito dias que meu casamento foi consumado; a prova foi reiterada e, ainda ontem à noite, mais completamente que da primeira vez [...]. Eu não acho que estou grávida ainda, mas pelo menos tenho a esperança de poder ficar a qualquer momento.[105]

Podemos facilmente imaginar os desgastes, para não dizer os estragos, que esses sete anos de provações conjugais provocaram na vida e na psicologia do casal. Casados jovens demais e por razões de Estado inteiramente estranhas aos atrativos pessoais, esses esposos principescos, condenados ao fracasso desde o início, tiveram, no entanto, um mérito pouco comum, mas insuficientemente reconhecido e saudado: o de ter sabido, apesar do fluxo contínuo de escárnios e humilhações, preencher, a qualquer custo, o difícil dever imposto, em nome de imperativos e deveres superiores, a seus corpos inexperientes e a suas almas recalcitrantes.

O êxito final não dará ao casal o que lhe falta desde sempre: amor. Apesar de continuar fazendo visitas noturnas à sua mulher, Luís XVI só tem uma idéia em mente: não a de saciar apetites recém-descobertos (ele não os sente), mas a de ter filhos e assegurar, tanto quanto possível, a continuação de sua linhagem. Na vida diária, ele adquiriu o costume, ao longo do tempo e a título de compensação, de realizar todas as vontades de Maria Antonieta (mais tarde, ele até lhe permitirá ter, se não um amante, pelo menos um cavalheiro admirador!) e nunca renunciará a essa atitude, sujeitando-se a passar, aos olhos de muitos, por um marido submisso ou fraco. Para Zweig, ele se tornou inclusive o "escravo" de sua mulher.[106] A acusação, apesar de excessiva, não deixa de ter fundamento, mas valerá principalmente para a vida privada. Luís XVI se deixará levar muito menos quando se tratar de política, e principalmente de política externa.

Mas o mal está feito e sua imagem, de príncipe impotente guiado, ou melhor, maltratado pela mulher estrangeira, ficará profundamente marcada, na corte e fora dela, e constituirá, para o resto de sua vida, uma desvantagem muito grande. Como observa com razão Simone Bertière, "uma castidade voluntária, respeitosa do sacramento conjugal, poderia ter sido considerada para seu crédito após a libertinagem de seu avô. Mas o ridículo dos anos estéreis aderirá à sua imagem, enquanto que a da rainha não se recuperará de seu passeio imprudente pelos prazeres desnaturados"[107].

Maria Antonieta, por sua vez, terá os filhos que pedem que ela tenha, quatro no total (sem contar um aborto, em novembro de 1780): em 1778, Maria Teresa Charlotte, futura duquesa de Angoulême, chamada de "Madame Royale"; em 1781, um primeiro delfim, Luís José da França, morto em 4 de junho de 1789, um mês e dez dias antes da tomada da Bastilha; em 1785, Carlos Luís, o futuro Luís XVII; e, em 1786, uma última filha, Sofia, que morre aos onze meses.

Com o dever quatro vezes cumprido, Maria Antonieta deixará de receber o marido, a não ser para conversas simples, ou por razões puramente familiares ou protocolares. Até a Revolução, eles não terão apenas camas ou quartos separados em suas vidas; logo apenas se cruzarão: ele atarefando-se durante o dia (em conselhos, em seu ateliê ou na caça), ela começando a viver somente tarde da noite, à hora em que seu marido cai no sono. No fim, contudo, uma certa ternura terminará por instalar-se entre eles, um entendimento afetuoso lentamente forjado pelas provações passadas e vindouras, que adquirirá toda a sua força, depois de Varennes, quando do trágico e comum desfecho de suas vidas.

*

Os quatro anos que se passaram entre o casamento de Luís Augusto e sua ascensão ao trono foram sem dúvida os mais agradáveis de sua vida. Sem assumir ainda nenhuma responsabilidade política e mantido afastado por Luís XV do governo (assim como o fora seu pai), ele dividia seu tempo entre raras cerimônias oficiais, a caça a cavalo ou de espingarda, a fabricação artesanal de chaves e de fechaduras e, por falta de freqüentar os ministros e generais, a companhia cordial de suas tias. É no salão das Mesdames que à noite ele encontrava seus irmãos mais novos, principalmente depois que estes se casaram – conde da Provença, com Maria Josefina de Savoie (em 14 de maio de 1771), e Artois, com a irmã desta, Maria Teresa (em 16 de novembro de 1773). Os três jovens casais não concordavam em tudo, mas se entendiam quanto a um ponto: o desprezo à etiqueta. Ora, com as Mesdames, não se ligava para a maior parte das regras. Ao lado de diversos jogos e divertimentos, o teatro, e principalmente a comédia, muito apreciada por Artois, tinha um lugar importante nessas *soirées*. Eles aprendiam as melhores peças do repertório francês e todos, menos o delfim, faziam-se de bom grado atores. Nessa prática, não faltava a Maria Antonieta delicadeza ou graça. Por não atuar, o delfim era um espectador reativo, que não hesitava em manifestar ruidosamente seus sentimentos ante os personagens representados. É ali, nessa atmosfera confiante e descontraída, que começa a diminuir a timidez que tanto marcara sua adolescência.

A ascendência exercida por Maria Antonieta sobre o delfim se manifestava nas coisas simples da vida; mas diminuía quando o assunto adquiria importância. De sua mãe, a arquiduquesa recebera ordens de utilizar seu charme para ganhar a confiança de Luís XV, tarefa que ela cumpriu com bastante facilidade, e fazer de tudo para dominar, se não o coração, pelo menos o espírito de seu marido, insuflando-lhe as injunções políticas de Viena. Nesse segundo caso, as coisas foram menos fáceis do que se disse.

Maria Antonieta tentou jogar Choiseul, a quem ela devia tanto, contra a Du Barry, que lhe fazia sombra junto a Luís XV e que, a seus olhos, como aos olhos de muitos, reinava ilegitimamente Versalhes. Ela se abriu com seu marido, convencida de que ele tomaria, como de costume, seu partido. Má idéia, pois o delfim a interrompeu imediatamente:

– A senhora não sabe tudo o que Choiseul fez para chegar ao cargo que ocupa, nem o quanto conspirou com a Pompadour, ele próprio trabalhando para aumentar seu crédito. Não, um homem honesto seria muito tolo em defender Choiseul contra a Du Barry.[108]

Maria Antonieta dessa vez não levou a melhor sobre o delfim, mas a Du Barry logo levou vantagem sobre Choiseul, o qual (em parte por insistência dela) foi despedido pelo rei em 24 de dezembro de 1770. A esse presente de Natal somou-se outro: a nomeação para os Negócios Estrangeiros do candidato da Du Barry, o duque de Aiguillon, membro do partido devoto, ao qual pertenciam também os dois outros membros do novo "triunvirato" que governaria a França, o chanceler Maupeou e o abade Terray. A nomeação desse triunvirato era outra coisa que o fruto de uma simples disputa de mulheres; constituiu, no entanto, um triunfo completo para a favorita de Luís XV e um revés humilhante para a delfina, que, a partir de então, pôde avaliar as capacidades de sua "rival" – e, ao mesmo tempo, as de seu marido, mais sutis. Mas a jovem Maria Antonieta dispunha de uma vantagem que, tendo em vista a idade do rei e seu estado de saúde, logo faria falta cruelmente à Du Barry: o tempo.

Durante todo esse longo parêntese de quatro anos, Luís Augusto e Maria Antonieta souberam passar, apesar de seus problemas íntimos e da ascendência da princesa sobre o esposo, a imagem de um casal relativamente unido, que era visto de vez em quando passeando junto nos bosques ou visitando alguma choupana miserável a fim de oferecer consolo e esmolas. "Populares sem procurar sê-lo", escreve o historiador Pierre Lafue, "os dois esposos estremeciam de alegria ao ouvir as aclamações elevarem-se assim que apareciam em público"[109].

Em 8 de junho de 1773, o delfim e a delfina fizeram sua primeira visita oficial a Paris e aos parisienses. A recepção do corpo municipal, dos miseráveis em delegação, a recepção em Notre Dame em meio a uma grande multidão, a subida à Sainte-Geneviève e a oração coletiva em torno do relicário da santa, depois a descida para as Tulherias e o passeio nos jardins que haviam sido abertos ao público, tudo se passara numa atmosfera de respeito ao mesmo tempo digna e calorosa, sendo que os espectadores não poupavam ao casal principesco seus aplausos e vivas. Nenhum incidente anuviou o dia. Luís Augusto se mostrara muito à vontade, tanto perante os oficiais como as pessoas mais humildes, e Maria Antonieta, como de costume, encantara todo mundo. Eles tinham, juntos e logo de início, conquistado o coração de Paris, o que, dado o clima político que reinava então na capital, representava um feito significativo.

A delfina se apressou em contar a proeza à sua mãe: "Como estamos felizes nessa situação de obter a amizade de todo um povo tão facilmente. Não há nada mais valioso; eu o senti e jamais o esquecerei. Outra coisa que causou grande prazer neste belo dia foi a conduta de M. Delfim. Ele reagiu maravilhosamente bem a todos os discursos, reparou em tudo o que era feito para ele, principalmente no entusiasmo e na alegria do povo, a quem demonstrou muita bondade[110]". O embaixador Mercy não se revelou menos entusiasta no relatório que enviou à imperatriz: "Esta apresentação é de grande importância para determinar a opinião pública[111]". O êxito da jornada parisiense obteve inúmeras confirmações nas semanas seguintes: o jovem casal foi visto no Opera, depois na Comédie-Française e na Comédie-Italienne, e sempre a recepção feita pelos atores e pelo público era a mesma: triunfal.

Eles eram jovens e o rei, apesar de seus 64 anos, parecia em boa saúde; por isso, o delfim e a delfina pensavam ter diante de si anos de tranqüilidade e despreocupação. As dificuldades políticas que perturbavam então o reinado de Luís XV – a intensificação do poder diante dos parlamentos, o Estado à beira da bancarrota, a impopularidade crescente do monarca e sua favorita – pareciam abalar tão pouco suas existências que eles nem pareciam envolvidos.

O rei, sem ilusões quanto aos tempos difíceis à espera da França, não chegou a dizer, como se alegou, *"après moi le déluge"*.* Ele se contentou em afirmar: "Tudo isso durará tanto quanto eu" – máxima que, apesar de menos cínica, revelava um pessimismo radical e não augurava nada de bom para aquele que reinaria depois dele.

De fato, para o casal principesco, o despreocupado parêntese dos dias felizes não tardou a se fechar. Na volta de uma colheita de flores na floresta de Meudon, eles ficaram sabendo por acaso, no meio da primavera de 1774, que o destino, ou a Providência, ou a ordem natural das coisas, acabara brutal-

---

* *Après moi le déluge*: literalmente, "Depois de mim, o dilúvio", ou "Depois de mim, o fim do mundo". (N.T.)

mente de mudar a situação: a da França e, ao mesmo tempo, a de suas próprias vidas.

Em 27 de abril, enquanto o rei e a Du Barry estavam em Trianon, Luís XV sentiu-se febril e precisou contentar-se em seguir de caleche uma caçada da qual planejara participar a cavalo, em companhia de seu neto. Como seu estado piorava de hora em hora, La Martinière ordenou que ele fosse reconduzido ao castelo de Versalhes e aconselhou-o a ficar de cama. O monarca foi sangrado, mas em vão. Dois dias depois, às onze horas de 29 de abril, os médicos comunicaram que o rei, como antes dele muitos de seus ancestrais, contraíra a varíola. Os médicos, conscientes de que em nove dias a doença poderia tanto desaparecer como levar o paciente, não alimentavam ilusões quanto a seu desfecho: o estado de fadiga e a idade do rei deixavam pouco espaço para uma esperança de cura. O delfim e seus dois irmãos, que precisavam ser protegidos a todo custo do contágio, foram convidados a se manterem à distância, e o quarto do rei só esteve acessível aos médicos, às Mesdames, às filhas do rei – e à Du Barry, cujo destino pessoal estava estritamente ligado ao de seu amante real.

No dia 30, percebeu-se, à luz de uma chama, que o rosto do rei estava recoberto de botões vermelhos e pústulas. No dia 3 de maio, semiconsciente, Luís XV olhou para suas mãos e deu-se conta do mal que o consumia:

– É a varíola!

Ninguém ousou responder-lhe, mas, perto do fim do dia, ele pediu para falar com a condessa Du Barry. Anunciou-lhe que só tinha mais alguns dias de vida e, no fim da conversa, murmurou as palavras tão temidas por sua amante: "Tenho uma dívida para com Deus e meu povo. Portanto, é preciso que a senhora se retire amanhã"[112]. No dia seguinte, então, a condessa deixou Versalhes para sempre. Ela encontrou refúgio em Rueil, no castelo do duque de Aiguillon, antes de ir passar um ano, por ordem do novo rei, no convento de Pont-aux-Dames e, depois, o resto de sua vida (ela ainda não tinha 32 anos) em sua propriedade de Louveciennes, longe dos caminhos do poder onde ela "reinara" por seis longos anos.

No dia 7 de maio, no meio da noite, Luís XV mandou chamar seu confessor, o abade Maudoux, e conversou com ele por meia hora. No dia seguinte, ele comungou e, pela boca de monsenhor de La Roche-Aymon, arcebispo de Reims, arrependeu-se publicamente de seus pecados, pedindo perdão a seu povo no caso de sua conduta tê-lo "escandalizado"[113]. A condessa du Barry partira a tempo!

Daí em diante, o rei sofre terrivelmente, e seu corpo, qual um ossário, exala um odor pestilento que faz até os mais dedicados fugirem. As janelas são abertas, mas nada adianta. Sobre um dos parapeitos foi colocada uma vela que avisa aos curiosos apinhados no pátio que o rei ainda vive. A extrema-unção é administrada no dia 9 de maio, à noite. O corpo do rei não passa de uma carapaça de feridas endurecidas que o recobrem por inteiro, inclusive suas pálpebras, e dão a seu rosto acobreado, quase enegrecido, o aspecto de uma "cara de mouro".[114]

Luís XV expirou no dia seguinte, 10 de maio, por volta das dezesseis horas, depois de uma noite de sufocamentos e estertores. A vela foi apagada e o duque de Bouillon, camareiro-mor, desceu até o Œil-de-Bœuf para dizer a tradicional fórmula: "O Rei está morto. Viva o Rei!"[115]

Luís Augusto e Maria Antonieta, que estavam refugiados na outra ponta do castelo, souberam da morte do rei pela boca do mestre-de-cerimônias. Assim que o óbito foi anunciado, o delfim "soltou um grande grito"[116], mas não teve tempo de cair em lágrimas, pois ao mesmo tempo espalhou-se pelo castelo "um ruído terrível e absolutamente semelhante ao do trovão"[117]: era a turba de cortesãos que, depois de desertar a antecâmara do soberano falecido, vinha com toda a pressa saudar o novo mestre da França. A condessa de Noailles foi a primeira a lhe conferir o título de Majestade.

Abatido de tristeza mas comovido, ou constrangido, por tanta solicitude, o novo rei não pôde evitar dizer num suspiro: "Que fardo! E não me ensinaram nada! Parece que o universo vai cair sobre mim!"[118]

Por sua vez, Maria Antonieta, visivelmente satisfeita que a Du Barry não estivesse mais ali para fazer-lhe sombra e disputar o primeiro lugar, não estava menos entristecida pela morte do soberano e abalada com a idéia das mudanças imensas que esse falecimento provocaria em sua própria vida e na do príncipe. Como ele, ela tomava, minuto a minuto, para além da intensidade das circunstâncias, plena consciência do que os esperava. É nesse contexto que teria dito: "Meu Deus! Proteja-nos, reinaremos jovens demais"[119]. Ela tinha dezenove anos, ele ainda não tinha vinte, mas ambos sabiam que sua juventude acabara.

Luís XV fora apelidado de "o Bem-Amado" em 1744: então com 34 anos, ele "milagrosamente" sobrevivera a uma primeira doença eruptiva (doença que entre 1711 e 1712 já matara sua mãe, seu pai e um irmão mais velho que ele). O "milagre" de sua cura imediatamente se traduzira num arroubo espontâneo de simpatia popular.

Trinta anos depois, o mesmo rei acabara de morrer em meio à indiferença geral, para falar o mínimo. Sua impopularidade era tão grande que não se ousou fazer exéquias públicas. Portanto, é no dia 12 de maio, à noite, através do Bois de Boulogne e sob os escárnios ou injúrias dos curiosos, que seu caixão foi transportado, cercado por quarenta homens da Guarda Real e 36 pajens, até a basílica de Saint-Denis.

Com o passar das semanas, o povo chorou pelo soberano desaparecido lágrimas atrasadas. Em julho, houve uma multidão no pátio da mesma basílica, por ocasião de uma grande cerimônia em memória daquele que alguns, cada vez mais numerosos, chamavam novamente de "o Bem-Amado". Em Notre Dame de Paris, o bispo de Langres, Monsenhor de La Luzerne, não hesitou em somar-se ao sentimento geral: "De todos os períodos da monarquia", ele disse, "o reinado de Luís XV foi aquele em que mais se foi feliz por ser francês"[120]. Em apenas um mês, o olvido e o perdão haviam, em larga escala, substituído as gozações e as insolências.

Mas a opinião pública não estava menos satisfeita por ter um novo rei no comando, um rei sem dúvida inexperiente, mas moralmente irrepreensível e em quem todos podiam depositar alguma esperança.

Logo após a morte de Luís XV, a corte se retirara por um tempo para Choisy, pois em Versalhes o castelo empestado apresentava demasiados riscos de contágio. É sobre essa questão, aliás, que o novo rei tomou uma de suas primeiras decisões, uma decisão que surpreendeu a todos por sua audácia: a de vacinar – ou "inocular", como se dizia então – toda a família real contra a varíola. Não apenas essa doença terrível havia, além de Luís XV, levado ao longo do tempo uma parte da linhagem dos Bourbon: ela se obstinava em devastar a França. Matando a cada ano entre cinqüenta mil e oitenta mil pessoas, ela acumulara, desde o início do século, milhões de vítimas. Já no século XVII, o sábio Carlos de La Condamine estimara que a varíola destruía, mutilava ou desfigurava "mais de um quarto do gênero humano"; um século mais tarde, Diderot dirá da mesma doença que ela "não perde em nada para a peste, pelos danos que causa"[121].

O novo rei se fez então inocular e obrigou seus dois irmãos a fazer o mesmo. A intervenção ocorreu em 18 de junho: Luís XVI recebeu cinco injeções, enquanto seus irmãos, apenas duas cada um. Maria Antonieta foi poupada, pois já tivera uma crise benigna em Viena e, portanto, estava protegida. As picadas administradas aos três jovens haviam sido preparadas a partir de uma amostra aplicada na "filha de um casal de tintureiros"[122]. A corte logo ficou alarmada. Muitos não acreditavam nas virtudes da inoculação e consideravam os recursos a esta prática como uma aventura de alto risco. E se os três irmãos, em vez de serem preservados da varíola, a contraíssem e morressem de uma só vez? Somente os membros da família de Orléans podiam se alegrar ante essa perspectiva, pois ninguém mais se oporia a que o poder real ficasse em suas mãos.

Nenhuma dessas considerações chegou a abalar a determinação do jovem rei, que estava traumatizado com as semanas que acabara de viver e com a agonia assustadora de seu avô.

Dia após dia passou-se a controlar a evolução de sua saúde. No dia 22, Luís XVI se queixou de dores nas axilas; dois dias depois, ele é acometido por febres e náuseas; no dia 27, algumas feridas aparecem; no dia 30, nota-se uma leve supuração. Mas, no dia 1º de julho, a febre desaparece; a partir do dia seguinte, anuncia-se que o rei está definitivamente fora de perigo: a intervenção fora um sucesso, inclusive para Provença e Artois, cujos sintomas foram apenas perceptíveis. A família real pode respirar – e com ela o país inteiro: a França não será privada de reis. Logo de início, Luís XVI, que já gozava de uma boa imagem junto à opinião pública, marcava um ponto importante.

Preocupado com a saúde física da família real, o novo soberano estava da mesma forma preocupado com a saúde moral do país e da corte: logo no dia de sua ascensão ao trono, ele insistira em esclarecer as coisas referentes à Madame du Barry. No momento, como vimos, ela encontrara refúgio em Rueil, junto ao duque de Aiguillon. Luís XVI enviou ordens precisas ao duque de La Vrillière, ministro da Casa Real: "É preciso, porque ela sabe muitas coisas, que seja enclausurada, antes que seja tarde demais. Envie-lhe uma *lettre de cachet**, para que ela vá para um convento no interior e não veja ninguém. Eu lhe concedo a escolha do local e da pensão, para que viva honestamente"[123].

Ele também comunicou, por intermédio do mesmo duque de La Vrillière, que assumiria o nome de Luís XVI, e não o de Luís Augusto I, e que, por enquanto, conservaria todos os ministros já empossados e os receberia em Versalhes dentro de nove dias, bem como os intendentes das províncias e os comandantes das Forças Armadas.

Depois ele se fechou em seu gabinete e trabalhou sem parar por mais de uma semana, correspondendo-se com os ministros, lendo longos relatórios, escrevendo inúmeras cartas

---

* *Lettre de cachet*: carta com o selo do rei, contendo uma ordem de prisão ou de exílio sem julgamento. (N.T.)

para Maria Teresa, seus tios e primos da Espanha, de Nápoles ou de Parma, só parando para rezar ou fazer uma refeição em família. Luís XVI queria ficar a sós e refletir sobre os assuntos da França, longe das influências externas que já procuravam se manifestar. Sua porta ficou fechada a todos, inclusive a seus irmãos e a Maria Antonieta.

As obrigações do novo soberano eram imensas, e ele se sabia mal preparado. Não conhecia nada dos assuntos de Estado e ignorava mais ou menos tudo sobre os homens encarregados do país. A França era o reino mais rico da Europa, mas suas finanças indicavam graves sinais de fraqueza: o fim da Guerra dos Sete Anos fora sem dúvida seguido por um período de expansão, mas, a partir de 1770, a economia pouco a pouco afundara na recessão, com todo indivíduo, toda categoria, toda instituição reclamando mais incentivos do Estado... e menos impostos. Luís XV e seu ministro Maupeou tinham contido os "parlamentos", cuja ação – em matéria judiciária e registro das leis – se opunha havia muito tempo à reforma das estruturas de que o país precisava; mas, com a morte de Luís XV, os parlamentares, freqüentemente ligados às grandes famílias da França, só sonhavam recobrar, ao mesmo tempo que seus poderes coletivos, todos os encargos e privilégios históricos que lhes haviam sido confiscados. Pior que isso, a própria Igreja da França estava em crise: ela ainda mantinha todas as aparências de saúde e opulência, reinava sobre 25 milhões de fiéis, possuía um décimo das terras do país e era representada no topo por um monarca ao mesmo tempo "muito cristão" e de direito divino; mas se podia perceber, por diversos sinais, que ela começava a vacilar em suas bases. Uma falta de fé crescente, alimentada pelas Luzes e mantida pelos "filósofos" da moda, esvaziava cada vez mais as igrejas, sendo que desde o início do século o número de padres e religiosos (e religiosas) diminuíra por todo o país, e isso em proporções alarmantes. Crise econômica e financeira, crise política, crise espiritual e moral: tais eram as sombrias perspectivas que o rei mais jovem e inexperiente do mundo precisava enfrentar.

Logo ficou evidente que Luís XVI gostava de trabalhar e que não era homem de partilhar ou delegar seu poder nem de falar abertamente sobre seus projetos. Tendo muito a aprender, seria um monarca trabalhador – o contrário de um diletante ou de um "rei preguiçoso". Por temperamento e por cálculo, ele seria também um rei reservado e teria como regra dissimular quase todas as suas intenções profundas: à sua mulher, a seus irmãos, suas tias, seus ministros. Sua afeição pelo povo e sua fé em Deus seriam seus únicos guias, e o trabalho, seu único aliado. Foi com esse estado de espírito que ele iniciou seu reinado.

E foi baseado nesses princípios que ele tomou suas primeiras decisões políticas. Exigia-se economia: o rei começou – a moral acima de tudo – por dar o exemplo reduzindo o estilo de vida de sua própria casa e o fausto da corte. Foram assim cortados: os gastos de alimentação e de vestimenta, o departamento (muito dispendioso) de divertimentos reais, algumas equipes de caça (de gamo e javali), a "*petite écurie*" (o contingente de cavalos passando de seis mil para mil e oitocentos), o número de mosqueteiros e de gendarmes nomeados para a guarda pessoal do rei, etc. Não tardou para que Luís XVI fosse acusado de sovinice, e o conde de Artois chegou a sugerir – gentil (ou pérfida) brincadeira – que fosse retirado um N do título real de seu irmão e que se falasse, a partir de então, do "Rei da França.... e avaro*[124]"! Mas nada adiantou. Não contente em multiplicar as medidas de economia, Luís XVI decidiu imediatamente favorecer seus súditos mais pobres. Foi dada ao controlador-geral a ordem de distribuir duzentas mil libras aos parisienses particularmente desprovidos. A missiva do rei se encerrava com as seguintes palavras: "Se o senhor achar que é uma demasia, retire-as de minha pensão [em junho de 1790, a *pensão* ganhará o nome de *lista civil*]"[125].

Por mais disposto que estivesse a inteirar-se dos grandes assuntos do país, Luís XVI tinha perfeita consciência de que não poderia sozinho cumprir suas múltiplas atribuições

---

* *Rei de França... e avaro*: corruptela de "Roi de France et Navarre", em português "Rei de França e Navarra". (N.T.)

e que precisava ser ajudado. Mas por quem? Estava fora de cogitação designar um primeiro-ministro para governar em seu nome. Ele precisava de um conselheiro e nada mais, um homem de confiança e experiência que o ajudasse a decidir sem tomar-se por quem decide.

Nomes circulavam. Maria Antonieta chegou a sugerir o retorno do duque de Choiseul – a quem ela tanto devia. Ele continuava popular, e muitos se lembravam de que concedera mais favores que ninguém. "Foi ele quem nos casou"[126], ela suplicou. Nem pensar em seu retorno, respondeu o rei, enternecido com tanto reconhecimento; uma simples volta às graças seria suficiente. Choiseul pôde então voltar à corte, com a condição de mostrar-se discreto. Em uma carta à sua mãe, Maria Antonieta conta a que ponto precisara seduzir seu marido para obter seu consentimento: "Fiz tão bem que o pobre homem arranjou-me, ele mesmo, a hora mais conveniente em que eu pudesse vê-lo".

Muito se dissertou sobre este "pobre homem"; muitos comentadores, inclusive Stefan Zweig, leram nessas duas palavras todo o desdém que a rainha sentia pelo marido. Trata-se, sem dúvida, de um contra-senso, pois a expressão (hoje diríamos "o pobre") não passa, nas palavras da rainha, da confissão divertida e terna de que ela usara toda a sua feminilidade para chegar a seus fins. Ela, aliás, acrescenta: "Acho que usei suficientemente o direito da esposa nesse momento". A própria imperatriz – sua resposta irritada é testemunha – foi a primeira a se equivocar quanto ao significado das palavras utilizadas por sua filha: "Que linguagem! O pobre homem! Onde estão o respeito e o reconhecimento por todas as condescendências? Deixo-a entregue a suas próprias reflexões e não digo mais, ainda que houvesse muito a dizer..."[127]. O "pobre homem" participou, aliás, da entrevista entre sua esposa e Choiseul, e tendo-se dirigido a esse último nos seguintes termos: "O senhor perdeu os cabelos, está ficando calvo, o seu topete está mal fornido"[128]. Uma afronta ao conde da parte de um rei renomadamente benevolente, e uma lição para Maria Antonieta. A imperatriz, informada do comportamento de seu genro, confessa sua decepção em uma carta a Mercy datada de 30 de junho: "Alguns traços de sua conduta me fazem duvidar que ele seja flexível e fácil de se deixar governar"[129].

Seguindo os conselhos de suas tias, o jovem monarca fixou sua escolha em um antigo ministro da Marinha, ao mesmo tempo sensato (falsamente) humilde – e com 73 anos –, de quem ele não teria muito a temer, pois o velho homem aparentemente não tinha nem ambições, nem inimigos. Tratava-se do conde de Maurepas, que, desfavorecido por Luís XV em 1747 por ter atacado a marquesa de Pompadour, passava, desde então, dias mais ou menos felizes em suas terras de Pontchartrain, a uns vinte quilômetros de Versalhes. Ele freqüentara os meandros do poder durante mais de vinte anos, e era sabido que os personagens mais destacados da época continuavam indo a Pontchartrain para consultá-lo. Além disso, ele tinha La Vrillière por cunhado, Aiguillon por tio, Maupeou por primo e era aparentado aos La Rochefoucauld – coisa suficiente para ser aplaudido por todos os círculos e aparecer, nesse início de reinado, como o homem da situação e do consenso.

No dia seguinte à morte de seu avô, Luís XVI, que acabava de chegar em Choisy, enviou a Maurepas a seguinte carta:

> Senhor, apesar da legítima dor que me aflige e que partilho com todo o Reino, tenho deveres a cumprir. Sou Rei: essa simples palavra compreende muitas obrigações, mas tenho apenas vinte anos. Penso não ter adquirido todos os conhecimentos necessários. Além disso, não posso ver nenhum ministro, pois todos ficaram encerrados com o Rei em sua doença. Sempre ouvi falar de sua probidade e da reputação que seu conhecimento profundo dos assuntos tão justamente proporcionou-lhe. É o que me leva a rogar-lhe que me ajude com seus conselhos e suas luzes. Eu lhe seria agradecido, Senhor, se viesse o mais cedo que pudesse para Choisy, onde o verei com o maior prazer.[130]

Dois dias depois, em 13 de maio, Maurepas está ao lado do rei e se engaja a seu serviço, sob o título de "ministro de Estado". Ele sabe que Luís XVI pretende assumir as suas responsabilidades. É por isso que, embora pensando consigo mesmo que não terá dificuldade em dominar um monarca tão pouco experimentado, ele lhe diz, como bom psicólogo, coisas que vão exatamente ao encontro do que o rei espera. Ele não pedirá para ser primeiro-ministro: será um simples mentor, um útil confidente, uma eminência parda tão apagada quanto solícita: "Se o senhor achar bom, eu não farei nada perante o público. Estarei aqui apenas para o senhor. Os seus ministros trabalharão com o senhor. Eu jamais falarei com eles em seu nome, e tampouco assumirei a responsabilidade de falar por eles [...]. Em uma palavra, eu serei o seu homem particular e nada além disso. Se o senhor quiser ser seu próprio primeiro-ministro, o senhor pode fazê-lo trabalhando, e eu lhe ofereço minha experiência para contribuir, mas não perca de vista que, se o senhor não quiser ou não puder sê-lo, será preciso escolher um". O rei estava nas nuvens: "O senhor adivinhou. É exatamente o que eu queria do senhor"[131].

Faltava resolver o problema dos ministros em exercício – questão de alguns dias. Mas de repente tudo é retardado, pois Mesdames contraíram, por sua vez, a varíola. No dia 17 de maio, a corte abandona precipitadamente Choisy e instala-se no castelo de La Muette. É desse castelo que nove anos mais tarde, no dia 21 de novembro de 1783, na presença de um entusiasmado Luís XVI, se elevará o primeiro balão transportando seres humanos – um aeróstato confeccionado "por ordem do Rei"[132].

E é neste mesmo castelo que, em 20 de maio de 1774, Luís XVI presidiu a seu primeiro conselho (a regra dizia que houvesse dois Conselhos de Estado a cada semana, dedicados aos grandes assuntos do reino, como a paz ou a guerra, e um Conselho dos Despachos, dedicado aos assuntos internos). Na ocasião, não se decidiu grande coisa. Tratava-se simplesmente de um primeiro contato com os ministros. O rei contentou-se em escutar suas intervenções; depois, deu uma explicação cujo sentido não escapou a ninguém: "Como só quero preocupar-me com a glória do reino e a felicidade dos meus súditos, somente conformando-se a esses princípios o trabalho de vocês terá a minha aprovação!"[133] Moral, honestidade, dedicação, sujeição: todos se retiraram, conscientes de que o novo rei não se deixaria facilmente manipular e que visivelmente traçara uma meta, ou pelo menos um método. Quanto à esperada nomeação dos novos ministros e à eventual substituição dos que estavam no posto, Maurepas aconselhou o rei a agir sem precipitação. Essa atitude de prudência tinha três vantagens: deixava os ministros empossados com a esperança de serem mantidos, não diminuía as expectativas dos demais e permitia que o rei, ao esperar que as coisas decantassem, tivesse liberdade de ação.

As coisas, aliás, não tardaram a decantar. Em 2 de junho, cansado de esperar uma destituição que todos pareciam anunciar, o duque de Aiguillon, encarregado ao mesmo tempo dos Negócios Estrangeiros e da Guerra, tomou a dianteira e apresentou sua demissão. A via para um remanejamento estava aberta. Luís XVI aproveitou a ocasião para romper com um antigo costume monárquico que dizia que um ministro demissionário deveria ser exilado. Aiguillon chegou a receber, pelos serviços prestados, um "dote real" de quinhentos mil francos.

Lembremos que o rei, além de Maurepas, estava normalmente cercado por uma equipe governamental composta de seis membros: o controlador-geral (encarregado das Finanças), o chanceler (encarregado da Justiça) e quatro secretários de Estado (da Guerra, da Marinha, dos Negócios Estrangeiros e da Casa Real). Quem quer que participasse dos conselhos obtinha o posto de "ministro", e um ministro, como fora o caso de Aiguillon, podia ser titular de duas pastas. Em 1777, Necker, porque protestante e suíço, não usará o título de "controlador", mas o de "diretor" geral das Finanças.

A formação do novo governo significou, ao mesmo tempo em que o fim de uma época, o fim do "triunvirato" formado, sob Luís XV, pelo duque de Aiguillon, pelo chanceler Maupeou e pelo abade Terray. Mas primeiro era preciso substituir o demissionário e nomear um novo secretário de Estado para os Negócios Estrangeiros. Nos bastidores, duas alas se enfrentavam: de um lado, os choiseulistas, favoráveis à aliança austríaca, liderados por Loménie de Brienne, e, do outro, a ala dos devotos, guiada pelas Mesdames e pelo conde de Provença, adversários do antigo ministro, cuja atitude para com a Igreja eles não perdoavam. Resistindo às diversas pressões e às preferências de sua mulher, Luís XVI optou pelo conde de Vergennes. Esse diplomata obscuro, que representara a França em Trier, Estocolmo e na Turquia (onde casara com uma otomana), tinha uma reputação de homem dedicado, competente e trabalhador. Ninguém adivinharia que esse embaixador discreto se tornaria um verdadeiro homem de Estado – ou, como disse Albert Sorel, "o ministro mais sábio que a França encontrou em muito tempo, o mais hábil em ação na Europa"[134].

Maurepas, que não tomara parte na nomeação de Vergennes, teve um papel mais importante na do novo ministro da Marinha. Esse Ministério era então de grande importância, pois seu titular, encarregado da construção dos navios de guerra, dispunha de um orçamento considerável. Boynes, o ministro de saída, dera provas, num campo em que os conhecimentos do rei ultrapassavam grandemente os seus, de incompetência e leviandade patentes, sendo que alguns fundos – algo em torno de três milhões de libras – estranhamente se volatilizaram. Maurepas sugeriu o nome de Turgot. Esse magistrado-filósofo também era economista e, se o rei consentiu com sua nomeação, não foi porque ele redigira diversos artigos para a *Enciclopédia*, mas porque desde 1761 era o intendente de Limousin e se saíra formidavelmente bem no cargo, saneando a administração da província, organizando um sistema fiscal mais justo, incentivando o desenvolvimento dos empreendimentos, abrindo serviços de caridade, zelando pela saúde pública. Para falar a verdade, nada, além de suas qualidades de gestor, destinava o interiorano Turgot ao Ministério da Marinha.

Ainda faltava substituir Terray nas Finanças e Maupeou na Justiça. Com o passar do tempo, Maurepas levou o rei a decidir-se o mais rápido possível, pois "os atrasos acumulam as tarefas e as corrompem mesmo sem encerrá-las"[135]. Em agosto, a corte se transferira para Compiègne, local agradável e rico em caça que o rei adorava, mas o novo governo só foi constituído pelo fim do mês, no dia 24.

Depois de muitas hesitações entrecortadas por caçadas, as decisões são finalmente tomadas e as cartas políticas, redistribuídas. Turgot recebe novas atribuições, deixa a Marinha, onde acabara de instalar-se, e torna-se controlador-geral. Esse reformador audacioso, renomado por sua retidão e sua honestidade, será o homem forte da equipe. Luís XVI o recebe, e a comunicação entre os dois homens é excelente. Eles visivelmente possuem os mesmos princípios – e precisarão de dois anos para perceber que não dão o mesmo sentido às mesmas palavras. Tomando as mãos de seu ministro, o rei promete-lhe "participar de todas as [suas] opiniões e sempre [o] apoiar nas decisões difíceis [que ele precisar] tomar"[136]. Sartine, antigo tenente-general da polícia (a quem Paris devia a construção do mercado de trigo e a iluminação pública), substitui Turgot na Marinha; o marquês de Miromesnil, parente de Maurepas e antigo presidente do parlamento de Rouen, assume, por sua vez, a pasta da Justiça; por fim, o conde de Muy, antigo tenente-general, é nomeado para a Guerra, sendo que o duque de La Vrillière fica à frente da Casa Real. Muy morrerá de repente, um ano mais tarde, e será substituído pelo conde de Saint-Germain, militar experiente e fervoroso partidário da modernização dos exércitos.

Diante de uma situação inédita para ele, confrontado com as surdas disputas de influência da corte, não se confiando a ninguém, mas discretamente aconselhado pelo hábil Maurepas, o jovem monarca toma suas decisões com toda a franqueza, e a designação dos novos ministros é percebida pela opinião pública como um sucesso e principalmente como uma guinada. A popularidade de Luís XVI está então no auge. Na mesma noite do anúncio, a multidão dança nas ruas, os foliões gozam "da cara feia do chanceler Maupeou[137]". Entre os que dançam, muitos pensam que uma nova época acaba de se iniciar e que a felicidade finalmente figurará na ordem do dia dos grandes deste mundo.

Em Versalhes, onde a corte voltou a instalar-se em 1º de setembro, Turgot vê o rei seguidamente, para não dizer todos os dias, e passa com ele longas horas preparando as medidas de recuperação de que o país necessita. Ao assumir suas funções, ele se viu diante de um *déficit* de 22 milhões de libras, que seu antecessor Terray julgara suficientemente abissal para sugerir uma proclamação oficial de bancarrota. Antes mesmo de sua nomeação, Turgot sustentara exatamente o contrário de Terray e submetera ao rei um plano que continha a seguinte fórmula lapidar: nada de bancarrota, nada de aumento de impostos, nada de empréstimos. É preciso, ele dizia, economizar em todos os setores e evitar uma falência financeira da qual a França teria as maiores dificuldades para reerguer-se e que poderia, além disso, levar a uma crise administrativa. "Se a economia não tiver primazia, nenhuma reforma será possível." E Turgot acrescenta, nas explicações que dá ao jovem monarca, que este deve dar o exemplo e reduzir seus próprios esbanjamentos (o que, aliás, ele já começara a fazer): "É preciso, *Sire*, armar-vos contra a vossa bondade"[138].

Ao mesmo tempo, Turgot, discípulo de Quesnay, é um "fisiocrata", como se dizia então, isto é, um defensor do liberalismo econômico e do já célebre "*laissez faire, laissez passer!*". Ele também se empenha em convencer o rei a fazer o conselho adotar um texto decretando a liberdade do comércio interno de grãos e a livre importação de cereais estrangeiros. A decisão é tomada em 13 de setembro. Os membros do conselho aprovam ruidosamente o rei e seu ministro, apesar de alguns se inquietarem, no fundo de si mesmos, com a colheita ruim que marcara o verão e com uma eventual subida dos preços do pão na primavera seguinte.

É, aliás, o que acontecerá, pouco antes da cerimônia de coroação, levando a uma série de motins rapidamente reprimidos – a "guerra das farinhas". Entre maio e junho de

1775, correm os rumores de que a fome ronda as esquinas. Os preços decolam. Tanto em Paris quanto em Versalhes, e em algumas cidades do interior, as padarias são pilhadas. É preciso lembrar que o pão era então o alimento básico da população e que seu custo representava quase 50% do orçamento das famílias mais pobres.

Algumas medidas da polícia e dois enforcamentos na Place de Grève bastaram para restabelecer a calma. Luís XVI, temendo um complô tramado pelos inimigos de Turgot, tomara a questão para si e anunciara aos parlamentares diversas medidas de exceção que visavam a prender e julgar os líderes o mais rápido possível. "Conto com vossa fidelidade e vossa obediência", ele dissera, "num momento em que decidi tomar medidas que garantem que durante meu reino não serei mais obrigado a tomá-las"[139]. Os dois pobres-diabos finalmente executados para servir de exemplo foram um peruqueiro de 28 anos e um empregado da usina de gás de dezesseis anos. Informado dos enforcamentos, o rei escreveu imediatamente a Turgot: "Se puder poupar as pessoas que somente foram influenciadas, o senhor fará muito bem"[140]. Uma anistia foi logo decretada em favor dos sediciosos, com exceção de seus líderes. Apesar de rapidamente controlada, a revolta contra os poderes públicos constituiu um primeiro aviso popular: pois fora o povo que se erguera, como em todos os motins frumentáceos que acompanham a história da monarquia, e ele não precisara ser incitado ou manipulado por ninguém. Os adversários políticos de Turgot naturalmente não perderam a ocasião de descrever o controlador-geral como um aprendiz de feiticeiro incapaz de medir as conseqüências de seus atos.

*

Nesse outono de 1774, a classe política tem, no entanto, a mente alhures, pois a questão política que monopoliza todas as atenções é a dos parlamentos.

Tanto por inexperiência quanto para fazer o contrário de Choiseul e de Maupeou, Luís XVI cometerá seu primeiro e verdadeiro erro, ao voltar atrás na grande reforma monárquica iniciada por seu avô – e abrir com isso, a via para uma revolução que a longo prazo nada nem ninguém poderia prever ou impedir. Recusar a reforma e criar, com isso, as condições para um contexto revolucionário, eis o ciclo infernal que Luís XVI, sem o saber, inaugurará já no início de seu reinado – ciclo infernal que, depois de sua morte, marcará século após século, e quase geração após geração, todo o futuro da história da França.

Os parlamentos, principalmente o de Paris (cuja competência estendia-se a 75% do reino), dispunham, desde o século XIV, de poderes amplos em matéria civil, judiciária e política. Suas decisões tinham o valor de leis, e cada decreto real devia, para que fosse aplicável, ser "registrado", isto é, avalizado pelos magistrados. Ao longo do tempo, o poder dos parlamentos, apesar dos seus altos e baixos, aumentara a ponto de tornar-se rival proclamado do poder dito "absoluto" dos monarcas. Em 1732, uma brochura parlamentar não hesitara em dizer o indizível e inverter abertamente a hierarquia dos dois poderes: "O rei só pode ter com seu povo no seio do Parlamento, o qual, tão antigo quanto a Coroa e nascido com o Estado, é a representação da monarquia inteira"[141]. É compreensível que Luís XV, e com ele Maupeou, tenham desejado reestruturar a monarquia sobre uma base mais favorável e tenham iniciado o que se chamou de a "revolução real" de 1771, sendo seu objetivo, arriscado mas inevitável, retirar dos antigos parlamentos todos os poderes, encargos e privilégios que eles se haviam gradualmente atribuído. Assim, a monarquia poderia novamente respirar e, não precisando mais temer a coligação dos conservadorismos, iniciar as reformas necessárias para a modernização do país.

A história, como os homens, é feita de contradições, e, no conflito fundamental que opõe a autoridade do rei à dos "magistrados", dois elementos ainda hoje interpelam o historiador. O primeiro é o apoio popular de que os parlamentos em apreço se beneficiaram então diante do poder real. Esse apoio é tão estranho e difícil de explicar na medida em que os ditos parlamentos, dominados pela nobreza de toga, eram tudo menos representativos. E não era preciso ser muito esperto para entender que, se os parlamentares "exilados" por Luís XV pretendiam readquirir os poderes que lhes haviam sido confiscados, era mais para garantir a perpetuação de seus privilégios seculares do que para responder às necessidades imediatas do povo. É preciso dizer que, para defender sua causa e atrair os favores da burguesia ascendente e do povo, os interessados não hesitavam em ostentar as idéias mais avançadas da época – a dos direitos naturais ou ainda a do "contrato social", de Rousseau, que faz do monarca um simples mandatário do país, e não o mestre absoluto do reino. Nenhuma idéia era subversiva demais, desde que permitisse enfraquecer a autoridade do rei e reforçar a dos magistrados. Mas, ao agir assim, os parlamentares abriam o caminho, sem se darem conta, para uma revolução muito mais perigosa para seus privilégios que a "revolução real" de Luís XV: a revolução republicana de 1789 e os anos que se seguiram.

O outro mistério diz respeito à atitude de Luís XVI. No fundo, ele francamente se opunha à reconvocação dos antigos parlamentos e achava provavelmente sacrílega a idéia de negar a audácia política – lançada e concretizada por seu avô – que permitira restabelecer uma autoridade real havia muito comprometida pela chantagem nobiliária. Quando mais jovem, em suas conversas com La Vauguyon, não afirmara Luís Augusto que os parlamentos "não são nada representativos da nação", que seus membros "são oficiais do Rei, e não deputados do povo", que eles são os "simples depositários de uma parte de sua autoridade"? E não acrescentara, para mostrar-se generoso: "Os parlamentos nunca foram e nunca poderão ser o órgão da nação perante o Rei, tampouco o órgão do soberano perante a nação"[142]? Era impossível ser mais claro, o que não impediu o jovem rei de finalmente ficar ao lado das opiniões de seu mentor, Maurepas. Esperava-se do novo príncipe que ele fizesse novidades; em matéria de novo, ele deu marcha à ré e ressuscitou o sistema antigo.

Com a destituição de Maupeou, a questão fora considerada resolvida e ninguém fora enganado – ainda menos que os outros Maupeou, que, não sem dignidade, declarara a La Vrillière, quando este lhe comunicara seu afastamento: "Senhor, o rei não pode criticar-me por outra coisa que meu zelo excessivo pela manutenção de sua autoridade. Eu o fiz ganhar um processo que durava trezentos anos. Se ele quiser perdê-lo novamente, ele é quem manda"[143].

Por que então essa reviravolta de Luís XVI? Parece, nesse caso, que o rei, mais sensível aos argumentos do coração que aos da razão, cedeu ao mesmo tempo a seu caro conselheiro e a seu caro povo. Maurepas ressaltou-lhe que a primeira função de um monarca era defender a monarquia, que os parlamentos eram indissociáveis da tradição monárquica francesa e que ele estava ali, como seus diversos preceptores lhe haviam ensinado, para encarnar essa tradição original, e não para atirá-la pela janela. Em pleno conselho, Maurepas lembrara abertamente esta antiga doutrina: "Sem Parlamento, nada de monarquia"[144]. Com sua costumeira habilidade, ele explicara elegantemente ao jovem rei, visivelmente dominado pela complexidade e pela amplidão do problema, que o povo era a favor da reconvocação e que a popularidade do rei, atualmente arrefecida, a crer em certos cartazes afixados nos muros da capital, seria beneficiada por uma decisão que estivesse de acordo com os desejos profundos dos franceses. Ele evitara dizer que essa decisão também estava de acordo com os desejos de diversos membros de sua própria família, diretamente afetados pela destituição dos parlamentos.

Talvez Luís XVI tivesse então em mente os versos que recém haviam sido compostos em sua homenagem, sobre sua relação com seus súditos: "Que glória para ti, se logo puderes dizer: Eu os faço todos felizes, e tenho apenas vinte anos!"[145]

O certo é que, em 25 de outubro, ele convocou todos os magistrados exilados. Os antigos parlamentares, explicava a missiva real, estavam convidados a se reunir em sua presença no dia 12 de novembro, no Palácio da Justiça de Paris, a fim de receberem suas ordens.

No dia em questão, todos estavam presentes, sentados na primeira fila os Conti, os Condé, os Orléans (Luís XVI recebera recentemente o duque de Orléans e ouvira, comovido, seu apelo em favor da antiga instituição).

O rei, visivelmente seguro de si e absolutamente calmo, falando com voz firme, dirige-se então à augusta audiência e começa por justificar a ação repressiva de Luís XV:

– Senhores, o rei, meu ilustríssimo senhor e avô, forçado por vossa resistência a suas ordens reiteradas, fez o que a manutenção de sua autoridade e a obrigação de fazer justiça a seus súditos exigiam de seu bom senso. Eu vos chamo hoje para funções que jamais devíeis ter abandonado. Senti o valor de minha bondade e não a esqueceis jamais!

Depois vem o momento do perdão e da advertência:

– Quero sepultar no esquecimento tudo o que aconteceu, e verei com o maior desagrado desavenças internas perturbarem a ordem e a tranqüilidade de meu Parlamento. Só vos ocupeis da responsabilidade de preencher vossas funções e de corresponder a minhas idéias para o bem de meus súditos, o que será sempre meu único objetivo.[146]

Com os parlamentares restabelecidos em seus cargos mas publicamente admoestados, a hierarquia dos poderes claramente redefinida e a classe política tranqüilizada sobre seu destino, o povo fica encantado com esse desfecho e vai oferecer flores ao rei – em homenagem a quem, na mesma noite, atiram-se fogos de artifício na Pont-Neuf e nos arredores do Palácio de Justiça: atendo-se às aparências, Luís XVI se sai bem e marca mais um ponto em sua jovem carreira real. Na verdade, porém, os que têm verdadeiros motivos de regozijo são os parlamentares e a nobreza de toga; e, se um lado levou a melhor, foi o da feudalidade medieval. Maurepas considera os fatos levianamente – "Faltava a toga ao cenário. Esses senhores voltaram, o teatro pode continuar. Tudo está bem!"[147] –, mas a verdade é que os opositores das reformas tinham realmente reconquistado seu poder perdido e não deixariam de usá-lo. Com essa falsa vitória, Luís XVI acabava de tornar mais problemática, até mesmo impossível, a obrigação imperativa em que se encontrava, junto com seus ministros, de renovar e reformar o país. Por falta de reformas, a França iria aos poucos, e de maneira inevitável, em direção a transtornos mais abrangentes. Madame Campan, primeira camareira de Maria Antonieta e útil memorialista, mais tarde escreveu, sobre esse assunto, que "o século não terminaria sem que algum grande solavanco sacudisse a França e mudasse o curso de seu destino"[148].

*

É nesse contexto que, alguns meses mais tarde, foi celebrada a sagração do novo rei. Essa cerimônia tradicional foi motivo de conversas bastante vivas entre Luís XVI e Turgot, pois se anunciava muito cara e se conciliava mal com a política econômica preconizada pelo controlador-geral. A sagração de Luís XV custara seiscentas mil libras. A do novo rei acabara de ser avaliada em cerca de 760 mil. Mas Luís XVI estava muito mais imbuído de religião que Turgot e, a seus olhos, não apenas a sagração fazia parte integrante da tradição monárquica que ele tinha como dever encarnar e perpetuar, como era um rito que constituía, principalmente para um monarca "muito cristão" e de direito divino como ele, o fundamento espiritual de sua autoridade. Fosse qual fosse a despesa, Luís XVI não recuaria, mesmo se as idéias na moda, em parte partilhadas por seu ministro, não eram favoráveis à fusão do político e do religioso. Esse foi o primeiro atrito entre o rei e seu ministro.

A sagração aconteceu, portanto, em 11 de junho de 1775, na catedral de Reims, na presença de toda a corte e dos grandes dignitários do reino. Ao fim de uma cerimônia muito solene e grandiosa, o arcebispo de Reims, Monsenhor de La Roche-Aymon, colocou a antiga coroa de Carlos Magno sobre a cabeça do novo monarca e pronunciou as palavras que, apesar de seu caráter ritual, encheram Luís XVI de alegria:

– Que Deus vos coroe com a coroa da glória e da justiça; assim chegareis à coroa eterna![149]

Depois, reatando com a antiga tradição do "milagre real" – tradição que Luís XV deixara de observar –, o rei dirigiu-se ao parque da cidade, onde o esperavam dois mil e quatrocentos escrofulosos, os quais ele tocou com as próprias mãos, apesar do cheiro infecto que se desprendia de suas "escrófulas", pronunciando diante de cada um a sentença ritual: "O rei te toca, que Deus te cure"[150].

Choiseul estava em Reims, e Maria Antonieta lhe concedeu, com a permissão do rei, uma audiência de 45 minutos, durante a qual o antigo ministro se entregou a uma crítica metódica da ação de Turgot e de sua sistematização, incitando a rainha a subjugar o marido, "seja por meio de delicadeza, seja pelo temor"[151]. A rainha, assim como seu cunhado, o conde de Artois, continuava a ansiar, inclusive a conspirar pela volta de Choiseul. Artois chegou a pedir a Luís XVI, este que o recusou terminantemente, que devolvesse a Choiseul seu cargo de coronel-geral dos guardas suíços dentro da Casa Real. O jovem monarca voltou a ver por um momento o antigo ministro, pouco antes de sua partida oficial de Reims, e o tratou com uma frieza pouco comum. Choiseul emitiu então a seguinte opinião, ao mesmo tempo despeitada e perspicaz: "A rainha não dominará tão cedo seu desagradável marido"[152].

A Maurepas, que não pudera participar da festa, o novo rei contou por correspondência todo o alívio que sentiu ao término de sua estada em Reims, sem dúvida bem-sucedida, mas extenuante: "Estou livre de todas as minhas fadigas"[153]. Na continuação de sua carta, Luís XVI evoca, no entanto, a infinidade de deveres que faltam ser cumpridos pelos dois: com o fim do parêntese da sagração, eles precisariam efetivamente, diante dos parlamentos restabelecidos em seus direitos – e sem dúvida *contra* eles –, trabalhar para unir à volta do trono um país que ainda não passava de uma reunião de províncias amplamente autônomas ou, para utilizar a expressão de Mirabeau, uma "junção inconstituída de povos desunidos"[154].

Maria Antonieta, também encantada com a cerimônia e o acolhimento reservado à sua pessoa e à do rei pela população da cidade, confidenciou-se com sua mãe nos seguintes termos:

"A sagração foi perfeita [...]. As cerimônias da Igreja [foram] interrompidas no momento da coroação pelas mais tocantes aclamações. Não pude evitar, minhas lágrimas correram sem eu querer, e fui felicitada [...]. É algo surpreendente e ao mesmo tempo muito bom ser tão bem recebida dois meses depois da revolta, e apesar do preço elevado do pão, que infelizmente continua"[155].

A cerimônia passa, os problemas continuam. Luís XVI acabara de viver uma sagração inesquecível, mas estava muito longe de imaginar que um dia, para falar como René Girard, essa sagração revelaria sua verdadeira natureza – a de um "rito sacrificial".

A reforma inalcançável

No momento, era preciso resolver alguns problemas imediatos, especialmente a substituição de La Vrillièrc, que acabara de pedir demissão. Depois de ouvir todas as opiniões, Luís XVI decidiu nomear, para estar à frente da Casa Real, alguém recomendado tanto por Turgot quanto por Maurepas, isto é, Malesherbes, amigo dos enciclopedistas, partidário da liberdade de pensamento e das idéias de justiça, homem cujo espírito de independência – cujo espírito em si – o rei apreciaria, e que, em 12 de janeiro de 1775, acabara de ser eleito triunfalmente para a Academia Francesa.

Malesherbes hesitou bastante antes de aceitar a nomeação particularmente porque ele sabia que Maria Antonieta tinha má disposição para com sua pessoa. Ela estava obstinada em defender seus amigos e a arruinar os outros, usando muita energia para desencorajar os candidatos que não gozavam de seus favores e freqüentemente tornando impossível a vida daqueles que eram promovidos. "É destrutivo para o bem comum e a boa ordem", explicava Malesherbes, "chamar para o Ministério alguém que não lhe agrade"[156]. E ele confiou aos ouvidos de um amigo que esse cargo ministerial era, a seus olhos, "o departamento mais aborrecido, mais banal e, aliás, sujeito a todos os tipos de disputas com todas as mulherzinhas da corte"[157]. O certo é que mais uma vez a determinação do rei se revelou mais forte que as manobras de sua real esposa.

Mas, afora os problemas do momento, havia a grande questão do futuro do reino e das vias pelas quais se convinha inscrevê-lo. Turgot tinha um plano. Pretendia terminar com os arcaísmos que entravavam o livre funcionamento – político, econômico e social – da sociedade. Ele era inteligente, culto, reto, inclusive um pouco rígido, e possuía um inegável espírito administrativo; gozava da confiança do rei e soubera convencê-lo da justeza de suas idéias para a França. Mas o *savoir-faire*, o senso prático, a arte de jogar com o tempo e as circunstâncias não eram o forte desse alto dirigente: assim que uma causa era considerada justa, era preciso imediatamente pô-la em prática. Sobre a questão dos cereais e do pão – decidida sem levar em conta a má colheita anterior –, vimos o que esse tipo de impaciência podia causar. Outros equívocos logo seriam cometidos e pouco a pouco alterariam a confiança que o rei depositara em seu ministro.

No espaço de um ano, Turgot se atirara de cabeça em uma profusão de reformas que visavam a aperfeiçoar, em matéria econômica e social, o alinhamento político dos parlamentos. Tratava-se de eliminar ou de reduzir ao mínimo tudo o que pudesse se interpor entre o povo, reduzido a um difuso aglomerado de indivíduos, e o soberano absoluto. Era o fim, portanto, das *maîtrises*, *jurandes* e demais entraves corporativistas à livre expansão do comércio e da indústria*; fim, igualmente, de certos costumes, estranhos e tirânicos, que proibiam os aprendizes, por exemplo, de se casar, ou excluíam as mulheres dos trabalhos de bordado. Era preciso também terminar com a servidão e os direitos feudais, bem como com a "corvéia" prestada pelos cidadãos mais pobres do reino, serviço que garantia, sem custos, a manutenção das estradas e pontes. A corvéia seria, nos planos do controlador-geral, substituída por um imposto que caberia a *todos* os proprietários de bens imóveis: tratava-se de abolir (moderadamente) os privilégios e de submeter à taxação os membros da nobreza e do clero nas mesmas condições as que estavam submetidos os demais cidadãos: era revolução fiscal!

Para coroar o todo e iluminar as decisões do monarca, Turgot projetava criar assembléias consultantes para todos os níveis territoriais do país, assembléias que teriam o poder de repartir o imposto direto, bem como de administrar os assuntos de polícia, assistência e trabalhos públicos. Mas, tal como concebidas, essas assembléias de tipo representativo teriam principalmente como função emitir "votos" que permitiriam ao rei conhecer melhor as verdadeiras aspirações da nação.

---

* *Maîtrises* e *jurandes*: reunião de mestres e de representantes das antigas corporações de ofício. (N.T.)

Luís XVI aprovara esse programa, que, sob todos os aspectos, inclusive o da representação do povo, reforçaria o seu poder e de sua autonomia de ação. Mas Turgot não ignorava a dificuldade do empreendimento e sabia que fortes oposições não deixariam de se manifestar, a começar pela de numerosos parlamentares. O apoio sincero e permanente do rei era, a seus olhos, algo fundamental, e ele lhe disse claramente: "Ou o senhor me apoiará, ou eu perecerei"[158]. Enquanto lhe pareceu possível, Luís XVI deu à política de seu ministro um apoio sem limites, diversas vezes quebrando a resistência dos parlamentos com a prática do "leito de justiça*", isto é, comparecendo diante dos parlamentares e ditando ele mesmo, e sem apelação possível, o texto do decreto.

O que era previsível não deixou de acontecer. Choveram protestos de todos os lados, vindos daqueles numerosos e poderosos, cujos privilégios eram ameaçados, as fontes de renda, amputadas ou os hábitos, atrapalhados pelas ousadias de Turgot. Ao longo dos meses, formou-se uma coligação que reunia desordenadamente os devotos, hostis por princípio a um ministro não-praticante, os parlamentares, que recentemente haviam ganhado forças, e os donos do dinheiro – ou, para retomar a terminologia de Condorcet, a "padralhada", os "parlamentares rotineiros" e "a canalha dos financeiros"[159].

Do lado do povo, não faltou apoio ao rei e a seu ministro, pelo menos em um primeiro momento. A supressão das *maîtrises* e *jurandes* provocou em Paris manifestações entusiasmadas por parte dos operários repentinamente elevados à dignidade de mestres e autorizados a se estabelecerem por conta própria. No campo, a recepção das decisões de Turgot, especialmente do édito sobre a abolição da corvéia e, portanto, do trabalho não-remunerado, suscitou um avanço de fé monárquica mais espetacular ainda. Os camponeses não paravam de agradecer a esse rei tão preocupado com a exploração que eles sofriam havia tantos séculos. Tumultos provocados pelo excesso de entusiasmo chegaram a eclodir em diversas províncias (com

---

* *Leito de justiça* (*Lit de justice*): trono sobre o qual o rei sentava ao presidir a uma sessão solene do Parlamento; por metonímia, a sessão em si. (N.T.)

o incêndio do castelo de Mortemart, na Bretagne) e rumores de revoltas campesinas começaram a se espalhar – ou, mais exatamente, a ser espalhados.

Pois que, tanto à sombra como à luz do dia, os inimigos de Turgot eram tudo menos inativos. Os parlamentares endereçavam cartas de repreensão ao rei, nas quais lhe lembravam um princípio a seus olhos fundamental, isto é, que "a primeira regra da justiça [é] conservar a cada um o que lhe pertence" e que seria, portanto, dentro das leis, um sacrilégio abolir o que nelas distingue os grandes componentes da nação e pôr a nobreza e o clero em pé de igualdade com "o resto do povo"[160].

A idéia de reforma não se manifestava muito no círculo do monarca – nem em sua família, nem na corte. Luís XVI não ficou muito tempo insensível a certas críticas. Seus próprios irmãos desaprovavam os golpes à hierarquia social que fundamentavam a maior parte dos projetos de Turgot, e eles não deixavam de dizê-lo. Os cortesãos protestavam contra a política de economia e contra a redução de favores, pensões e demais benesses. O rei percebeu, com o passar dos dias, que convinha apaziguar os ânimos, condescendendo em refrear o movimento reformador. Aos parlamentares inquietos, portanto, ele assegurou solenemente que não era sua intenção "confundir as condições"[161]. Turgot, que sabia ler nas entrelinhas, viu nessa concessão o primeiro sinal de um abandono. De resto, o impetuoso controlador-geral desagradava a cada vez mais pessoas, inclusive entre seus colegas ministros. Sua política incomodava mais de um, bem como suas maneiras bruscas e sua recusa a qualquer crítica, mesmo amigável. O próprio rei acabou tomando o sujeito como invasivo: "M. Turgot quer ser eu, mas não quero que ele seja eu"[162]. Só faltava um incidente propício para que a desgraça de Turgot, previsível aos olhos de muitos, menos aos seus, se tornasse inevitável.

O incidente foi de natureza ao mesmo tempo diplomática e política. Desde 19 de abril de 1775 e das escaramuças de Lexington e Concord, as colônias inglesas na América estavam em rebelião declarada contra a Grã-Bretanha, sendo que, por motivos a que voltaremos mais tarde, a França decidira ajudar os insurgentes secretamente. O conde de Guines, embaixador em Londres, grande amigo de Choiseul e de Maria Antonieta, foi chamado, quer dizer, demitido de suas funções, pelo motivo de, em vez de obedecer às ordens recebidas, praticar uma diplomacia pessoal que visava a empurrar a França para a guerra. Todos os ministros eram favoráveis à reconvocação de Guines, mas somente Malesherbes e Turgot ousaram se pronunciar abertamente nesse sentido, de modo que se expuseram à cólera da rainha. Diante do fato consumado, esta foi até o rei e pediu com insistência que fosse concedida uma indenização a Guines e que fosse castigado o culpado pela demissão – a seus olhos, Turgot. Ela desejava que esse último fosse mandado para a Bastilha. Malesherbes, indignado, decidiu reaver sua liberdade e, em abril de 1776, deixou o governo. Maurepas, cuja popularidade estava em baixa e que se irritava muito com o espaço crescente ocupado pelo controlador-geral, julgou oportuno aproximar-se da rainha e ficou contra Turgot. O próprio rei manteve-se à distância do reformismo aventureiro de seu ministro: "Não devemos iniciar um empreendimento perigoso se não vemos seu fim"[163]. Ele chegou mesmo a não mais recebê-lo. Em 12 de maio desse mesmo ano, duas novas se espalharam: Turgot fora despedido, e o conde de Guines, feito duque.

Turgot recusou com muita dignidade a pensão considerável que o rei lhe propôs: "Não preciso ser mais rico", ele explicará (em uma carta com a data de 18 de maio), "e não devo dar o exemplo de ser um peso para o Estado"[164].

Muito se disse, sobre Guines, que Luís XVI cedera à mulher e dera provas de fraqueza. Mas, olhando-se mais de perto, parece que os pedidos da rainha tiveram apenas um papel marginal na decisão do rei. Guines sabia muitas coisas sobre os bastidores da diplomacia e da vida política francesa e, não muito propenso à discrição, corria o risco de, ao falar, pôr o rei e o governo em dificuldades. A melhor maneira de neutralizar o incômodo seria comprar seu silêncio e outorgar-lhe uma "elevação" inesperada, o que foi feito.

Mas foi a atitude estrondosa de Maria Antonieta que marcou os espíritos; e muitos, tanto na corte quanto no povo, começaram a dizer, para si mesmos e entre si, que a influência da rainha era considerável – e inversamente proporcional à "fraqueza" de seu marido. Sob esse ponto de vista, a questão Guines atingiu gravemente, apesar de injustamente, a imagem de Luís XVI, e o fenômeno não deixaria de se repetir mais tarde. A cada pretensa "vitória" de sua mulher, escreve pertinentemente Simone Bertière, "o prestígio do rei é abalado; sua autoridade diminui à medida que o crédito desta aumenta. Isso só na aparência [mas] a autoridade também se alimenta de aparências"[165].

Parece que Turgot, apesar de próximo aos fatos, também imputou, em boa medida, sua própria demissão e o favor desmerecido de que Guines se beneficiou à "ascendência" da rainha; em outras palavras, à "pusilanimidade" de seu marido. Em uma carta longa e amarga datada de 30 de abril de 1776, na qual expressa sua intenção de pedir demissão, Turgot faz ao rei esta advertência profética, inspirada na história inglesa: "Não esqueça jamais, *Sire*, que foi a fraqueza que colocou a cabeça de Carlos I no cepo"[166].

A advertência não será seguida, pois Luís XVI devolveu a carta do demissionário sem mesmo abri-la!

Luís tinha um motivo adicional para afastar Turgot, e esse motivo estava ligado às dificuldades que a Inglaterra enfrentava na América do Norte. Os primeiros tiros entre colonos armados e "uniformes vermelhos" haviam sido disparados em 19 de abril de 1775, em Lexington e Concord, Massachusetts, e o conflito se espalhara rapidamente por todas as treze colônias. Estas, aliás, não tardariam a proclamar sua independência (em 4 de julho de 1776). O que devia fazer a França? Preocupado com o mau estado das finanças do país, Turgot pendia para uma atitude de prudente neutralidade: entrar em uma guerra longa e custosa proibiria, "por muito tempo, talvez para sempre"[167], a implementação das reformas financeiras de que a França necessitava. O que o rei e Maurepas tencionavam fazer, por sua vez, não era iniciar imediatamente um conflito armado com a Grã-Bretanha, mas aproveitar as dificuldades do ancestral inimigo para rearmar a França e restituir-lhe, a custo de pesados investimentos, uma marinha capaz de, no momento certo, derrotar as forças navais britânicas e ajudar eficazmente os insurgentes americanos. Duas estratégias diferentes, inclusive diametralmente opostas, pelas quais Turgot acabou pagando.

Será preciso perguntar – nós o faremos mais tarde – sobre os complexos e múltiplos motivos que levaram Luís XVI a apoiar da maneira que o fez a revolta das colônias americanas.

Por ora, a urgência era substituir Turgot. Maurepas, preocupado em agradar ao grupo conservador, conseguiu que o rei chamasse para controlador-geral Bernard de Clugny, então intendente de Guyenne. Este, cuja profissão de fé era simples, para não dizer simplista ("Eu posso derrubar de um lado o que M. Turgot derrubou do outro"[168]), apressou-se em restabelecer a corvéia e as *jurandes*. Mas ele era um homem apagado e inconsistente, de modo que Luís XVI não tardou a reconhecer seu erro: "Acho que nos enganamos novamente"[169].

Chegara a vez de Necker. Esse genebrês, filho de um professor de direito, em sua juventude trocara a Suíça pela França. Ele chegara em Paris sem dinheiro e iniciara sua carreira como empregado de banco, antes de fundar um estabelecimento bancário, em 1765. Bem informado, fizera fortuna comprando ações britânicas em 1763, às vésperas da assinatura do Tratado de Paris – tratado que punha um fim, triunfal para a Inglaterra, lamentável para a França, na chamada Guerra dos Sete Anos. Autor de *Éloge de Colbert*, premiado pela Academia em 1773, ele era um personagem apreciado em todos os meios: os ricos gostavam de sua arte de manejar dinheiro e ganhá-lo sem grande esforço; os pequeno-burgueses tinham dele a imagem de um bom pagador que adquirira experiência nos guichês dos bancos; os camponeses eram sensíveis a seu gosto por economia. A rainha esperava do novo homem forte, se escolhido fosse, mais complacência e liberalidades para com seus protegidos do que Turgot dignara-se lhes conceder.

Luís XVI, por sua vez, precisava de um financista tranqüilizador, que não confundisse reforma com reviravolta: "Não me fale mais", ele disse a Maurepas, "desses maçons que querem primeiro demolir a casa"[170]. Apesar de Necker ser estrangeiro e ainda por cima protestante, o rei consentiu em nomeá-lo não com o título de "controlador-geral", mas com o de "diretor do Tesouro" – sendo o cargo de controlador atribuído (por formalidade) a Louis Gabriel Taboureau des Réaux, personagem ainda mais inconsistente que o efêmero Clugny. Um ano depois, Necker assumirá, ao mesmo tempo em que a frente do Ministério, o título de "diretor-geral de finanças".

Ninguém sabia então que Necker seria três vezes ministro sob Luís XVI: de 1776 a 1781; de 1788 a 12 de julho de 1789; e de 16 de julho de 1789 a setembro de 1790. Numa época em que a economia ainda era a arte de poupar, e não da dissipação, o sensato e hábil Necker contribuiu muito para a imagem de seu rei. Prova disso é o extraordinário elogio pronunciado em 1780, na Câmara dos Comuns, por aquele que dez anos mais tarde massacraria com sua pluma a Revolução Francesa: o escritor-deputado Edmund Burke, inimigo declarado de Thomas Paine e demais detratores de reis. Estava-se em plena Guerra de Independência americana:

> Suprimindo um grande número de cargos, [o rei da França] encontrou um meio de continuar a guerra sem aumentar suas despesas. Ele mesmo se despojou da magnificência e dos ornamentos da realeza, mas se equipou com uma frota; diminuiu o número de servidores de sua casa real, mas aumentou o de marinheiros; deu à França uma marinha como ela jamais tivera no passado e que imortalizará seu reino; e fez isso sem infligir um centavo a mais de imposto [...]. Eis uma verdadeira glória; eis um reino que colocará o nome de Luís XVI acima do reino tão célebre de Henrique IV.

E Burke acrescentará, falando de Necker, que o rei da França fora bem aconselhado ao conceder sua proteção e seu amparo a "um estrangeiro sem apoios nem relações na corte, que só [devia] sua ascensão a seus próprios méritos e ao discernimento de seu soberano"[171].

Necker renunciou às grandes reformas que haviam custado tão caro a seu predecessor. Seu objetivo era simples: recuperar os cofres do Estado sem sobrecarregar os contribuintes nem irritar os proprietários. Para alcançar essa quadratura do círculo, eram necessários talentos de prestidigitador, que Necker soube utilizar e que, em um primeiro momento, conseguiram operar uma mudança e convencer o próprio rei da pertinência dos métodos empregados. Com o Tesouro público esgotado, não era o momento para reformas grandiosas e radicais, mas sim de coletas rápidas de dinheiro novo. Como as despesas permanentes eram cobertas pelos impostos, as despesas excepcionais, especialmente as que cada vez mais a guerra da América produziriam, só podiam ser financiadas por métodos excepcionais e de rendimento imediato: os empréstimos e a loteria. Foram emitidas então rendas vitalícias, que produziram 260 milhões de libras: os subscritores mais entusiasmados chegaram a brigar entre si, nos jardins do Tesouro real, para que seus depósitos fossem aceitos. É preciso dizer que os juros pagos eram de 8% e, depois, de 10%! Quanto à loteria, também amplamente aprovada, em três anos ela renderia 385 milhões.

Contudo, depois de armazenado todo esse dinheiro, ainda era preciso pagar as rendas dos subscritores e entregar o que era devido aos felizes ganhadores da loteria. E, para isso, havia um único meio: tomar emprestado, sempre emprestado, tanto que a dívida do Estado atingiu e logo ultrapassou os quinhentos milhões. Entusiasmado com o sucesso de seus múltiplos empréstimos (vários haviam sido cobertos duas ou três vezes), Necker não escutou os avisos prodigalizados pelos observadores realistas – aqueles que, cada vez mais numerosos, não queriam que o futuro do país e das gerações vindouras fosse a tal ponto sacrificado em função das necessidades do presente. Luís XVI, por sua vez, ainda continuou acreditando no milagre por algum tempo, aceitando de bom grado reduzir ainda mais seu custo de vida pessoal, particularmente suas despesas de mesa e de viagem (avaliadas em mais de seis milhões em 1776). Necker, sensível ao charme da rainha e sabendo-a perigosa, mostrou-se menos econômico para com Maria Antonieta e as gratificações com que ela beneficiava seus protegidos. Apesar disso, o rei, também sem armas frente à sua esposa esbanjadora, expressou todo o contentamento que sentia diante da melhora aparente das coisas: "As finanças se recuperam, e com isso se afastam as perturbações que tanto nos haviam preocupado"[172].

Mas o ministro-ilusionista acabou percebendo por si próprio que suas soluções de curto prazo, inclusive a redução dos cargos e pensões, não eram suficientes para resolver os problemas de base e que reformas estruturais impunham-se, como se haviam imposto a seus predecessores. Contrariado com as demoras burocráticas e a lentidão politiqueira das instituições existentes, ele propôs ao rei, na forma de um memorando que devia permanecer secreto, mas cuja essência vazamentos (organizados pelo próprio conde de Provença) não tardaram a revelar, substituir os parlamentos e intendentes de províncias por assembléias provinciais recrutadas, por proposta do rei, nas três grandes ordens tradicionais – o clero, a nobreza e o Terceiro Estado. A nobreza de espada, sempre que possível, devia ser preferida à nobreza de toga. Para o ministro, tratava-se de associar ao aumento dos impostos e à sua repartição homens mais experientes e esclarecidos. Necker tinha adquirido a convicção de que a França era de fato governada por uma centena de famílias, cuja maioria pertencia à nobreza de toga – a dos magistrados, baseada na venda de cargos. Ele também determinava, em seu projeto, que os nobres chamados a participar das novas assembléias deveriam ser donos de um feudo por mais de cem anos (em 1781, Luís XVI fará o mesmo ao proibir qualquer promoção aos oficiais que não pudessem provar uma nobreza de quatro costados). Quanto aos intendentes, os gestores que governavam a França "de dentro dos gabinetes"[173], Necker os julgava em sua maioria incompetentes, mal-informados e pouco presentes em campo.

A princípio reticente quanto à idéia de lançar-se em uma nova "revolução real", Luís XVI finalmente consentira em que o experimento fosse tentado em uma ou duas províncias. Assim foi em Bourges e Montauban. Em Bourges, a assembléia, formada em 1778, era composta por dezesseis membros nomeados pelo rei, sendo que cada nomeado deveria cooptar dois membros suplementares. A idéia de Necker era de que a longo prazo essas assembléias fossem escolhidas por eleição direta.

Esse projeto inovador foi fatal para seu iniciador, e a derrota de Necker demonstrou mais uma vez a impossibilidade de haver reformas na França – como se todos esses fiascos se encaminhassem para um mesmo e inevitável desfecho, muito radical e profundo.

Por mais experimental e anódina que fosse, a reforma iniciada por Necker, que achava que ela deveria ser generalizada em caso de sucesso, logo de cara esbarrou em todos os conservadorismos. Os intendentes não estavam nem um pouco dispostos a desaparecer ou ver suas autoridades questionadas; os príncipes temiam por suas vantagens e viam com maus olhos o aumento previsível dos poderes do rei; os parlamentares, já hostis a diversos aspectos da política financeira do diretor-geral, ergueram-se como um só corpo contra a criação de assembléias provinciais visivelmente destinadas a substituir os próprios parlamentares.

Sobre isso, Necker cometeu um erro político de que jamais se reergueria. Em fevereiro de 1781, ele dirigiu a Luís XVI uma recapitulação de sua gestão intitulada *Compte rendu au Roi* e pediu que seu texto, do qual esperava grande repercussão, fosse publicado. A obra foi editada e vendeu mais de cem mil exemplares. É preciso dizer que nada do gênero jamais fora revelado ao grande público, como, por exemplo, o uso, nos mínimos detalhes, que o Estado fazia do dinheiro oriundo de empréstimos ou pago pelos contribuintes. Ao fazer o balanço de suas ações, Necker garantia que as despesas chegavam a 264 milhões de libras e revelavam, para 1780, um excedente de dez milhões: esse último número era incorreto, na medida em que, entre outras coisas, não levava em conta as despesas "extraordinárias" conseqüentes da guerra na América. Os especialistas em finanças não deixaram de denunciar esse orçamento em *trompe l'œil* e o *deficit* real de 46 milhões que ele dissimulava.

Mas o que suscitou mais críticas e invectivas por parte de inúmeros especuladores do regime foi a revelação detalhada dos lucros, amplos e muitas vezes vergonhosos, de que eles se beneficiavam. Essa vontade inédita de transparência financeira, que Necker pretendia a partir de então tornar regra de boa gestão, a revelação pública das despesas suntuosas da corte para o proveito de uma minoria de privilegiados, foi a gota de modernidade que fez o copo transbordar.

Desaprovado pelos poderosos, o diretor-geral de Finanças era muito popular no interior, ainda mais que com o consentimento do rei ele também abolira a "questão preparatória" (a tortura infligida aos suspeitos) e a "mão-morta", isto é, o imposto que na morte de um servo seus herdeiros deviam pagar ao senhor. A essas medidas vieram se acrescentar outras reformas importantes – de inspiração régia –, como a criação do Mont-de-Piété ou a abolição da servidão nas terras do rei, abolição que, por causa do exemplo, foi pouco a pouco aplicada aos domínios privados como um todo.

Necker pediu para ser admitido no Conselho de Estado (o equivalente, para os assuntos internos, de nosso atual Conselho de Ministros): ele pretendia, por um lado, ver seus méritos reconhecidos e, por outro, estar em condições de explicar diretamente sua política aos membros do governo, em vez de uma função recair sobre o rei. Este percebera, com o passar do tempo, que o reformismo de Necker era "republicano" demais para seu gosto em todo caso, contrário demais às aspirações das classes dirigentes tradicionais e, por fim, parecido demais com o que seu predecessor quisera fazer: "Mas é um Turgot, e até pior!", ele um dia dissera.[174] Por conselho de Maurepas, mas também porque Necker era protestante, Luís XVI rejeitou o pedido de seu ministro e Necker não teve outra escolha senão enviar sua demissão ao rei, o que fez em 19 de maio de 1781. Na forma, a carta era quase insultuosa: a crer no historiador Soulavie, ela fora redigida sobre um simples "pedaço de papel de três polegadas e meia de comprimento por duas e meia de largura"[175]. Algo jamais visto!

*

Sendo rei, e por isso responsável pelas tradições do reino, Luís XVI manteve, por mais fastidioso que fosse, todo o cerimonial da monarquia – com as longas solenidades, para iniciar e terminar cada dia, do levantar e do deitar. Mas ele reduzira consideravelmente as pompas da corte, apesar de o *entourage* da rainha continuar a custar caro ao Tesouro: 150 mil libras eram, por exemplo, conferidas à duquesa de Lamballe, e uma simples dama de honra recebia mais de quarenta mil! A isso se somava, apesar dos cortes recentemente operados, a manutenção da Casa Militar – a guarda pessoal, a guarda suíça, a guarda francesa: mais de nove mil homens no total. Para além das aparências, todo o esplendor dos tempos antigos parecia, no entanto, ter em parte desaparecido. Como observou Pierre Lafue, "a Corte de Luís XVI, apesar de absorver $1/16$ da receita do Estado, ou seja, mais de trinta milhões de libras, não passava [...] do pálido reflexo da do antepassado [Luís XIV], que construíra o palácio"[176].

Maria Antonieta, por sua vez, afastava o tédio distraindo-se em festas, bailes, espetáculos. Ela começou a ser acusada, em panfletos de fachada e sem provas concretas como fundamento, de todos os pecados do mundo: de manter uma relação amorosa com seu próprio cunhado, o conde de Artois, de ser lésbica quando lhe apetecia – e eventualmente zoófila. Com exceção das saídas sociais e das manifestações oficiais obrigatórias, ela passava a maior parte do tempo em seu refúgio no Petit Trianon, que o rei lhe oferecera em 1774, quando de sua sagração. Ali, entre outras distrações, ela gostava de entregar-se ao *badminton* e ao *cerceau**, assim como a intermináveis

---

* Arco de brinquedo. (N.T.)

partidas de gamão, de lansquenê, de *bassette** ou de faraó, às vezes ganhando, perdendo muito – e na maioria das vezes. Sua paixão por jogos de carta e de aposta, compartilhada pelos dois irmãos do rei – o que em abril de 1777 fizera o imperador José II em pessoa censurar a irmã –, constituía outra fonte de despesas e desperdício por conta do que a imagem da rainha não tardou a sofrer: além de "Estrangeira", logo ela seria chamada de "Madame *Déficit*"! Em outubro de 1779, em Marly, Luís XVI, para agradar à mulher, entregou-se ao jogo: ele perdeu cerca de sessenta mil libras e aprendeu a lição.[177] O certo é que aos olhos dos franceses, desde sempre acostumados com soberanas austeras, o defeito principal de Maria Antonieta era sem dúvida menos seu gosto incontrolável por despesas e pelo jogo que o fato de comportar-se no dia-a-dia como uma favorita mais do que como uma rainha.

Enquanto sua mulher afastava o tédio, Luís XVI caçava cervos: sabemos que em dezesseis anos ele registrou 1.274 em seu quadro de caça, sendo que o total de animais de todos os tipos abatidos por ele chegava a 189.251! É preciso dizer que o rei anotava em seu diário pessoal todos os detalhes e todos os balanços de suas caçadas, escrevendo "nada" – por exemplo, na data de 14 de julho de 1789! – quando nenhuma presa enchia seu alforje.

E enquanto Maria Antonieta percorria os bailes de máscara ou acumulava dívidas de jogo, o rei se refugiava em seu ateliê de serralharia ou passeava no último andar do castelo, admirando a vista do parque e dos espelhos d'água. Acontecia-lhe também, estranho traço de caráter, entregar-se a brincadeiras de colegial, como fazer cócegas em um velho mordomo de pele particularmente sensível ou empurrar um cortesão contra um irrigador pelo simples prazer de ver o coitado sujo dos pés à cabeça.

Ou, então (distração mais nobre), ele lia: dois ou três livros por semana, em média, e isso apesar das obrigações oficiais, que ocupavam uma boa parte de seu tempo. Ao longo dos quatro meses que ele passará na prisão do Temple antes de

---

* Jogo de cartas. (N.T.)

ser guilhotinado, ele devorou nada menos que 257 volumes! Ao contrário do que se disse sobre o assunto, Luís XVI era um homem culto, e sua cultura abarcava múltiplos campos – a ciência e a técnica, a geografia e o universo marítimo, mas também a literatura, a história, o direito ou a filosofia. Ele dominava diversas línguas estrangeiras, e seu conhecimento de inglês era tal que ele percorria todos os dias a imprensa britânica, chegando até a traduzir para o francês o *Ricardo III* de Horace Walpole.

Uma certa corpulência, herdada de seu pai e sem ligação, como se pretendeu estabelecer, a uma voracidade excessiva, marcou pouco a pouco o homem. Mas, com 1,80m de altura, ele tinha para a época um tamanho fora do comum; ademais, se seu físico impressionava, era menos por causa do excesso de gordura do que por seu tamanho e sua potente musculatura que o acompanhava: Luís XVI conseguia levantar até o alto, como o demonstrou diversas vezes, uma enorme pá com um jovem pajem agachado.

*

Avesso às mundanidades e frivolidades da corte, chegando a fugir delas, Luís XVI também se cansara, como vimos, da política interna, para a qual não fora preparado e cujos meandros tinha grande dificuldade em seguir. A política estrangeira tornou-se logo seu terreno predileto, o único em que ele se sentiu senhor das coisas, o único que lhe permitiu dar seu máximo, o único (junto com a caça) em que ele pôde plenamente fazer uso da energia vigorosa mas reprimida que o habitava.

A miragem americana

Em 21 de janeiro de 1993, apesar de diversas proibições do comando da Polícia, uma importante multidão se reúne na Place de la Concorde, no exato lugar em que dois séculos antes Luís XVI fora guilhotinado. A imprensa estava lá, multicor, do *Figaro* ao *L'Humanité*. Em sua edição do dia seguinte, o jornal comunista descreverá a cena à sua maneira:

> Duzentos anos depois da decapitação de Luís XVI, a flor-de-lis estava em alta. Milhares de pessoas (escoteiros franceses em *shorts* de couro, meninas de soquetes brancas, legitimistas de bigode, orleanistas glabros, saudosistas do Antigo Regime, direitistas de todos os tipos) haviam se reunido com alto-falantes estrondosos, discursos tristes e o *Requiem* de Cherubini. Entre elas [...], Thierry Ardisson, ao que parece em lágrimas, Bruno Mégret, da Frente Nacional, Gonzague Saint-Bris, Jean Raspail, Ambroise Roux, Jean-Pierre Darras, que leu o testamento de Luís XVI...

Mas a assistência, continua o *L'Humanité*, não está composta apenas por saudosistas da monarquia ou admiradores do rei guilhotinado. Um grupo de republicanos de choque, sem dúvida minoritário, também veio se fazer ouvir:

> Na frente, nos "regicidas", ao chamado da revista *Digraphe* (seção francesa dos Vigilantes de Saint-Just), animadas por Jean Ristat, havia umas quarenta pessoas em volta da tradicional cabeça de bezerro coroada [...]. O canto vingador "Ó tu, celeste guilhotina" (sobre a melodia da *Marselhesa*) foi entoado *a cappella* por Marc Ogeret, e houve leitura de textos revolucionários (Viviane Théophilidès, Philippe Morier-Genoud, Anatole Atlas, Jean Ristat...). Pierre Bourgeade e Jean-Edern Hallier disseram seus motivos para estarem ali. O historiador Pierre Miquel passou por curiosidade. Neste dia, os verdadeiros republicanos, em pequeno número, não foram menos ardentes que o normal.

De resto, o fato mais surpreendente dessa manifestação será relatado, com uma foto de prova, pelo *Le Figaro* de 22 de janeiro, a saber: a chegada inesperada na Place de la Concorde do embaixador americano em pessoa, Walter J. P. Curley, levando nas mãos um buquê em memória do rei supliciado. Não se tratava de uma iniciativa individual, mas sim de um ato oficial, sendo que a fita do buquê levava uma inscrição grande o suficiente para ser lida de longe e vista por todos: "Embaixada dos Estados Unidos da América".

Sabe-se que em 4 de julho de todos os anos, por ocasião da festa nacional dos Estados Unidos, o embaixador americano em exercício dirige-se tradicionalmente ao cemitério de Picpus a fim de render homenagem ao marquês de Lafayette, herói francês da Guerra de Independência, cerimônia assistida igualmente por diversas autoridades francesas, civis e militares. Esse gesto de reconhecimento é facilmente compreendido quando nos lembramos do papel eminente assumido pelo jovem marquês (general do Exército americano aos vinte anos!) na vitória dos colonos insurgentes e da amizade indefectível que lhe dedicaram George Washington e todo o povo americano.

Mas a atitude diplomática de 21 de janeiro de 1993 em honra de Luís XVI merece, por sua vez, uma explicação mais aprofundada, pois suas motivações, à primeira vista, são menos evidentes. Essa atitude insólita, digamos sem demora, ilumina um ponto histórico essencial (mas pouco presente na memória coletiva francesa), a saber: o papel determinante – e certamente paradoxal – que o rei da França desempenhou no desenrolar e no sucesso final da Revolução Americana.

*

Enquanto se voltava de boa vontade às opiniões de Maurepas para os assuntos internos do reino, Luís XVI, como seus predecessores, considerava a política estrangeira a única verdadeira atividade "política" e a única que dependia essencialmente da autoridade real. Ele naturalmente fez dela, portanto, seu "domínio reservado" e sentia-se tão à vontade porque nesse assunto geralmente possuía mais conhecimentos que seus próprios conselheiros. Por outro lado, os negócios estrangeiros despertavam menos agitações partidárias que a gestão das realidades nacionais e Vergennes, ministro tão bom quanto discreto, teve a sabedoria de manter-se em seu lugar, aceitando ser esclarecido pelo rei no mínimo tanto quanto também o esclarecia.

Os dois homens tinham, de resto, a mesma paixão pelo bem público e partilhavam das mesmas idéias quanto ao futuro do país: depois das decepções da Guerra dos Sete Anos, eles desejavam devolver à França "todo o seu peso"[178], mas pretendiam, paralelamente, moralizar a vida internacional graças ao respeito pelo direito e pelos tratados anteriores, graças à manutenção dos equilíbrios geopolíticos existentes, especialmente no seio da Europa, graças, finalmente, à recusa, tanto por parte da França quanto dos demais Estados, a qualquer conquista ou aumento territorial.

A Áustria foi a primeira a pagar por essa visão das coisas. Apesar da pressão de Maria Antonieta e dos pedidos insistentes de seu irmão José II, que tentou convencer o rei em 1777, jamais Luís XVI – que se lembrava da partição da Polônia, acontecida cinco anos antes, em benefício da Rússia, da Prússia... e da Áustria – aceitou que o Império Austríaco pudesse novamente expandir-se em detrimento dos Estados circundantes. José II chegara a propor ceder uma parte dos Países Baixos à França, e em troca a Áustria anexaria a Baviera e iniciaria, em seu proveito, o desmembramento da Turquia. Como os tratados da Westfália de 1648 haviam feito da França a responsável pela estabilidade territorial do Sacro Império, Luís XVI ateve-se a esse compromisso solene e rejeitou, com mais firmeza que Vergennes, apesar de um pouco tentado pelo projeto, o presente envenenado e cheio de potenciais conflitos que seu cunhado lhe oferecia. O jovem imperador voltou para Viena cheio de ressentimento e amargura, convencido de que em política estrangeira sua irmã não tinha sobre o marido nenhuma real influência, comparada à que a Pompadour ou, em menor grau, a Du Barry, apesar de simples favoritas, tinham exercido havia não muito tempo sobre Luís XV.

Luís XVI também se mostrou autoritário e senhor de suas decisões quando, recém-subido ao trono, apresentou-se a nova situação criada pelo desencadeamento da Guerra de Independência americana. A atitude que ele adotou nessa questão e a obstinação que demonstrou constituem um mistério sobre o qual convém nos interrogarmos.

Como é possível que um monarca absoluto, além disso católico e de direito divino, tenha feito de tudo – conseguindo com isso arruinar as finanças de seu país – para que os americanos revoltosos, ainda por cima protestantes em sua maioria, pudessem (1) romper o laço colonial que os unia ao Império Britânico, (2) proclamar sua independência, (3) rejeitar a monarquia, (4) tornar-se uma república e mesmo lançar as bases para um regime democrático?

A maior parte dos historiadores, se não todos, explicou esse mistério da mesma maneira, referindo-se a motivações então amplamente partilhadas, inclusive pelo rei: notadamente, o desejo de se vingar dos fracassos amargos sofridos quando da famosa Guerra dos Sete Anos, ao fim da qual (em 1763) a França perdera, além do lugar eminente que ocupava na Índia, suas principais possessões na América do Norte. Esse desastre acontecera, na época, em meio a certa indiferença, sendo que Voltaire, por exemplo, equiparara a perda do Canadá à de alguns "arpentos de neve". Mas o amor-próprio francês, para não dizer seu orgulho, fora ferido, e muitos sonhavam apenas com uma revanche. A revolta das treze colônias inglesas da América surgiu, portanto, em 1775 e nos anos que se seguiram, como uma oportunidade inesperada de causar um revés memorável àqueles que tanto nos haviam humilhado.

Essa análise é correta e não poderia ser seriamente contestada. Mas é puramente *negativa* e insuficiente, a meu ver, para explicar a paixão cega, eu diria mesmo suicida, com a qual Luís XVI embarcou nessa aventura. Pois que favorece para além do Atlântico uma poderosa insubmissão colonial, tendo como bônus a instalação de uma república fundamentada na vontade do povo, sem dúvida não era a melhor maneira de consolidar na França uma monarquia cada vez mais contestada e destinada a graves convulsões.

Existe, acredito, uma outra explicação, desta vez *positiva*, para a irracionalidade das escolhas feitas por Luís XVI nessa questão. Ele tinha então apenas 21 anos; como observamos, havia lido bastante os filósofos e demais enciclopedistas, e tinha gosto pela modernidade tanto quanto pela tradição. Apesar de todas as velharias que lhe haviam sido inculcadas antes de sua acessão ao trono, ele estava na idade em que facilmente ficamos fascinados com idéias novas, até mesmo utópicas – e Deus sabe que elas circulavam na França da época, inclusive nos salões parisienses ou nos sossegados corredores de Versalhes. Esse gosto pela modernidade, essa permeabilidade às idéias novas, influencia, nos primeiros anos de seu reinado, a nomeação de ministros – Turgot, Malesherbes, Necker, depois Loménie de Brienne – que, embora em graus diversos, estavam todos ligados ao movimento das Luzes. Mais tarde, ele se mostrará menos aberto às novidades subversivas e chegará a encarcerar Beaumarchais, em 1785 (cinco dias de prisão em Saint-Lazare, destinada aos maus elementos), por causa das ousadias, segundo ele "detestáveis"[179], de *As bodas de Fígaro* e de certas insolências do autor para com ele.*

Já se disse sobre Luís XVI, para explicar o fracasso de seu reinado, que ele não fora nem déspota, nem esclarecido o suficiente. Sua recusa ao despotismo cego e ao emprego ditatorial da violência era, como veremos, um fato evidente, mas dificilmente poderíamos dizer que ele foi insuficientemente "esclarecido".

Para convencer-se do contrário, basta lembrar que esse jovem rei todo-poderoso mostrou preocupação suficiente com os direitos humanos para abolir sucessivamente as corvéias, a tortura e a servidão (em 1779, ano do decreto real, ainda havia um milhão de servos na França); mais tarde, durante

---

* Segundo Madame Campan, Luís XVI, ao ler a peça, chegou a fazer a seguinte observação, da qual sem dúvida ele não poderia medir todo o alcance: "A Bastilha deveria ser destruída para que a representação desta peça não seja uma inconseqüência perigosa!" (J.-B. Ebeling, éd., *Louis XVI. Extraits des Mémoires du temps*. Paris: Plon, 1939, p. 79.) A peça foi no entanto encenada, à custa de algumas modificações menores, e foi um sucesso. (N.A.)

os Estados Gerais, ele se mostrará favorável à abolição da escravidão e, aplaudido por Olympe de Gouges, autor de uma peça contra a servidão imposta aos africanos, olhará com olhos favoráveis a ação militante dos Amis des Noirs.* Para seu crédito, poderíamos ainda acrescentar que, assim que subiu ao trono, ele suprimiu o "direito de feliz ascensão", imposto exigido do povo a cada mudança de reinado; que fundou o Mont-de-Piété com a intenção de desencorajar a usura e ajudar os mais humildes; que apoiou o abade de l'Épée em sua obra a favor dos "surdos-mudos desafortunados", depositando em seu cofre uma pensão de seis mil libras, apesar das suspeitas de jansenismo que pesavam sobre ele; que ordenou aos hospitais militares, um século antes da primeira Convenção de Genebra, que tratassem os ferimentos dos inimigos da mesma forma que os de seus súditos; que ele criou um hospital reservado às crianças atingidas por doenças contagiosas (o atual Hôpital des Enfants-Malades); que fundou a Escola de Minas, assim como o Museu de Ciências e Técnicas (hoje Centro Nacional de Artes e Ofícios), e financiou do próprio bolso as experiências aerostáticas dos irmãos Montgolfier; que voltou a conceder estado civil aos protestantes (o Édito de Tolerância de 1787) e mandou construir diversas sinagogas para os judeus (em Nancy e em Lunéville), ao mesmo tempo isentando os membros dessa comunidade do "pedágio corporal", imposto que estes deviam pagar, como se fossem animais de carga, para poder entrar nas grandes cidades;** que pôs em prática um sistema de pensão de aposentadoria para as pessoas que exerciam uma profissão marítima, instituiu o direito de propriedade

---

* *Société des Amis des Noirs* (Sociedade dos Amigos dos Negros): sociedade, criada em 1788, que lutava pela abolição da escravidão. Teve membros ilustres como Condorcet, Lafayette, Loménie de Brienne e La Rochefoucauld. (N.T.)

** Em 1784, ele concedeu aos judeus do Leste (região em que morava a maior parte da comunidade), além do direito de casar, o de dedicar-se livremente às atividades comerciais, bancárias ou industriais de sua escolha. Sete anos depois, em 27 de novembro de 1791, a Assembléia Constituinte, com votação quase unânime, decidirá conceder realidade jurídica aos desejos há muito formulados por Luís XVI: aos judeus do Leste foram oficialmente conferidos o título e os deveres de cidadãos franceses. (N.A.)

intelectual para os escritores e músicos e, pela primeira vez, permitiu que certas mulheres participassem da eleição dos deputados quando da convocação dos Estados Gerais.

Também não é impossível que o jovem Luís XVI tenha freqüentado a franco-maçonaria ou mesmo pertencido a ela. "O rei Luís XVI era franco-maçom", não hesita em afirmar Luís Amiable, autor, em 1897, de um livro apreciado sobre a célebre loja parisiense das Nove Irmãs.[180]

Em 1º de agosto de 1775, um ano depois de sua acessão ao trono, nasce de fato, em Versalhes, a loja militar chamada "Três Irmãos Unidos". Mesmo parecendo mais que provável, não é certo que se trate do novo rei e de seus dois irmãos, os futuros Luís XVIII e Carlos X, ainda que se saiba que esses últimos, assim como um outro príncipe de sangue real, o duque de Chartres, foram realmente adeptos da Ordem (o duque de Chartres, que assumirá o título de duque de Orléans em 1785 e o nome de Philippe Égalité em 1793, oficiava, desde 1773, como grão-mestre do Grande Oriente).

O certo é que a loja versalhês dos "Três Irmãos Unidos" não poderia ter sido criada, sob seu próprio teto, sem seu aval, isto é, sem o consentimento ativo do jovem monarca. De resto, foi encontrada ali uma medalha de Luís XVI, datada de 31 de dezembro de 1789, "que contém o compasso, a escala graduada, o esquadro, o maço, a lua e o sol"[181] e que parece ilustrar bem o "pertencimento" do rei a esse Oriente de Versalhes. É preciso também lembrar que três dias depois da tomada da Bastilha, quando Luís XVI foi à Prefeitura para granjear o favor dos parisienses, ele foi acolhido nos degraus do prédio com as honras maçônicas da "abóbada de aço", túnel metálico formado pelas espadas cruzadas dos guardas nacionais. Michelet e outros historiadores viram nessa estranha homenagem algo diferente do gesto maçônico – uma maneira de Bailly, o prefeito recém-eleito, e os seus fazerem o rei passar sob suas forcas caudinas*!

---

* *Forcas caudinas*: alusão à batalha perdida pelos romanos, em 321 a.C., no desfiladeiro perto de Cáudio, quando foram obrigados a passar sob o jugo dos vencedores, os samnitas. (N.T.)

O grande historiador da Revolução, Albert Mathiez, reconhece, num artigo publicado em 1933, que "Luís XVI e seus irmãos, e a própria Maria Antonieta, usavam o maço na Loja dos Três Irmãos no Oriente de Versalhes". Apesar de ele discutir de bom grado com os operários que trabalhavam em Versalhes ou os camponeses que encontrava nos campos, é difícil imaginar o rei da França depositando, por assim dizer, sua coroa na entrada de uma loja maçônica e filosofando de igual para igual com interlocutores necessariamente subalternos, mesmo de alta classe, como os príncipes de sangue. Mathiez, por sua vez, minimiza o papel subterrâneo e subversivo às vezes atribuído a essas lojas, que a seus olhos eram apenas salões, e não clubes: "Estava-se entre as pessoas da sociedade. Professava-se a ordem estabelecida"[182]. O sucesso mundano das lojas em questão não pode ser negado; ele foi até confirmado por Maria Antonieta, que disse sobre os franco-maçons esta eloqüente sentença: "Todo mundo é"[183]!

François Furet e outros pesquisadores mostraram, mais tarde, que as lojas da época pré-revolucionária, graças às livres discussões e às trocas intelectuais que aconteciam, não eram apenas locais para mundanidades. Aliás, sem que ninguém se alarmasse, elas constituíram, mesmo que somente pelo ordenamento quase parlamentar que presidia a seus debates, espécies de repúblicas em miniatura – laboratórios de vida democrática, parênteses de igualitarismo social, antecipações de uma nova era, que esperava apenas um momento favorável para eclodir.

Esse momento, para numerosos maçons, só poderia estar próximo, na medida em que o exemplo americano já estava ali, pronto para ser utilizado e o único imitável na época, prova viva e estrondosa de que os princípios liberais experimentados na prática maçônica podiam, ao deixar o cenáculo das lojas, ser aplicados por multiplicação ao conjunto da sociedade. Se, explica Furet, a franco-maçonaria teve um papel importante na América, e depois na França, não foi, como se acreditou, como instrumento de conspiração, mas porque, à luz do dia mais que à sombra das lojas, ela encarnou "de maneira exemplar a química do novo poder, transformando o social em político e a opinião em ação"[184].

*

Se no início de seu reinado ele foi membro da Ordem, simples simpatizante ou visitante ocasional, a atenção moderada, mas sem dúvida real, que Luís XVI dedicou aos debates das idéias maçônicas só reforçou, chegado o momento, sua determinação de correr em socorro dos *insurgentes* da América.

"Correr em socorro" talvez não seja a expressão que melhor convenha aqui, pois a política americana do rei foi primeiramente ditada por uma prudência sensata e uma única palavra de ordem: precipitar-se lentamente. Era preciso evitar provocar a Inglaterra prematuramente, isto é, antes que as condições de um conflito armado fossem favoravelmente preenchidas. A primeira dessas condições era que os *insurgentes* dessem prova da seriedade de suas ações e da capacidade real, se não de vencer as forças britânicas, pelo menos de resistir a elas e fazer *por si mesmos* com que sofressem reveses significativos. A segunda condição era garantir o apoio político, financeiro e naval da poderosa Espanha. A terceira condição era o reforço da Marinha francesa, reforço iniciado havia vários anos, especialmente sob as ordens de Sartine, mas que convinha levar a cabo – o que aconteceu com surpreendente velocidade, mas com grandes custos: em 1778, a França já podia contar com 52 navios de guerra; ela terá setenta e três em 1782.

Durante quase três anos, a ajuda francesa aos colonos da América aconteceu com discrição e na clandestinidade. A partir de setembro de 1775, um agente secreto de Vergennes, Achard de Bonvouloir, fora para a América a fim de estudar no próprio local as possibilidades de uma assistência discreta aos insurgidos. Pouco depois da Declaração de Independência de 4 de julho de 1776, suas tratativas resultaram na instalação de um sistema clandestino de reabastecimento proposto e imaginado por Beaumarchais: assim nasceu, com o consentimento do rei e de seu ministro, uma sociedade comercial de fachada, "Hortalez & Cie", dirigida em pessoa pelo extravagante autor do *barbeiro de Sevilha*.

O objetivo era, em troca do tabaco da Virgínia, encaminhar à América a pólvora, as armas, as munições e todas as provisões necessárias para a condução da guerra. Para começar o negócio, a França e a Espanha consentiram, cada uma, em emprestar um milhão de libras, sendo que um terceiro milhão viria das esferas do comércio, onde Beaumarchais contava com numerosos amigos. A partir de 1777, a Hortalez & Cie passou a dispor de doze navios de transporte operando a partir dos grandes portos franceses. O primeiro comboio chegou em Portsmouth (New Hampshire), no início de 1777, com o suficiente para armar e equipar 25 mil homens. Esse desembarque teve um papel decisivo na primeira grande vitória americana, a de Saratoga (em 17 de outubro de 1777), sendo que 50% das munições utilizadas nessa batalha foram fornecidas pela França.

Tal vitória, saudada com entusiasmo pela opinião pública francesa, foi o acontecimento que a corte da França esperava para se envolver mais abertamente com os colonos americanos emancipados da Inglaterra. O Congresso enviara a Paris dois emissários, que tinham por missão negociar uma intensificação da ajuda francesa: de um lado, Silas Deane, que, encarregado de obter a concessão de armas e equipamentos militares, ocupou-se principalmente, com a cumplicidade do conde de Broglie, de recrutar voluntários (que não faltaram, a começar por Lafayette, cuja fuga causou escândalo e recebeu o consentimento tácito do rei) para prestar auxílio às tropas americanas; do outro lado, Benjamin Franklin, extraordinário embaixador do Novo Mundo, cujo charme, simplicidade, inteligência e força de convicção operaram milagres, tanto diante de uma opinião pública particularmente receptiva aos acontecimentos na América quanto de um governo e um rei cada vez mais tentados a dar o passo decisivo.

Os esforços conjuntos de Franklin e de Silas Deane, logo reunidos em Paris por Arthur Lee, resultaram, pouco depois de Saratoga, na assinatura de um duplo tratado entre a França e a América: em primeiro lugar, um tratado "de amizade e de comércio", reconhecendo a independência americana e organizando a proteção mútua das trocas marítimas; e, em segundo lugar, um verdadeiro tratado "de aliança", prevendo que os dois países defenderiam os mesmos interesses em caso de conflito declarado entre a França e a Grã-Bretanha. Uma cláusula secreta e separada convidava a Espanha a unir-se à aliança "na hora em que ela julgue oportuna"[185].

Assinado em Versalhes a 6 de fevereiro de 1778, esse tratado constitui o único texto de aliança jamais assinado pelos Estados Unidos até o Tratado do Atlântico Norte, de 4 de abril de 1949. Isso mostra sua importância histórica. Os ingleses que se esforçaram para procurar um terreno de entendimento com os insurgentes a fim de evitar o pior não se enganaram, mas era tarde demais – sendo que o pior, para eles, era a entrada dos franceses no conflito. A França contava então com 28 milhões de habitantes, contra nove ou dez da Grã-Bretanha, e, graças a seus esforços constantes de rearmamento, dispunha de um poderoso potencial militar e naval. Apenas um mês depois da assinatura do tratado, Conrad Gérard foi nomeado ministro plenipotenciário junto ao governo americano; do lado americano, é Benjamin Franklin quem, alguns meses depois, se tornará o primeiro representante oficial de seu país na corte da França.

Vergennes havia, no entanto, refreado o entusiasmo do rei, pois estava convencido de que a França só deveria envolver-se na questão depois de assegurada sobre a colaboração ativa e efetiva da Espanha. Mas esta arrastava os pés e, apesar de decidir, quatorze meses mais tarde (Tratado de Aranjuez, de 12 de abril de 1779), alinhar-se às posições francesas e, em 21 de junho do mesmo ano, declarar guerra à Inglaterra, ela o fez menos para defender a causa americana, cujo caráter contagioso temia para suas próprias colônias, do que para seguir Luís XVI em suas empresas antibritânicas e aproveitar a ocasião para consolidar seu próprio império. Enquanto Versalhes não aspirava a nenhuma conquista ou reconquista, o governo de

Madri alimentava planos bem precisos sobre certas partes do mundo, especialmente a Jamaica e a Flórida.

Depois do sucesso promissor de Saratoga, foi Luís XVI, sozinho, quem decidiu acabar com as hesitações de uns e outros, e aliou-se, sem esperar o apoio de Madri, aos americanos. Ao agir assim, ele assumia um risco triplo: o da derrota, o da bancarrota e, não menos importante, o de ver seu país, em caso de vitória dos Estados Unidos, contaminado pelas novidades revolucionárias, pouco compatíveis com a manutenção de um regime monárquico na França. O próprio Vergennes, em uma carta de 8 de janeiro de 1778 endereçada ao conde de Montmorin, então embaixador em Madri, evoca com clareza a decisão solitária e audaciosa tomada pelo aprendiz de monarca que o rei da França ainda era:

> A decisão suprema foi tomada pelo rei. Não foi a influência de seus ministros que o fez decidir-se: a evidência dos fatos, a certeza moral do perigo e sua convicção o influenciaram sozinhas. Eu poderia dizer, com sinceridade, que Sua Majestade nos deu coragem a todos.[186]

Impregnado das lições pacifistas de Fénelon, Luís XVI evitava derramar sangue e, durante vários meses, recusou-se a "atirar primeiro" contra os ingleses. Ao atacar, ao largo de Plouescat, uma fragata francesa, *La Belle-Poule*, estes forneceram, em 17 de junho de 1778, o pretexto que sua consciência moral esperava: muito intenso foi o combate entre a fragata real e o navio agressor, o *HMS Arethusa*, tanto que houve, de parte a parte, um número considerável de mortos e feridos, dentre os quais o comandante francês, Chadeau de La Clocheterie. O navio inglês, em parte desmastreado, teve de se retirar, com vento contrário, sob as balas de canhão dos marinheiros franceses, e o *La Belle-Poule* fez um retorno triunfal para o porto de Brest. Esse combate teve tanta repercussão que um penteado chamado "*à la Belle-Poule*" logo causou furor entre as damas da alta sociedade de Paris.

Outra conseqüência, infinitamente mais importante, desse incidente foi a decisão quase imediata tomada por Luís

XVI de desencadear as hostilidades contra a Grã-Bretanha: os insultos feitos à bandeira francesa, ele escreveu então, "forçaram-me a pôr um fim à moderação que eu me propusera, e não me permitem suspender por mais tempo os efeitos de meu ressentimento"[187]. Em 10 de julho, ele enviou a todos os capitães de navios reais a ordem de "correr com" os navios da frota inglesa.

O primeiro confronto ocorreu em fins de julho, ao largo de Ouessant, entre, de um lado, 29 navios da Frota do Poente*, comandados pelo conde de Orvilliers, assistido por um príncipe de sangue, o duque de Chartres, e, do outro, a frota aguerrida do almirante Keppel, também dispondo de aproximadamente trinta navios. O conflito, violento e por longo tempo indefinido, virou a favor dos franceses, que só registraram 127 mortes, contra mais de quatrocentas do lado britânico. Essa vitória naval, a primeira em séculos, surgiu como um bom presságio para o seguimento das coisas, e a notícia foi recebida em toda a França com abraços e explosões de alegria. Luís XVI pôde então calcular a que ponto estava em sintonia com seu povo. Chartres foi primeiramente acolhido como herói em Paris, mas ficou-se sabendo que, por inexperiência e por não executar as ordens dadas por sinais, ele impedira Orvilliers de dividir a frota inglesa e esmagá-la. Luís XVI, que não gostava muito de Chartres, não ficou descontente ao vê-lo de repente ridicularizado e posto no seu devido lugar. Decididamente, tudo lhe sorria.

Depois de intensa correspondência diplomática, Carlos III, rei da Espanha e déspota esclarecido, finalmente se decidira, como vimos – em nome do Pacto de Família** e, é claro, dos interesses de seu país (a concessão, entre outros, da Flórida, de Minorca e de Gibraltar) –, a secundar os esforços da França no confronto com a Grã-Bretanha. Como uma

---

* *Frota do Poente*: frota da Marinha real francesa com base em Brest, destinada às operações e comunicações navais com o Novo Mundo, em oposição à Frota do Levante, com base em Toulon. (N.T.)

** *Pacto de Família*: aliança entre os reis Bourbon da França e da Espanha. (N.T.)

alegria nunca vem sozinha, um ano mais tarde a Holanda uniu-se ao projeto comum das duas nações amigas: ela podia, contribuição não insignificante, dispor de dezessete fragatas e 32 navios de guerra. Já a Espanha dispunha de 64 navios de guerra, exatamente o dobro, mas sua frota era tecnicamente inferior à das Províncias Unidas. Somados aos 52 e logo 73 navios franceses, o conjunto formava uma armada que, apesar de não ser necessariamente invencível, podia, no quadro dos confrontos vindouros, alimentar boas esperanças.

A essa feliz e necessária aliança somaram-se dois outros sucessos diplomáticos decorrentes, em grande parte, da habilidade e da obstinação de Vergennes: graças à sua intervenção e aos esforços conjuntos da czarina Catarina II, também "déspota esclarecida", um sutil acordo pôde ser firmado entre a Prússia e a Áustria, impedindo esta de invadir e apropriar-se da Baviera. Durante o Tratado de Teschen de 13 de maio de 1779, assinado na ocasião, a França se manifestara como árbitro da paz na Europa, ao mesmo tempo se protegendo contra a abertura de uma segunda frente de batalha no continente. Paralelamente, os esforços da diplomacia francesa levaram a outro resultado importante: a assinatura, em 9 de março de 1780, de uma declaração de "neutralidade armada", aliando, além da França e da Espanha, as principais potências européias (Rússia, Dinamarca, Áustria, Prússia, Portugal, Reino das Duas Sicílias) contra a Inglaterra e seus ataques permanentes à liberdade marítima. A Grã-Bretanha encontrou-se de repente mais isolada do que nunca. Não podendo nem mesmo contar com a Holanda, ela lhe declara guerra em novembro de 1780.

Com todas essas condições favoráveis reunidas ou em vias de sê-lo, Luís XVI, consciente de que a potência marítima dos Estados Unidos equivalia a um centésimo da potência da Grã-Bretanha, calculou o momento de inscrever suas próprias forças navais na guerra da América e encarregou o conde de Estaing de dirigir a esquadra francesa. Natural da Auvergne, como Lafayette, mas de uma linhagem que ele fazia remontar ao último rei visigodo, Estaing primeiro fora coronel e depois brigadeiro de infantaria, antes de tornar-se tenente-general da Marinha, em 1763, e ser promovido a vice-almirante, em 1777. Valendo-se de doze navios de guerra e cinco fragatas, e transportando a bordo mais de dez mil marinheiros e mil soldados dos regimentos de Foix e Hainaut, a Frota do Levante partiu de Toulon em 13 de abril de 1778 e rumou para o Novo Mundo. Com pouca sorte ou vítima de sua própria incompetência, ou dos dois ao mesmo tempo, Estaing fracassou na maior parte de suas iniciativas, se não em todas. Ao chegar, em 29 de julho, ao largo de Newport, depois de uma travessia anormalmente lenta de 87 dias, ele pretendia aprisionar uma parte da frota inglesa então ancorada na enseada, sendo que as tropas americanas do major-general Sullivan fariam o ataque por terra. Uma falta de coordenação fez a manobra fracassar, e, como uma violenta tempestade danificara diversos navios, Estaing precisou ir a Boston rapidamente para repará-los.

No início de novembro, ele partiu rumo às Antilhas e tentou em vão, e com muitas perdas, desalojar os ingleses, que haviam acabado de desembarcar cinco mil homens na ilha de Santa Lúcia. Com o reforço da chegada de duas flotilhas comandadas, respectivamente, pelo almirante de Grasse e pelo marquês de Vaudreuil, ele conquistou as ilhas de Saint-Martin e Saint-Barthélemy e, principalmente, nos primeiros dias de julho de 1779, atacou vitoriosamente Granada. Em 9 de outubro, chamado em socorro pelo Congresso americano, ele tentou recuperar a cidade de Savannah (Geórgia), que as forças britânicas ocupavam havia vários meses, mas se deparou com uma grande resistência, perdeu mil e quinhentos homens, ficou gravemente ferido nas duas pernas e precisou retirar-se sem glórias, depois de acumular mais um fiasco e sofrer numerosas perdas. Embaraçado e mortificado, ele voltou a Brest, tendo a tomada de Granada como único e pequeno objeto de satisfação.

Durante esse período, o único consolo de Luís XVI não foi de ordem militar, mas privada: o nascimento, em 20 de dezembro de 1778, de sua primeira filha, Maria Teresa Charlotte, futura Madame Royale. Não era o menino esperado, mas o rei ficou satisfeito e, feliz em finalmente ser pai, manifestou pela filha – que, aparentemente, parecia-se com ele – uma ternura imediata que jamais o abandonou. Em todas as igrejas da França foram entoados *Te Deum,* e a criança foi batizada no mesmo dia por Monsenhor de Rohan. Dois longos anos transcorreram, no entanto, antes que a rainha, em 22 de outubro de 1781, desse a seu esposo e ao país o herdeiro homem tão esperado, Luís José de França – um herdeiro que, como já dissemos, morreu muito cedo, em 4 de junho de 1789, preocupando um pouco mais uma família já bastante abalada com as dificuldades políticas do momento.

Uma idéia ganhou força e tomou o espírito do rei. Para vencer a Inglaterra na América, o método mais seguro não seria enfraquecê-la em sua própria casa? Falou-se novamente, então, de um velho sonho francês: desembarcar na Grã-Bretanha. Quando a França declarou oficialmente guerra à Inglaterra, em 10 de julho de 1778 (pouco depois do caso *La Belle-Poule*), Victor François de Broglie, marechal francês que se distinguira brilhantemente durante a Guerra dos Sete Anos, foi posto, na Normandia, à frente de tropas que atacariam a Inglaterra em caso de conflagração. Lafayette, convencido da necessidade de um desembarque, obteve de George Washington uma autorização de afastamento, deixou a América e rumou para Brest. Ele ali desembarcou em 6 de fevereiro de 1779. Em 3 de março, obtém do marquês de Créqui o regimento dos Dragões do Rei e se torna "comandante de campo", antes de ser promovido, em junho, a "major-general assistente dos alojamentos do Exército" na Bretagne e na Normandia. Em 1º de julho, ele chega para ocupar seu cargo no Havre e põe-se à disposição do marechal de Broglie.

Invadir a Inglaterra não era uma questão simples. A Espanha o desejava ainda mais que a França, pois tinha um desastre a vingar, a derrota (em 1588) de sua Invencível Armada. Mas Vergennes não tinha ilusões quanto à eficácia das forças navais espanholas: "Elas têm, talvez", ele escreveu ao rei, "mais aparência do que realidade, mas, se servirem para dividir a atenção das forças inglesas, elas nos dariam ao menos uma margem mais livre ou menos cerrada para as nossas"[188]. A partir de então, duas estratégias sobre como agir foram confrontadas: ou se realizava de uma vez por todas o pretendido desembarque, ou então se organizava um simples simulacro, a fim de prender na Mancha o máximo de forças navais inglesas, enfraquecendo de uma vez só sua participação marítima do outro lado do oceano.

De fato, tentou-se fazer um jogo duplo, sendo que o sucesso de um desembarque aparecia sem dúvida como o resultado mais favorável, mas um fracasso do projeto implicaria desvantagens estratégicas nada desprezíveis. Foram reunidos então, perto de Bayeux, aproximadamente quarenta mil homens. A idéia era, partindo de Le Havre e de Saint-Malo, a bordo de quatrocentos barcos, transportar essas tropas até a ilha de Wight, de onde as tropas invasoras poderiam, como se pensava, ameaçar Southampton. No entanto, a frota franco-espanhola revelou-se incapaz de desalojar os navios ingleses encarregados da proteção dessa ilha estratégica. Mudando de direção, ela decidiu rumar para a Cornualha, mas a disenteria, as febres pútridas e o tifo transformaram a maior parte dessa frota combalida em hospital flutuante. Orvilliers, que comandava o que alguns começavam a chamar de "armada para nada"[189] e que, além disso, acabava de ficar sabendo da morte de seu único filho, pediu demissão e, atormentado pela tristeza e pelo despeito, voltou para a terra firme. Ele foi substituído por seu principal assistente, Chaffault de Besné, mas a questão fora decidida e a invasão não aconteceu. "O fiel Netuno", observa com humor Jean-Christian Petifils, "[havia] como sempre, protegido a pérfida Albion!"[190]

Vergennes ressaltou então ao rei, e conseguiu convencê-lo, que uma mudança de estratégia era necessária. Se era conveniente continuar prendendo uma parte da frota britânica na Europa, graças à manutenção da pressão e a diversas "demonstrações ameaçadoras"[191], a prudência, bem como a urgência, exigiam que o grosso da força naval e militar francesa fosse novamente levado ao palco principal da guerra, a América.

Inspirando-se nos conselhos de Vergennes, mas também nos do conde de Estaing (que conservara seus favores) e de

Lafayette (recebido, de uniforme americano, pelo rei e pela rainha em Versalhes), e respondendo, ao mesmo tempo, aos pedidos insistentes dos próprios americanos, Luís XVI decide, apesar do custo astronômico da empresa, enviar para além do Atlântico um verdadeiro corpo expedicionário. Em 1º de março de 1780, Rochambeau é posto, com o grau de tenente-general, à frente de cinco mil e quinhentos homens. Ele deixa Brest em 2 de maio e chega a Newport (Rhode Island) em 10 de julho. Lafayette, por sua vez, partira um mês antes a bordo do *Hermione*, levando informações secretas sobre a chegada iminente da esquadra francesa, informações que imediatamente foram transmitidas a seu amigo e confidente, o general Washington.

Rochambeau recebera instruções de posicionar suas tropas sob o comando de Washington, chefe do "Exército continental" americano. Este desejava um ataque conjunto a Nova York, mas Rochambeau mostrou-se reticente, explicando (durante uma reunião de cúpula em Hartford, Connecticut, em 20 de setembro do mesmo ano) que um ataque semelhante não poderia obter sucesso enquanto os ingleses conservassem sua superioridade marítima, o que ainda era o caso naquela parte do mundo. Rochambeau também se recusou a empenhar suas tropas na conquista do Canadá, que o Exército americano havia iniciado. Esses desacordos estratégicos e adiamentos fizeram os aliados perderem muito tempo e, com a ajuda da trégua invernal (não se lutava durante o inverno naqueles benditos tempos!), o prosseguimento das operações conjuntas foi adiado para o ano seguinte.

Em 31 de janeiro de 1781, Lafayette envia a Vergennes uma missiva tão lúcida quanto visionária. Ele reconhece que a chegada de Rochambeau e do corpo expedicionário sem dúvida salvara os americanos de uma derrota fatal, mas prevê que o desfecho do conflito ocorrerá no oceano, e que a maestria sobre os mares representará um elemento decisivo: se a França não fizer frente às forças navais britânicas, com reforços à sua "inferioridade marítima, não se poderá", ele martela, "fazer a guerra na América" e *a fortiori* vencê-la. Ele sugere então ao ministro e, por intermédio deste, ao rei que se proceda a um reforço da potência naval francesa e, levando em conta a situação do Tesouro americano, a um aumento substancial da ajuda financeira um aumento que permita, no próprio local, "pôr em atividade as forças americanas"[192].

Convencido da pertinência dessa análise, Luís XVI decide imediatamente conceder aos Estados Unidos um crédito de dezesseis milhões de libras, seis a título de doação, dez a título de empréstimo, assim como o envio de dois carregamentos de armas e equipamentos. O todo, dinheiro e materiais reunidos, partiu de Brest em 1º de junho de 1781.

Doente e com quase sessenta anos, o almirante de Grasse voltara para a França no início desse mesmo ano, mas teve pouco tempo para restabelecer-se. Promovido a contra-almirante, ele recebeu de Versalhes a ordem de cruzar novamente o Atlântico com os reforços navais prometidos às autoridades americanas e a Rochambeau. Ele partiu de Brest em 22 de março, à frente de uma esquadra com mais de vinte navios de guerra, três fragatas e mais de cem barcos acompanhantes, que transportavam três mil e duzentos oficiais e soldados. O comboio chegou à Martinica em 28 de abril e, para começar, tomou a ilha inglesa de Tobago.

Uma hábil manobra, combinando a infantaria franco-americana e a frota do almirante de Grasse, precipitou a derrota dos britânicos e o fim da guerra. Fingindo continuar interessado pela cidade de Nova York e imobilizando, assim, a metade do Exército britânico, bem como a esquadra inglesa comandada pelo almirante Thomas Graves, Washington decidiu deslocar a guerra para o Sul. Ele enviou Lafayette e suas tropas para combaterem com bravura na Virgínia e, pelo fim de agosto, tomou, à frente de seu exército e dos regimentos de Rochambeau chegados de Newport, o caminho de Yorktown, onde o general Cornwallis e a segunda metade do Exército inglês estavam reunidos. Graças a um excelente sistema de comunicação (que faltou aos britânicos), De Grasse, ainda nas Antilhas, recebera a ordem de bloquear a entrada da baía de Chesapeake e proibir, assim, todo e qualquer reforço marítimo às forças britânicas sitiadas. A frota de Graves, enfim avisada da manobra, precipitadamente abandonou Nova York, mas chegou tarde demais ao largo da baía: De Grasse, com 28 navios de guerra e quatro fragatas a mais, esperava-a, sem arredar pé, desde 26 de agosto.

O almirante francês teve o tempo exato de desembarcar seus três mil soldados e colocá-los à disposição das forças terrestres franco-americanas quando, em 7 de setembro, apareceram no horizonte as primeiras velas da esquadra de Graves, com seus vinte navios de guerra e suas sete fragatas. Apesar de superior em número e em canhões, a frota francesa não conseguiu esmagar sua rival, mas lhe infligiu graves perdas, a ponto de, em 14 de setembro, Graves se ver obrigado a abandonar a batalha e partir novamente em direção a Nova York, para recolocar sua frota em ordem.

Cornwallis ainda agüentou algumas semanas, mas teve de se render às evidências. Para ele, e provavelmente para a Inglaterra, a batalha estava perdida. Ele assinou o ato de rendição em 19 de outubro, e as forças aliadas tomaram o lugar.

Apesar de o comandante-em-chefe ser George Washington, o principal mérito da vitória cabia aos franceses. No início do cerco, Cornwallis dispunha de uns nove mil soldados; os americanos estavam em 8.800 (5.700 regulares e 3.100 milicianos), e as tropas francesas (as de Rochambeau e de Lafayette juntas) contavam nove mil homens, aos quais convém acrescentar os três mil soldados desembarcados por De Grasse, chegando o total de franceses a doze mil.

Esse dado numérico esteve, durante as cerimônias de rendição, na origem de um incidente diplomático bastante revelador do papel representado pela França no desenlace desse conflito histórico. A tradição militar queria que o general vencido oferecesse sua espada ao vencedor. Pretextando uma "indisposição", Cornwallis, humilhado e mau perdedor, encarregou seu imediato, o general Carlos O'Hara, de substituí-lo. O'Hara aproximou-se de Rochambeau, a seus olhos o verdadeiro vencedor, e estendeu-lhe a espada. Rochambeau indicou-lhe que a espada devia ser entregue ao general Washington, mas, na ausência de Cornwallis, Washington fez com que O'Hara entendesse que era a seu próprio imediato, o general Benjamin Lincoln, que devia ser transmitido o símbolo da rendição – o que foi feito em meio a, digamos, certo mal-estar.

A notícia da vitória chegou à Filadélfia três dias depois, e a alegria tomou conta de toda a América. Lafayette e Rochambeau logo foram recebidos na capital como libertadores, e Luís XVI não foi esquecido: durante meses, inclusive anos, o rei da França foi objeto, na Filadélfia e em outros lugares da América, de manifestações entusiastas, ditadas por uma imensa e sincera gratidão. O eco da vitória de Yorktown chegou ao rei duas semanas depois do nascimento de seu primeiro filho: os Céus, decididamente, estavam do seu lado.

Em Londres, onde a notícia do desastre não chegou antes de 25 de novembro, o primeiro-ministro, lorde North, que logo depois perderia seu cargo, não pôde conter este grito: "Ah, meu Deus, está tudo acabado"[193]. As negociações de paz se arrastaram por muito tempo, devido às exigências dos dois lados. Chegaram a acontecer, no mar, alguns embates de fim de partida, os ingleses querendo mostrar que, apesar da derrota na baía de Chesapeake, eles continuavam sendo os mestres dos mares: o principal desses últimos enfrentamentos foi a Batalha das Santas (de 9 a 12 de abril de 1782), ao sul de Guadalupe, durante a qual De Grasse, feito prisioneiro a bordo de seu navio-almirante, sofreu perdas enormes: sete mil feridos e sete navios naufragados ou capturados.

Apesar desses combates remanescentes e desse "Trafalgar antilhano", um tratado acabou sendo assinado em Paris, a 3 de setembro de 1783, entre a Grã-Bretanha e os Estados Unidos (contrariamente ao que estipulava o tratado de aliança de 1778, a França fora "deslealmente" mantida afastada das negociações, o que irritara profundamente Vergennes e o rei). No mesmo dia, mas em Versalhes, um tratado paralelo era concluído entre a Grã-Bretanha, a França, a Espanha e os Países Baixos. O acordo geral, de alcance mundial, foi batizado de "Paz de Paris". Todos obtiveram, pelo menos provisoriamente, vantagens: os Estados Unidos se viam, além de reconhecidos, dotados de um território duas vezes maior do que aquele de que dispunham antes do fim dos conflitos; a Inglaterra conservava Gibraltar e o Canadá; a Espanha, renunciando a Gibraltar, recebia Minorca e as duas Flóridas; a França, por sua vez, herdava o Senegal e a ilha antilhense de Tobago, recuperando, de resto, suas sucursais da Índia, bem como sua plena soberania sobre Dunquerque, além de obter, nos arredores da ilha de Terra Nova, uma ampliação de seus direitos de pesca.

*

Em Paris, seja contra ou a favor, todos falam sobre a nova América, uma América preocupada em mudar o mundo mudando a si mesma – e que acaba de derrotar a inimiga ancestral da França! Para os futuros revolucionários franceses, o exemplo americano era na época a única referência disponível, o único guia, a única experiência imitável: as pretensas "repúblicas" que a Europa possuía então (Veneza, Genebra, as Províncias Unidas) eram, como lembrou Michel Vovelle, "governadas por oligarquias que pertenciam ao passado" e não podiam servir de exemplo.[194]

É difícil imaginar hoje em dia o que devem ter produzido sobre os espíritos franceses mais esclarecidos (ou os mais ávidos de o serem) os acontecimentos na América, que nossos soldados e oficiais, no fim de suas longas permanências na escola da liberdade, não deixaram de contar com exaltação uma vez de volta ao país. Pois eles devem ter visto nascer diante de seus olhos – e graças a proezas realizadas em nome de seu rei! – uma verdadeira república independente e um início de democracia – mesmo se para nascer esta não precisara se desfazer de um passado e de um feudalismo encobridores. Mallet du Pan dirá mais tarde, sobre essa "inoculação americana", que ela havia "infundido [o espírito republicano] em todas as classes que raciocinam"[195].

O que se pensava em Versalhes, em Paris e nas províncias a respeito de iniciativas ou atitudes como a Declaração de Independência, a emancipação dos negros nos estados do Norte, a concessão do direito de voto às mulheres em Nova

Jersey, a recusa de qualquer religião oficial, a separação dos poderes (tão louvada por Montesquieu), a liberdade de imprensa, a adoção em cada estado de constituições locais e de "declarações de direitos" e logo a elaboração, em nome do povo – e por uma convenção *ad hoc* –, da Constituição Federal? Tudo isso, como observou o historiador Carl Van Doren, representou para os franceses uma "gramática da liberdade"[196]. Não esqueçamos também que, contra a opinião de Vergennes mas com o consentimento do rei, Franklin havia publicado em francês todas as constituições dos estados americanos, obra que foi lida com avidez e que conheceu inúmeras edições.

O nascimento da república americana foi incontestavelmente a maior vitória do reinado de Luís XVI – um projeto arriscado e com conseqüências incalculáveis, de que ele foi, do lado francês, o principal artífice. "O povo americano", dissera Turgot já em 1778, "é a esperança do gênero humano; ele pode tornar-se seu modelo"[197]. Se um precedente fosse de fato aceitável e digno de ser imitado, seria esse, nem que apenas por seu caráter contemporâneo, por seu pertencimento visível ao tempo presente – um antecedente do hoje, em alguma medida. E eis que esse modelo, graças em grande parte ao rei da França, era a partir de então oferecido como exemplo aos povos do mundo, principalmente aos da Europa e da América Latina, onde logo suscitaria grandes esperanças e perturbaria, aqui e lá, o curso da história.

Mas a história é ingrata, e a vitória à Pirro que foi a guerra bem-sucedida na América teve como conseqüência, na França, precipitar a queda de seu jovem e idealista iniciador e, com este, a do Antigo Regime, que ele tinha por função encarnar e, mais ainda, perpetuar. A posse, em 30 de abril de 1789, do primeiro presidente dos Estados Unidos, George Washington – acontecimento que marcou de certo modo o fim e a coroação da Revolução Americana –, precedeu em apenas dois meses e meio aos inícios tonitruantes da Revolução Francesa.

Como seqüência dessa série de acontecimentos, uma outra fase, menos solar e infinitamente mais tempestuosa, começaria na vida de Luís XVI e dos seus.

À espera da Revolução

Com sua bela vitória americana e a vantajosa assinatura da Paz de Paris, a França apagava as humilhações de 1763 e podia novamente sentir-se dona do jogo na Europa, forte o suficiente, em todo caso, para fazer um contrapeso à Rússia, à Prússia... e à Áustria, pois o irrequieto e belicoso José II precisava constantemente ser mantido sob controle. Aos olhos do povo francês, o rei havia, por outro lado, saído fortalecido da experiência americana e parecia ter as cartas na mão para adaptar o país aos novos tempos. Mas, no período que se seguiria e conduziria às conhecidas transformações, nada foi tão cor-de-rosa para Luís XVI como ele poderia ter esperado.

A guerra havia devorado somas colossais e a França, em dificuldades financeiras antes mesmo do início do conflito, com a volta da paz encontrou-se exangue. Os ingleses, por sua vez, se recuperaram mais facilmente de sua derrota que os franceses de sua vitória: esquecendo a perda de suas colônias e das dores de amor-próprio, eles recomeçaram com mais força ainda a comerciar com a América (cultural e lingüisticamente mais próxima deles do que a França e os outros países da Europa), recuperando, em 1789, um nível de exportações industriais para o Novo Mundo equivalente ao de antes da Guerra de Independência – e reerguendo, assim, sua economia mais rapidamente do que a haviam comprometido.

A isso se acrescenta, no caso da França, o fato de que a vitória das ex-colônias americanas marcou o triunfo *prático* de idéias e valores novos que já estavam latentes na nossa sociedade mas que, deixando de ser *teóricos* ou apenas *pensados*, abalariam ainda mais, e profundamente, os alicerces seculares, para não dizer medievais, da monarquia. O enfraquecimento da fé e da prática religiosa, os avanços do ateísmo e o declínio do sagrado, os progressos do materialismo, o desenvolvimento das ciências e das técnicas, o lugar central que "a busca da felicidade" ocupava em muitas mentes, o crescimento de uma idéia de transformação contínua da sociedade chamada "progresso", o papel crescente dos intelectuais (escritores, pensadores, "filósofos"), a formação de uma "república das letras" prefigurando um sistema político mais igualitário e mais voltado para a Razão, menos dependente das ordens e falsas hierarquias, mais representativo também de uma classe ascendente de atores econômicos, composta por "burgueses" e nobres esclarecidos – nada disso servia para consolidar um regime cuja força, apesar das aparências do momento, não passava de uma ilusão. Bastaria uma ninharia – e um momento propício – para que a história se precipitasse e levasse tudo com ela como uma avalanche. É compreensível que Chateaubriand possa ter pensado que, em 1789, o Antigo Regime já pertencia ao passado e que "a Revolução estava concluída quando eclodiu"[198].

*

Atingido pela gangrena, Maurepas morrera em 21 de novembro de 1781, alguns dias depois de ficar sabendo da vitória de Yorktown. Luís XVI, bastante entristecido mas já amadurecido pela experiência do poder, decidiu ficar sem primeiro-ministro, como já fizera seu antepassado Luís XIV. Até 1787 ele conheceria o que John Hardman chamou de período de "reino pessoal"[199], contentando-se em escolher seus ministros em atividade pelas recomendações que alguns, dentre os quais a rainha, lhe fariam ou seguindo as intrigas da corte. Em 23 de fevereiro de 1783, ele promovera Vergennes, que se tornara o principal ministro, ao cargo de "presidente do Conselho das Finanças". A pasta da Marinha era ocupada por Castries e a da Guerra, por Ségur. Duas estrelas cadentes se sucederam nas funções de controlador-geral. Primeiro Joly de Fleury, que foi despedido em alguns meses, depois de fazer mais um empréstimo e anunciar ao rei que esperava os dez milhões de excedente prometidos por Necker, um *deficit* orçamentário de oitenta milhões! E depois dele Lefèvre d'Ormesson – "uma escolha abaixo da média", segundo Mercy-Argenteau –, que ficou no cargo por apenas sete meses, em uma gestão lamentável, novamente pontuada por empréstimos bastante ruinosos para as finanças públicas e por uma transformação da Fazenda Geral em simples gestora de arrecadações, medida que fez os financistas se rebelarem e precisou ser anulada. Saída de Ormesson.

Opondo-se à volta de Necker, que a rainha e os salões filosóficos procuravam impor-lhe, Luís XVI, aconselhado por Vergennes, em novembro de 1783 decidiu-se por Carlos-Alexandre de Calonne, excelente administrador, que havia demonstrado suas capacidades em doze anos como intendente da circunscrição financeira de Metz, antes de ser promovido a intendente de Lille, em 1778. Homem inteligente e hábil, ele dominava, ao contrário do rei, a moderna arte de "comunicar" e soubera construir para si toda uma rede de relações. Sua nomeação tranqüilizou o meio financeiro e foi acolhida favoravelmente por Maria Antonieta, que era apoiada pelos Polignac, grupo bastante influente e muito próximo da rainha.

Pessoalmente, Calonne estava coberto de dívidas e seus motivos para aceitar o cargo que lhe era proposto estavam longe de ser desinteressados: "As finanças da França estão num estado deplorável", ele confessou, não sem humor, a um amigo, "eu nunca teria me encarregado delas, não fosse o mau estado das minhas"[200]. Luís XVI apressou-se em socorrê-lo, gratificando-o com cem mil libras a título de despesas de instalação e acrescentando a essa generosidade umas duzentas mil libras em ações da Companhia das Águas – algo para realmente saldar-lhe as dívidas.

Consciente de que não era o momento para reformas traumatizantes, Calonne aplicou-se em restabelecer a confiança e a combater a morosidade. Ao mascarar o triste (mas, a seu ver, provisório) estado das finanças do país, ele esforçou-se para colocar a ênfase nas riquezas potenciais do reino, explicando que era importante explorar melhor esses recursos – e, portanto, encorajar a iniciativa industrial e comercial –, caso se quisesse recuperar permanentemente os cofres do Estado. E, para acalmar os aflitos, ele começou por retomar a administração da Fazenda, que seu predecessor tão desastradamente ameaçara.

Satisfeito por ter no comando um controlador-geral tão sólido e realista – o oitavo em menos de dez anos! –, Luís XVI o fez ser aceito, a partir de janeiro de 1784, no Conselho de Estado. Calonne tornou-se, ao lado de Vergennes, o segundo homem forte do governo, de sorte que o rei, finalmente tranqüilo, pôde por algum tempo esquecer as preocupações da intendência e voltar-se para os grandes projetos que o interessavam.

O primeiro desses projetos, ao qual já fizemos alusão, era, a partir das invenções dos irmãos Montgolfier e de diversos outros eruditos, promover a conquista do ar e, além dela, a do espaço. A primeira partida de balão transportando humanos (na ocasião, Pilâtre du Rosier e o marquês de Arlandes) ocorreu em 21 de novembro de 1783, no castelo de La Muette, sendo que o engenho aterrissou sem danos em Butte-aux-Cailles, depois de meia hora de vôo. Outro balão partiu de Versalhes em 23 de junho de 1784, em presença de Luís XVI, da rainha e de um convidado ilustre e particularmente "esclarecido", o rei da Suécia, Gustavo III. A nacela, elegantemente batizada de *Maria Antonieta*, transportava o mesmo Pilâtre du Rosier, acompanhado dessa vez pelo químico Louis Proust, e pousou na floresta de Chantilly. Mais um passo seria dado em 7 de janeiro de 1785, quando o aeronauta Jean-Pierre Blanchard e o físico americano John Jeffries efetuaram, de Douvres a Calais, a primeira travessia da Mancha em balão. A opinião pública ficou fascinada com essas experiências, muitos pressentindo, como o rei, que se tratava dos preâmbulos de uma grande aventura humana. O membro da Convenção Jean Mailhe soube então traduzir o sentimento geral: "Logo o homem não verá mais nada que não possa alcançar"[201].

Outro projeto de envergadura ocupou Luís XVI durante o mesmo período: a partida de Brest, em 1º de agosto de 1785, da extraordinária expedição de La Pérouse. "Navegador imóvel", como Étienne Taillemite acertadamente o apelidou*, Luís XVI só viu o mar uma vez na vida, por ocasião de uma

---

* Ver o título de seu livro: *Louis XVI ou le navigateur immobile*. Paris, Payot, 2002. (N.A.)

viagem a Cherbourg, da qual falaremos mais tarde, mas, apaixonado por geografia e ciência marítima, ele constantemente incentivou a descoberta do mundo. O inglês James Cook abrira o caminho nos anos 1770, em três viagens pelo oceano Pacífico e pela Antártica, e Luís XVI não queria que a França ficasse para trás.

Foi ele sozinho, portanto, quem decidiu o projeto inteiro: do início das operações à escolha do navegador, passando pelos mínimos detalhes da organização da viagem. La Pérouse, grande comandante e formidável combatente, tinha dúvidas sobre a viabilidade da empresa e chegou a sugerir ao rei que desistisse do projeto; mas, conforme observou então um de seus amigos pessoais, como "foi Sua Majestade que escolheu La Pérouse para executá-lo, não houve meio de ele se desvencilhar"[202].

O programa estabelecido pelo rei era muito ambicioso, sem dúvida até demais, pois pretendia nada menos que fazer, em uma única volta ao mundo, o que Cook fizera em três expedições. Tratava-se de cruzar o Pacífico em todos os sentidos – da Nova Zelândia à Austrália, do cabo Horn ao Alaska – e fazer contato com as populações locais, estabelecer entrepostos e estudar (sem violência) as civilizações encontradas: salvo em caso de legítima defesa, a ordem era tratar os autóctones "com muita doçura e humanidade"[203].

O estudo aprofundado dos dados naturais não fora esquecido, pois todos os tipos de eruditos deveriam acompanhar, e acompanharam, La Pérouse – astrônomos, hidrógrafos, químicos e físicos, zoólogos, botânicos, entomologistas, enfim, toda a sorte de especialistas em ciências da natureza. As instruções muito precisas e restritivas, todas redigidas pela mão do rei, deixavam, apesar de tudo, uma pequena margem ao navegador que ele escolhera, autorizando-o "a fazer as mudanças que lhe parecessem necessárias nos casos não previstos, aproximando-se, no entanto, o máximo possível do plano que fora traçado"[204].

Generosa, humanista e humanitária, mas irrealista e nisso bem parecida com seu instigador –, a expedição, composta por duas fragatas carregadas com materiais e víveres para um périplo de mais de três anos, encerrou-se de maneira trágica. Como já mencionamos, a tripulação e todos os eruditos embarcados no *La Boussole* e no *L'Astrolabe* foram, acredita-se, massacrados em 1788 por um povo "selvagem" de uma pequena ilha do arquipélago da Ilhas Salomão – a ilha vulcânica de Vanikoro. Sem notícias de La Pérouse e dos demais, Luís XVI conseguiu da Assembléia Nacional, em 1791, que enviasse uma expedição à procura dos marinheiros e dos eruditos desaparecidos. Mas essas buscas, conduzidas por Bruni d'Entrecasteaux, revelaram-se infrutíferas; daí a famosa pergunta feita pelo rei pouco antes de sua decapitação: "Tem-se notícias de La Pérouse?". Os destroços do *L'Astrolabe* foram localizados em 1827 por um navegador irlandês, Peter Dillon, e os do *La Boussole,* em 1964, pelo almirante Brossard, a menos de uma milha do primeiro. Um esqueleto, provavelmente de um erudito, foi encontrado em 2003, e recentemente uma importante expedição (a expedição "Vanikoro 2005"), envolvendo em torno de trinta cientistas e pesquisadores, dentre os quais três médicos, foi dar prosseguimento às buscas iniciadas anteriormente. O estudo de numerosos objetos trazidos à superfície permitiria levantar, pelo menos em parte, o véu de mistério que continua a encobrir a história desses dois naufrágios.

A terceira grande obra do rei consistiu, logo após a Guerra de Independência americana, em completar o reerguimento da Marinha francesa. Podemos nos surpreender com o fato de que um monarca tão pacifista, tão avesso ao uso da violência armada, tenha trabalhado nesse sentido com tanta constância. Mas a guerra na América confirmara a idéia de que qualquer conflito entre as grandes potências do momento só poderia resolver-se nos mares e que era seu dever, portanto, dar à França os meios para defender-se – e vencer – se viesse a ser ameaçada.

Em todo caso, ele escolhera Cherbourg, em vez da Dunquerque muito arenosa e longe do centro, como local de estabelecimento de uma grande base naval, situada no centro da Mancha e estrategicamente capaz, diante da imprevisível

Inglaterra, de acolher e abastecer grandes esquadras. Em 1774, ano de sua ascensão, Cherbourg era apenas um pequeno porto de pesca inacessível aos grandes navios. Luís XVI decidira, ao preço de trabalhos gigantescos para a época e bastante custosos, transformar a enseada bloqueando-a com um dique possante, equipado de fortes e baterias capazes de desencorajar todo e qualquer ataque externo. Ao cabo de dez anos de esforços, as obras pareciam suficientemente avançadas para que o rei fosse em pessoa julgar o estado dos trabalhos.

Essa viagem, iniciada em 20 de junho de 1786, foi, com exceção da sagração de Reims (e a fuga para Varennes!), o único deslocamento para a província de seu reinado. Acompanhado por Castries e Ségur, secretários de Estado da Marinha e da Guerra, e por uma comitiva reduzida, o rei foi, da partida à chegada, aclamado em todos os lugares por multidões calorosas, demonstrando sua benevolência sempre que se apresentava a ocasião, distribuindo pensões e exonerações fiscais, socorrendo as viúvas e os órfãos.

Chegando a seu destino em 23 de junho, ele iniciou imediatamente a visita às obras, percorrendo a enseada de bote, escutando na ilha Pelée as explicações do diretor dos trabalhos, o marquês de Caux, inspecionando a fossa do Gallet, onde fora prevista uma nova baía e, ao fim de um dia extenuante, presidindo a um jantar solene, a que compareceram, todas as personalidades civis e militares envolvidas nesse vasto projeto. No dia seguinte, a bordo do *Patriote* e acompanhado de uns vinte barcos, dentre os quais diversas fragatas e corvetas, o rei assistiu a diversas manobras marítimas, fazendo, conta uma testemunha, "perguntas e observações cuja sagacidade impressionava os marinheiros que tinham a honra de se aproximar dele"[205]. Não satisfeito em demonstrar seu grande saber técnico da natureza do projeto portuário ou do funcionamento dos navios, Luís XVI dava a impressão de conhecer em detalhe a carreira dos oficiais a que se dirigia: a viagem fora, técnica, política e psicologicamente, muito bem preparada.

A visita a Cherbourg foi um sucesso sob todos os aspectos, e Luís XVI não escondeu seu contentamento: "Eu jamais", ele confessa, "experimentei maior felicidade de ser rei que no dia de minha sagração e desde que estou em Cherbourg"[206]. Grandemente saciada durante a viagem, esta sede de contato humano, essa necessidade de conhecer o país em sua realidade, nunca mais teve a oportunidade de ser satisfeita. Além da alegria do momento, Luís XVI não entendeu que possuía ali, nesse face a face com um povo que continuava a respeitá-lo e admirá-lo, a chave do problema apresentado por todas as forças que conspiravam para sua ruína. Ninguém soube descrever melhor essa incompreensão que o historiador Étienne Taillemite:

> Aclamado em cada uma de suas aparições por uma multidão tão imensa quanto entusiasta, ele podia medir o fervor monarquista que continuava então sendo do povo, já que [durante essa viagem] nenhuma dissonância pôde ser observada. Como ele não entendeu que possuía ali um trunfo enorme, capaz de enfrentar todas as intrigas do microcosmo versalhês e parisiense?[207]

Jogar a França contra Versalhes, a província contra Paris, o povo contra os agitadores: aí, de fato, residia talvez, tanto para ele quanto para o futuro da monarquia, a única via de salvação. Era possível sonhar, conclui Taillemite, que o rei "saberia dirigir a renovação do reino da mesma forma que soubera conduzir a de sua Marinha"[208]. Mas não foi assim que as coisas aconteceram.

De volta a Versalhes, o rei esqueceu a alegria de Cherbourg e reencontrou sua solidão e suas preocupações costumeiras. Ele também descobriu que diversos países da Europa estavam havia já algum tempo em ebulição, e que a Revolução Americana já começara a encontrar concorrentes, especialmente em Genebra e nas Províncias Unidas.

Em Genebra, a insurreição contra o patriciado, com a tomada do poder por uma coligação de rebeldes "esclarecidos", acontecera em 1782, e a França, esquecendo que apoiara os insurgentes da América, decidira não conceder os mesmos favores e o mesmo apoio aos amotinados genebrinos. Ela chegara a enviar seis mil homens ao local e, depois de um cerco de alguns dias, ajudada em sua tarefa por unidades sardas e bernenses*, não hesitara em restabelecer à oligarquia conservadora seus poderes e privilégios. Expressando o ponto de vista do rei, Vergennes explicara a nosso embaixador que, nesse assunto, a única determinação do governo fora evitar que Genebra, às portas da França, se tornasse "uma escola de sedição"[209].

No entanto, uma revolta parecida eclodira na Holanda em julho de 1784, com os "patriotas" locais exigindo do *stadhouder*, Guilherme V, a destituição do por demais conservador duque de Brunswick, chefe alemão do Exército e inimigo resoluto das reformas. A França imediatamente tomara o partido dos "patriotas", enquanto a Inglaterra, uma coisa sem dúvida explicando a outra, apoiava os partidários do *stadhouder*. Em 1785, um levante em massa fora decretado pelos Estados Provinciais, sendo que Guilherme V foi sitiado em seu próprio palácio durante vários dias. E em setembro de 1786, dois meses depois da viagem a Cherbourg, eis que os patriotas, sempre com o apoio moral e material da França, destituem o *stadhouder* e instalam "instituições republicanas". Em 1787, aproveitando a morte de Vergennes e a crise financeira que afetará então a França, a Inglaterra, com sua Marinha, e a Prússia, com seus aguerridos regimentos, intervirão militarmente na Holanda, a pedido expresso do *stadhouder,* a quem restituirão seus antigos poderes, depois de facilmente esmagar os "patriotas". A França e seu rei não saíram enaltecidos desse revés – nem desse "apoio" incompleto, tão contraditório com a atitude adotada no caso de Genebra.

A política externa da França era ainda menos compreensível porque, paralelamente ao apoio dado aos patriotas holandeses, Luís XVI opô-se com extrema firmeza às pretensões do imperador da Áustria de reabrir a foz do rio Escaut ao comércio dos Países Baixos austríacos. José II chegara a lançar um ultimato aos neerlandeses e a mobilizar um exército de

---

* Os cantões de Berna e Zurique, bem como o reino da Sardenha, eram, junto com a França, os aliados tradicionais da "cidade livre" de Genebra. (N.T.)

sessenta mil homens, sempre esperando levar a França em seu projeto. Mas Luís XVI agüentara firme e friamente impusera moderação a esse ambicioso cunhado que sonhava ser um novo César – e agüentara firme apesar da forte pressão que Maria Antonieta tentara exercer sobre ele. Em uma carta a José II, esta mais uma vez precisou reconhecer que, ao contrário da opinião amplamente difundida, ela não tinha influência sobre as escolhas diplomáticas de seu marido: "Não me iludo quanto a meu crédito, sei que principalmente na política não tenho grande ascendência sobre o espírito do Rei [...] deixo o público acreditar que tenho mais crédito do que verdadeiramente possuo, porque, se não acreditassem em mim, eu teria ainda menos"[210]. José II, por sua vez, nunca perdoará Luís XVI por ter assim contrariado suas ambições. Agressivo e rancoroso, ele demonstrará uma evidente passividade para com o rei quando soar na França a penosa hora da Revolução.

*

As contradições da política externa logo reapareceram, identicamente, na implementação de uma nova ordem econômica e financeira por Calonne. Uma vez passada a fase consensual e sobretudo imobilista do restabelecimento da confiança, o novo controlador-geral se lançou numa segunda etapa, mais ativa e inovadora, ao longo da qual tentou dar ao país novas estruturas e novos hábitos. Mas, como todos os seus predecessores, Calonne não deixou de chocar-se com um mal francês, aparentemente eterno e incurável: a recusa às reformas.

Por trás da aparência frívola de um personagem sedutor, cheio de espírito, eloqüente e dissipador, escondia-se em Calonne um reformador prudente mas decidido, determinado a sanear as finanças do reino e a colocá-lo no caminho da abundância redescoberta. Em novembro de 1783, recém-nomeado, ele fez diante da Câmara das Finanças uma espécie de discurso-programa que intrigou várias pessoas, a começar pelo rei, e do qual se deduz que ele tinha desde o início uma idéia precisa que se esforçaria para concretizar quando as circunstâncias fossem mais favoráveis. Evocando a noção de um "plano de aperfeiçoamento geral", respeitando as bases da monarquia mas destinado a renovar todas as suas partes, ele assim designara o objetivo a ser atingido e os meios a serem postos em prática: "regenerar" os recursos em vez de "esprimê-los", renunciar aos velhos "remédios empíricos" e "encontrar o verdadeiro segredo para reduzir os impostos na igualdade proporcional de sua divisão, bem como na simplificação de seus recebimentos"[211].

Por trás dessa linguagem sibilina, escondia-se a vontade de terminar com um empirismo que não dera em nada até então e de governar finalmente pela "razão", com o objetivo de reformar a totalidade do sistema fiscal e, assim fazendo, finalmente recuperar o *deficit* do Estado. Em 1786, esse *deficit* atingiu e até ultrapassou a quantia recorde de cem milhões de libras. A bancarrota, havia tanto tempo temida, não estava longe. Em 20 de agosto desse mesmo ano, Calonne apresentou ao rei um memorando no qual descrevia as três facetas de seu plano de ação: (1) a igualdade de todos perante os impostos, o que implicava a supressão dos privilégios fiscais da nobreza e do clero, e a criação de um imposto único, baseado nos rendimentos de propriedades de bens imóveis ("a subvenção territorial"); (2) o restabelecimento da liberdade de circulação de grãos, anteriormente tentado por Turgot; e (3) a criação de novas assembléias – municipais, distritais e provinciais – eleitas somente pelos proprietários, isto é, pelas pessoas submetidas ao imposto único, e que deveriam associar os súditos de Sua Majestade à administração do país. Esse ambicioso programa, confidenciou Calonne ao rei, "vos garantirá cada vez mais o amor de vosso povo e vos tranqüilizará para sempre quanto ao estado de vossas finanças"[212].

A arquitetura do plano era boa, ainda mais porque resguardava do imposto o desenvolvimento industrial e comercial que Calonne queria paralelamente desenvolver, incentivando as grandes obras (renovação dos portos de Havre, Dieppe, Dunquerque ou La Rochelle, saneando as cidades de Lyon e Bordeaux) e a criação de novas manufaturas, inclusive a partir de capital estrangeiro. Em 26 de setembro de 1786 chegou a ser assinado, por sua iniciativa, um tratado de comércio com a Grã-Bretanha, o primeiro em muito tempo! Mas, na ocasião, o livre-câmbio só funcionou em sentido único e basicamente só beneficiou os produtos ingleses, pois a indústria francesa ainda não estava em condições de competir com a de além-Mancha. Nesse aspecto, como nos outros, Calonne pecou sem dúvida por excesso de precipitação, pois seus compatriotas não estavam muito dispostos a se lançar tão rapidamente quanto ele desejava sobre as vias da mudança.

O rei também refreou os ardores de seu ministro, principalmente depois de ler os detalhes de sua reforma fiscal e institucional: "Mas é puro Necker o que o senhor me oferece aqui"[213], ele exclamara, retomando o que um dia dissera ao próprio Necker: "Mas é um Turgot, e até pior!" Consciente da urgência dos problemas a resolver, Luís XVI mostrou-se cético quanto a um projeto que só produziria plenamente seus efeitos vinte ou vinte e cinco anos mais tarde. Mas Calonne nascera otimista. Ele perseverou e soube se mostrar convincente, defendendo o futuro e persuadindo o rei de que convinha, diante das reticências parlamentares, que como sempre não deixariam de se manifestar, apelar à França profunda e, portanto, reunir uma "Assembléia dos Notáveis", composta pelos personagens mais representativos do reino e das três ordens tradicionais. Henrique IV e Luís XIII não haviam recorrido a esse procedimento? O rei deu seu consentimento em 29 de dezembro de 1786, e a realização da assembléia foi fixada para 29 de janeiro do ano seguinte. Por razões de ordem prática, a data acabou sendo adiada para 22 de fevereiro.

É em meio a um ambiente quase revolucionário, em todo caso tumultuado, que se reúne a Assembléia dos Notáveis. Instigada à mudança pelos acontecimentos na América, na Holanda ou em Genebra, a opinião pública assistiu a esses debates com uma mistura de efervescência... e de zombaria, pois, longe de ser representativa, a assembléia só admitia em seu seio personalidades cuidadosamente escolhidas pelo governo. Surgiram cartazes anunciando para o dia em questão uma comédia intitulada *O consentimento forçado*, seguida por um balé alegórico composto por M. de Calonne: *O tonel das Danaides*![214]

Calonne vinha preparando seu auditório havia bastante tempo, distribuindo sem restrições os fundos estatais, na forma de pensões e liberalidades de todo tipo. "De 6.174.000 libras distribuídas dessa forma entre 1774 e 1789", observa o historiador Éric Le Nabour, "a parte de Calonne sozinha equivalia à metade dessa quantia"[215]. Apesar de escolhida com todo o cuidado e composta particularmente por sete príncipes de sangue, 36 duques, pares ou marechais, onze prelados, 33 presidentes ou procuradores-gerais dos parlamentos e 25 prefeitos de grandes cidades, a assembléia só pôde aplicar um violento contragolpe ao ministro, principalmente depois que Calonne, que acabava de fazer um novo empréstimo de 125 mil libras, confessou-lhe um *deficit* público de 112 milhões! Nessas condições, tornava-se claro que a reforma não seria aprovada. E a comoção duplicou quando o controlador-geral, esquecendo-se da parte que tomara na dilapidação do dinheiro público, afirmou sem pestanejar que "é na extinção dos abusos que reside a única maneira de responder a todas as necessidades". E acrescentou estas observações suicidas, que só lhe valeram a hostilidade dos beneficiários do sistema sentados à sua frente: "Não se pode dar um passo neste vasto reino sem encontrar leis diferentes, costumes prejudiciais, privilégios, ausências, isenções de impostos, direitos e pretensões de todos os tipos!"[216] Daí, ele concluiu, a revolução fiscal e estrutural proposta...

Enquanto Provença, Conti e Brienne denunciavam a bancarrota, Calonne tentou, em vão, fazer prevalecerem suas idéias e seu projeto. Era não levar em conta o peso dos interesses e dos egoísmos, a gravidade do passado e da história, a conjuração dos inimigos da mudança. A reestruturação proposta era uma revolução antes de seu tempo, e era irrealista pedir àqueles que seriam suas vítimas realizá-la. Tanto que essa nova "revolução real" só teve de "real" o nome que os historiadores quiseram dar-lhe. Luís XVI, abatido com a morte de Vergennes, acontecida na noite de 12 para 13 de fevereiro, encontrou-se mais só do que nunca. "Perco o único amigo com o qual eu podia contar, o único ministro que nunca me enganou"[217], ele desabafou antes de substituí-lo pelo conde de Montmorin, antigo embaixador na Espanha, mas homem de pouca envergadura. O rei havia até então apoiado Calonne, apesar de todos os obstáculos, e, ao abrir a Assembléia dos Notáveis, havia explicitado que os projetos apresentados por seu ministro estariam "em seu nome". Mas, diante dos protestos suscitados pelo plano de reforma, ele não teve forças para enfrentar o bando de notáveis e abandonou o controlador-geral à sua própria sorte.

Sentindo-se prestes a ser abandonado por seu protetor, Calonne faz um último apelo, por meio de uma brochura publicada em 31 de março: "Pode-se", ele pergunta, "fazer o bem sem ferir alguns interesses particulares? Pode-se reformar sem que haja reclamações?"[218] Mas a sorte estava lançada. O bando ganhou. Miromesnil, ministro da Justiça e rival do controlador-geral, se enfurece, fazendo-se porta-voz dos Necker, dos Brienne, dos Lafayette. Há aqueles que pensam que a reforma é excessiva e aqueles, menos numerosos, que estimam que ela não irá muito longe, mas todos estão do mesmo lado. E Maria Antonieta não fica atrás. Ela pede abertamente a demissão de Calonne. Luís XVI, furioso, manda chamá-la e, na presença daquele que ainda é seu ministro, a repreende vivamente, censurando-a por se meter em assuntos "com os quais as mulheres não têm nada a ver". Depois, segurando-a pelos dois ombros, ele a fez sair do aposento. "Eis-me perdido", suspira então Calonne.[219]

Perdido, ele está. O rei não pode mais se opor a protestos que aumentam de hora em hora. Em 8 de abril, dia de Páscoa, Calonne é despedido. No dia seguinte, é a vez de Miromesnil. Luís XVI detesta cordialmente esse último, que, todavia, acabara de perder uma de suas filhas: o rei, bom príncipe e sempre disposto a condoer-se, teria retardado em um dia sua desgraça. O afastado é imediatamente substituído por Lamoignon, presidente do Parlamento de Paris.

A reforma da sociedade já fracassara diversas vezes, mas jamais ela provocara semelhante coalizão de forças retrógradas, unindo o clero e a nobreza na mesma rejeição passional, na mesma vontade de proteger prebendas e imunidades – em suma, privilégios ancorados no passado ancestral da França. E sem dúvida a Igreja, que tanto possuía, tinha ainda mais a perder do que a nobreza nessa questão. Por isso, não é infundado ver o início da Revolução Francesa no fracasso de Calonne e na revolta dos notáveis de 1787, mais do que na tomada da Bastilha ou na reunião dos Estados Gerais, como faz a maior parte dos manuais escolares. Depois desse último fiasco, de fato muitos (mas estaria Luís XVI entre eles?) tiveram a sensação de que uma ruptura irremediável acabara de acontecer no país e que uma nova história já estava em andamento.

*

Não é raro um assunto privado chegar a complicar a vida dos grandes do mundo. Durante o reinado de Vergennes e de Calonne, o Caso do Colar veio escurecer um pouco mais os horizontes da monarquia.

O caso eclodiu em 15 de agosto de 1785 – uma questão rocambolesca, um mau *vaudeville*, uma espantosa comédia popular, cujo único interesse reside nas desastrosas conseqüências políticas que teve para Luís XVI, Maria Antonieta e, além deles, para o Antigo Regime.

Nesse ano de 1785, tudo – em todo caso, muitas coisas – parecia sorrir ao rei. Calonne e Vergennes seguravam com firmeza as rédeas do Estado; La Pérouse partira de Brest levando, em nome do rei, grandes esperanças científicas; e pricipalmente, em 27 de março, Maria Antonieta dera à luz um segundo filho, Luís Carlos, o futuro "Luís XVII", por enquanto duque de Normandia. O casal real estava nas nuvens, pois a partir de então, com dois herdeiros em potencial, o futuro dos Bourbon ficava duplamente garantido contra os golpes do destino.

A ternura do rei por sua mulher foi decuplicada. "Apesar de tempos em tempos ele se zangar", escreve Jean-François

Chiappe, "apesar de tomar os ganhos de jogo de sua esposa para dar aos pobres, apesar de se mostrar rude quando ela se revelava, em suas atitudes, mais arquiduquesa [da Áustria] do que rainha da França, ele demonstrava com mil atenções seu orgulho de ter a mais bela princesa da Europa"[220].

Mas alguns, na sombra, trabalhavam para acabar com essa bela harmonia. Assim que o novo filho nasceu e foi batizado, espalhou-se o boato de que ele não era do rei e tinha por pai um fidalgo sueco, Axel de Fersen, com quem a rainha era, dizia-se, unha e carne. É verdade que ela o encontrara uma primeira vez em 1774 e, depois, diversas vezes a partir de 1778. Subjugado por seu charme, Fersen chegara a desistir de se casar para ter total liberdade de vê-la; e o rei, a pedido expresso de Maria Antonieta, concedera-lhe o comando de um regimento estrangeiro, o "Real-Sueco". Esse idílio, por enquanto platônico, não deixou de suscitar curiosidades e comentários. Luís XVI, seguro dos sentimentos de sua mulher, não prestou muita atenção a tais maledicências. Uma vez recuperada do parto, a rainha, observando a tradição, foi visitar os parisienses, esperando que eles lhe reservassem uma acolhida tão calorosa quanto a do nascimento de seu primeiro filho. No entanto, conta Fersen, ela "foi recebida muito friamente, não houve uma única aclamação, mas um perfeito silêncio". De volta a Versalhes, Maria Antonieta cairia nos braços do rei gritando: "O que fiz a eles?... O que fiz a eles?"[221]

O Caso do Colar seria um choque ainda maior. Um livro não seria suficiente para contar essa história. Para ser breve, é preciso ater-se a seus principais protagonistas e pôr um pouco de ordem em comportamentos muitas vezes incompreensíveis.

O personagem central de todo esse caso era o próprio "colar". Essa jóia suntuosa mas desmedida, que tinha nada menos que 27 peças e pesava dois mil e oitocentos quilates, era obra de dois joalheiros da Coroa, Carlos Augusto Böhmer e seu genro Paul Bassenge. Eles haviam desejado, no início dos anos 1770, fazer o mais belo colar do mundo – e o mais caro, sendo proposto o preço exorbitante de um milhão e seiscentas mil libras. Apresentando-o em vão a todos os soberanos da Europa, os Böhmer, como eram chamados, haviam pensado na Du Barry, mas Luís XV morrera antes que uma oferta séria pudesse ser feita. Eles se voltaram então para Maria Antonieta, mas esta recusara a jóia por duas vezes, em 1778 e 1784, enquanto Luís XVI parecia disposto a oferecê-la a ela.

O segundo personagem é o cardeal de Rohan, bispo de Estrasburgo e antigo embaixador de Viena. O sujeito é um devasso que vive no luxo e passa de amante a amante. Durante sua embaixada em Viena, ele teve a infelicidade, em seus despachos, de zombar da imperatriz. Informada por sua mãe, Maria Antonieta jamais perdoaria as indelicadezas do diplomata. É para ser perdoado e voltar às graças de uma rainha por quem se sente perdidamente apaixonado que Rohan, homem extravagante e desprovido de bom senso, vai ser vítima de uma fraude de mau gosto.

Na noite de 11 de agosto de 1784, ele aguarda, num pequeno bosque de Versalhes, a chegada de uma mulher – na verdade, uma prostituta que responde pelo nome de Nicole Leguay – que acredita ser a rainha, mas que não passa de uma comparsa disfarçada, enviada a seu encontro por uma de suas amantes, Madame de La Motte, condessa titulada, descendente ilegítima do rei Henrique II e aventureira ainda pouco conhecida. A falsa rainha se limita a dizer-lhe a meia-voz: "O senhor pode esperar que o passado será esquecido"[222]. Então ela desaparece. Rohan é o mais feliz dos homens. Madame de La Motte poderá explorá-lo. A rainha, ela confidencia a ele pouco tempo depois, deseja adquirir o famoso colar, mas sem o rei saber, e está disposta a pagá-lo em diversas vezes. Como prova de sua confiança, ela deseja que Rohan faça a compra em seu nome. Com isso, Madame de La Motte lhe envia um falso título, aparentemente assinado pela rainha, mas na verdade redigido por outro de seus amantes, Marc-Antoine Rétaux de Villete, que imitara a letra de Maria Antonieta. Rohan cai na armadilha e, em nome da rainha, faz a encomenda junto aos joalheiros, sendo que a quantia de um milhão e seiscentas mil libras seria paga em quatro vezes, com o primeiro vencimento caindo em 31 de julho de 1785.

Em 12 de julho, enquanto no Trianon ensaia o papel de Rosina em *O barbeiro de Sevilha*, a rainha recebe a visita de Böhmer. Ele lhe leva, além de uma presilha e brincos de diamante, a encomenda de um adereço que o rei tivera a bondade de oferecer-lhe, entregando-lhe o primeiro título com sua falsa assinatura. Entra Calonne. Böhmer aproveita para esquivar-se. A rainha, que não entende nada das atitudes desse último, apressa-se a queimar o título.

Em 1º de agosto, no dia seguinte ao primeiro vencimento, Böhmer procura informar-se e interroga Madame Campan, camareira e confidente de Maria Antonieta. Ele se preocupa com o silêncio da rainha e fica sabendo que ela queimara o título. "Ah, senhora!", ele exclama, "não é possível, a rainha sabe que me deve dinheiro!"[223] O joalheiro lhe revela então que o famoso colar fora comprado, por ordem da rainha, pelo cardeal de Rohan e que ela mesma entregara a este um adiantamento de trinta mil francos. "O senhor está enganado", disse-lhe ela, "a rainha não dirigiu a palavra uma única vez ao cardeal desde seu retorno de Viena"[224]. Böhmer insiste, explicando que Rohan lhe entregara os trinta mil francos em questão devidamente adiantados pela rainha. Madame Campan não acredita no que ouve e aconselha o joalheiro a ir contar tudo à rainha. Alguns dias mais tarde, em 9 de agosto, ele é recebido e repete a uma Maria Antonieta estupefata o que relatara à sua camareira. A rainha cai das nuvens e informa Böhmer que não apenas nada encomendara, como queimara o maldito título: "Madame", murmura então o joalheiro, "queira admitir que está com o meu colar e faça com que me seja dada uma doação, ou uma bancarrota logo tudo revelará"[225].

Maria Antonieta hesita sobre a conduta a tomar, mas acaba indo ao rei, a quem revela tudo o que acabara de ficar sabendo. Breteuil, ministro da Casa Real, e Miromesnil, titular da Justiça, são imediatamente convocados e recebem a missão de comandar o inquérito. O primeiro sugere ao rei que aja rápido e puna o culpado, ou seja, que prenda Rohan assim que possível. Miromesnil está mais preocupado em evitar um escândalo e deseja que não haja precipitação, pois Rohan não é qualquer um: é o grande capelão da França. O rei, que deseja encerrar esse caso sombrio, concorda com a sugestão de Breteuil.

Em 15 de agosto, então, antes de assistir com grande pompa à missa de Assunção, Luís XVI manda chamar Rohan e o interroga na presença da rainha e dos dois ministros envolvidos, aos quais se somara Vergennes. Rohan confessa sua imprudência, reconhece seu erro e aponta a condessa de La Motte como sendo a instigadora de todo o caso. Rohan, de repente, parece perder a fala, a ponto de o rei pedir-lhe para dar suas explicações por escrito, o que ele faz prontamente. Na Galeira dos Espelhos, uma multidão compacta espera a chegada do rei, mas é Rohan, com as feições alteradas, quem aparece primeiro. Ele se sabe condenado; Luís XVI, que não quer fazer nenhuma exceção à sua justiça, dissera-lhe: "Eu faço o que devo, como rei e como marido!"[226] Miromesnil procede então à execução pública, ordenando a um tenente da Guarda para efetuar a prisão imediata do cardeal. Rohan, na mesma noite, será conduzido à Bastilha, mas terá tido tempo de mandar seu secretário destruir alguns papéis comprometedores. Portanto, não saberemos jamais qual foi exatamente seu papel nem o quanto de verdade e de mentira havia em sua confissão ao rei.

De privado que era, o caso, subitamente tornado público, tornou-se imediatamente político. Só se falava disso, na França e no resto da Europa. A maior parte dos protagonistas foi logo presa, com exceção de Madame de La Motte, que, depois de cruzar a Mancha, procurou repassar da melhor maneira possível os diamantes do colar que estavam em seu poder. Ao voltar à França, ela será finalmente condenada a ser açoitada, marcada a ferro e encarcerada pelo resto de seus dias na Salpêtrière. Rétaux de Villette, o falsário, foi banido para sempre e Nicole Leguay, a dublê de Maria Antonieta, libertada. Todas essas condenações foram pronunciadas pelo Parlamento de Paris, ao qual o rei decidira confiar todo o episódio.

Faltava o caso Rohan. Ele era acusado de duas coisas diferentes: de vigarice, delito sob domínio do direito comum, e de lesa-majestade, crime sob domínio da "justiça reservada" do rei. Luís XVI deixou-o (irrefletidamente) escolher entre ser julgado pelo Parlamento, pelo delito, ou por ele mesmo, pelo crime, esperando que optasse pela segunda opção e, portanto, por uma solução discreta para o caso. Mas Rohan, que pretendia explicar-se e provar sua boa-fé, optou pelo processo.

Este aconteceu em maio de 1786, paralelamente ao dos outros acusados. A muito poderosa família dos Rohan e seus aliados fizeram então um cerco aos magistrados, que estavam divididos quanto à decisão a tomar. Os bispos, por seu lado, apoiados pela Santa Sé, não escondiam que a detenção de um príncipe da Igreja os havia escandalizado. A opinião pública, bastante enfurecida com Maria Antonieta, espontaneamente tomou o partido do culpado e tendeu a ver nele uma vítima simbólica da arbitrariedade real: na verdade, ninguém acreditava na história da assinatura falsificada, ainda mais que a rainha, ao queimar o falso título, não podia provar sua inocência. A sentença do Parlamento foi entregue em 31 de maio. Ela ia ao encontro do que a opinião pública exigia. Por 26 votos a 22, Rohan foi absolvido e inocentado de toda responsabilidade no Caso do Colar. O rei, no entanto, retirará todos os seus encargos e o exilará, a partir do dia seguinte ao veredicto, em sua abadia de La Chaise-Dieu, nos confins da Auvergne; mas Luís XVI fica furioso com essa afronta e continua a acreditar que Rohan realmente quisera escamotear o colar. Já a rainha, ferida em sua honra, está indignada: "O julgamento que acaba de ser pronunciado", escreve ela à sua amiga madame de Polignac, "é um insulto horrível [...] mas eu triunfarei sobre os maus triplicando o bem que sempre procurei fazer"[227].

Nessa comédia de lógica invertida, em que o "culpado" foi inocentado e as "vítimas" foram declaradas culpadas e expostas à condenação pública, o grande perdedor – além de Maria Antonieta e, com ela, o rei – foi o próprio sistema monárquico, ridicularizado e humilhado. Em vez de discretamente exilar o cardeal com uma simples *lettre de cachet*, Luís XVI, seguro da inocência de sua mulher, sem dúvida cometera o erro de oferecer a Rohan a possibilidade de um processo público. Os efeitos desse grande desmascaramento se revelaram desastrosos. A imprensa, cada vez mais numerosa e exaltada, deleitara-se, e os libelos haviam florescido por todos os lados. Ao redor da Bastilha, dez mil parisienses haviam aclamado Rohan antes de ele partir para o exílio. A multidão gritava: "Viva o Parlamento! Viva o cardeal inocente!" Sim, ao redor da Bastilha... Goethe, espectador atento dos acontecimentos, declarou-se cheio de pavor: "Com essa manobra temerária, inaudita, eu via a majestade real desgastada e logo aniquilada"[228]. De fato, alguma coisa que ninguém poderia parar estava acontecendo, e um novo reinado acabava de começar: o da opinião pública.

Só restava a Luís XVI, nesses primeiros dias de 1786, preparar sua viagem para Cherbourg, episódio de que já falamos e que lhe traria a última lufada de ar puro de sua vida de rei.

O início do fim

Em 3 de maio de 1787, Luís XVI, ainda hostil à volta de Necker, substitui Calonne por Loménie de Brienne, nomeado ao mesmo tempo chefe do Conselho Real das Finanças e membro do Conselho de Estado (o cargo de controlador-geral é atribuído, por formalidade, a um ilustre desconhecido, Laurent de Villedeuil). Brienne era arcebispo de Toulouse desde 1763. Reputadamente bom administrador, esse prelado ateu de costumes dissolutos, mas muito culto e amigo dos filósofos, fora um dos líderes da revolta contra Calonne e presidia a Assembléia dos Notáveis quando foi chamado ao governo. Lafayette, que desde seu retorno triunfal à América era um dos personagens mais em vista no país, e que também participara da revolta, não considerava Brienne capaz de resolver a crise e sugeriu que fossem convocados os "Estados Gerais". Essa antiga instituição, a seus olhos muito mais representativa das três ordens do país do que a Assembléia dos Notáveis, não se reunia desde 1614, época da regência de Maria de Médicis.

Mas ainda não se chegara a esse ponto, e Brienne, nisso de acordo com o rei, foi obrigado a contentar-se com o que havia. Mas os notáveis, seus antigos colegas, não lhe deram descanso algum. A partir de então encarregado dos negócios, e não da oposição, e pressionado pelo rei a continuar os trabalhos iniciados por seu predecessor, Brienne retomou, ainda que negociando um e outro detalhe, o essencial do plano Calonne. Os notáveis imediatamente se manifestaram contra a traição e, pensando que o rei terminaria cedendo, puseram o governo diante de um impasse. Pior para eles, pois de comum acordo Luís XVI e Brienne decidiram simplesmente, e não sem coragem, dissolver a assembléia rebelde, o que foi feito em 25 de maio. A idéia deles era aprovar as reformas por meio de leis ordinárias, mas estas, por tradição, deviam ser registradas pelo Parlamento, de modo que a batalha ainda não estava ganha.

Fiéis a si mesmos, os parlamentares logo criam obstáculos: por certo eles aprovam o princípio da liberdade do comércio de grãos e a instalação de assembléias provinciais e municipais (aceitando apenas a contragosto que nestas o voto seja dado não "por ordem", mas "por cabeça", isto é, segundo a regra majoritária), mas em 2 de julho eles recusam fazer o registro do édito que criava a subvenção territorial "igualitária", isto é, o instrumento fiscal destinado a acabar com o *déficit*. Eles exigem que lhes seja apresentada a situação exata das despesas do Estado – o que, replica um Luís XVI bastante furioso, já fora feito – e, no dia 16, reiteram sua oposição à subvenção territorial, declarando, como Lafayette, que "somente a Nação reunida em seus Estados Gerais pode consentir com um imposto perpétuo"[229].

Em 6 de agosto, em resposta às repreensões que alguns ousavam dirigir-lhe, Luís XVI convoca o Parlamento em "leito de justiça", a fim de aprovar seus éditos a qualquer custo. Nesse quadro, a simples leitura dos textos pelo monarca lhes dava força de lei. Ninguém reage; mas a partir do dia seguinte o Parlamento, sob uma salva de palmas, pronuncia a nulidade do leito de justiça: uma estréia nos anais monárquicos do século! Uma semana mais tarde, Duval d'Éprémesnil, também ovacionado, declara que é o momento de "desbourbonar"[230] a França e devolver ao Parlamento seus poderes. Uma investigação chega a ser aberta contra as "depredações"[231] de Calonne. Este imediatamente se refugia na Inglaterra: ele será o primeiro emigrado da Revolução.

A prova de força torna-se inevitável e acaba acontecendo. Em 14 de agosto, por iniciativa de Brienne e com o consentimento aliviado do rei, o Parlamento é exilado. Todos os seus membros recebem uma *lettre de cachet* ordenando-lhes a ida para a cidade de Troyes. Eles obedecem e são recebidos triunfalmente pelos habitantes. Os parlamentos de província se solidarizam, um após o outro, com o de Paris, assim como a Chambre des Comptes e a Cour des Aides*. Tumultos

---

* *Chambre des Comptes* e *Cour des Aides*: jurisdições e cortes soberanas do Antigo Regime que se ocupavam das finanças. (N.T.)

explodem na capital. Fala-se em guerra civil. Brienne e o rei procuram acalmar os ânimos. Em fins de agosto, inícios de setembro, há um acordo. No dia 19, Luís XVI aceita renunciar ao édito de subvenção territorial e promete a convocação dos Estados Gerais para 1792. O poder capitula. O Parlamento volta a Paris, onde uma multidão exultante se manifesta por vários dias. Seus principais bodes expiatórios são Calonne, Brienne e Maria Antonieta, cujas efígies são queimadas. Um motim está próximo, e a agitação ganha a província.

Sem poder contar com as receitas da subvenção territorial, Brienne faz seus cálculos e, enquanto o povo esbraveja, ele busca uma nova maneira de estancar o *deficit* abissal do país. Há um único remédio: o empréstimo. Ele convence o rei de que não existe outra alternativa. Este convoca o Parlamento, em "leito de justiça", para o dia 19 de novembro, com o objetivo de fazer passar um empréstimo de 420 milhões de libras, distribuídas em cinco anos.

Durante essa memorável sessão, os parlamentares começam a se insurgir contra a forma inusitada dessa audiência dita "real" e então, ao fim de uma crítica feroz à política financeira do governo, eles reclamam a convocação dos Estados Gerais para 1789. O rei aceita adiantar a sessão, mas sem especificar uma data, e exige a votação imediata dos empréstimos: "Eu ordeno que meu édito seja registrado"[232]. Segue-se uma confusão indescritível. Há protestos contra o despotismo e a arbitrariedade. "Isto é ilegal", diz o duque de Orléans. Nunca no passado um príncipe de sangue havia assim, e em público, questionado a autoridade política do rei. "Não", replica Luís XVI, "é legal, porque eu assim o quero"[233]. Com a partida do rei, o Parlamento continua a contestar a legalidade do registro a que foi constrangido; mas a vontade real prevalecera: o empréstimo qüinqüenal será feito. Luís XVI, por sua vez, manda prender dois dos líderes da revolta, os conselheiros Fréteau e Sabatier, e exila Philippe de Orléans em suas terras de Villers-Cotterêts.

Os parlamentares levarão vários dias para se recuperar dessa comoção. Em 8 de dezembro, sem no entanto esquecer seus dois colegas, eles dirigem ao rei uma súplica em favor do duque de Orléans, a quem se dizem solidários: "Se *monsieur* duque de Orléans é culpado, nós todos o somos"[234]. Luís XVI contenta-se em responder que a clemência, nesse caso particular, depende unicamente de sua bondade, e não de um ato de justiça. A réplica do Parlamento ocorrerá na virada do ano, com um requisitório contra as *lettres de cachet* e a votação de uma moção de Adrien Duport que propunha a liberdade individual como direito natural. Mas Luís XVI não estava mais disposto a ceder nesse ponto do que no resto de suas prerrogativas: ele convoca sem demora uma delegação de magistrados e suprime, na frente deles, o texto condenado.

Segue-se então uma espécie de trégua invernal que duraria vários meses, trégua durante a qual o Parlamento registra um "édito de tolerância", preparado por Malesherbes e o próprio Luís XVI, que abolia o de Nantes e voltava a dar aos protestantes um estado civil e o direito de praticar seu culto privadamente. Madame Luísa, tia de Luís XVI e priora das carmelitas de Saint-Denis, opusera-se à idéia de restituir aos protestantes seu estado civil, mas dera seu último suspiro na antevéspera de Natal, entristecendo um pouco mais o rei, sem no entanto conseguir desviá-lo de seu justo e generoso projeto. Ao mesmo tempo, Malesherbes começa a estudar, com uma delegação de judeus da França, as condições de uma possível emancipação. Para rematar, o Parlamento registra, em 1º de maio de 1788, um decreto real abolindo a questão preliminar, isto é, a tortura praticada durante os interrogatórios da polícia. Muitas vezes esquecemos de dar o crédito dessas importantes inovações a Luís XVI.

A trégua invernal termina com o bom tempo, e as hostilidades políticas reiniciam ainda mais fortes. Uma idéia abrira caminho na mente de Brienne e de Lamoignon, depois na do rei: restringir os poderes do Parlamento somente a questões de justiça e criar, para o resto (atas reais, éditos e decretos), uma "corte plenária" de vocação política, mas evidentemente escolhida a dedo e nomeada pelo rei. Em 3 de maio de 1788, ao descobrir a trama, o Parlamento se inflama e, pressentindo o golpe de Estado, publica uma "Declaração das leis fundamentais do reino", versão conservadora da Declaração dos Direitos do Homem, que será aprovada no ano seguinte pela Assembléia Constituinte. A mensagem é clara. Ela condenava (mais uma vez) as *lettres de cachet* e os encarceramentos ou exílios arbitrários; reafirmava a manutenção dos cargos dos magistrados, guardiões sagrados das leis fundamentais (cargos de que eles eram proprietários); e finalmente lembrava que a criação de novos impostos era de competência apenas dos Estados Gerais.

Luís XVI reage dois dias depois com um ato de pura autoridade: ele cassa a "declaração" de 3 de maio e manda prender dois dos principais inspiradores da revolta, Duval d'Éprémesnil e Goislard de Monsabert, que se refugiam no recinto do Parlamento. Nos dias 5 e 6 de maio acontece a célebre "sessão das trinta horas", ato inaudito de resistência ao poder real. O Parlamento debate sem cessar e, no burburinho, abrem-se negociações. Mas, fartos de lutar e para evitar uma prova de força, d'Éprémesnil e Monsabert acabam se rendendo. O primeiro é imediatamente conduzido e encarcerado na ilha Sainte-Marguerite; o segundo, na fortaleza de Pierre-Encise, perto de Lyon.

Em 8 de maio, o rei convoca um leito de justiça em Versalhes e faz com que sua reforma seja registrada. Lamoignon anuncia a criação de 47 tribunais de apelação ("grande bailiado"), para os quais serão transferidas certas atribuições do Parlamento; os parlamentos, assim desmembrados, só julgam agora um número restrito de casos criminais ou civis, e lhes é retirado, ainda por cima, todo o controle sobre as leis do reino, sendo essa tarefa suprema confiada à famosa "Corte Plenária", evocada acima. Luís XVI martelara sua explicação, dizendo que era preciso conjugar a unidade dos tribunais com a unidade das leis, resumindo, assim, os princípios de uma reforma que visava, como outrora dissera Felipe, o Belo, a simplificar a trama judiciária e política do país: "Para um grande Estado são necessários um único rei, uma única lei, um único registro"[235]. A missa fora rezada, a reforma, imposta

– e todos os parlamentos, colocados de férias até a entrada em vigor das novas instituições.

Mas assim que o édito de 8 de maio é promulgado, a maior parte dos parlamentos começa a resistir, como em Nancy, Toulouse, Pau, Rennes, Dijon, Besançon e principalmente Grenoble. Ali, em 7 de junho, a multidão reinstala à força os parlamentares no Palácio de Justiça. A tropa real intervém, mas, a partir dos telhados onde haviam se refugiado, os revoltosos bombardeiam os soldados com projéteis de todos os tipos: é o "Dia das Telhas". Em Pau, montanheses, aos quais se aliam a nobreza e o clero, forçam o Parlamento de Béarn a se reunir e declaram "o Béarn estrangeiro à França, apesar de submetido ao mesmo rei"[236]. Por sua vez, o parlamento da Normandia decide romper todo contato com o ministro da Justiça, Lamoignon. Em Rennes, estudantes, advogados e fidalgos esclarecidos fazem causa comum e desfilam lado a lado pelas ruas. Escaramuças ocorrem entre a tropa real e a população. Por todos os lados paira como que um ar de insurreição.

Em tal atmosfera, a instalação da Corte Plenária logo se revela impossível. Diversos duques e pares do reino, apesar de solicitados, recusam-se a participar. Quanto aos que haviam aceitado e se encontravam em Versalhes para a primeira sessão, eles são vistos vagando pelos corredores do castelo ou pelas ruas da cidade. Visto que não seguiam para a sala prevista para os debates, eles são mandados de volta para casa, na espera de dias melhores. A reforma, comenta uma testemunha, estava "morta antes de ter nascido"[237].

Em 5 de julho, o poder decide fazer concessões. Ele organiza em todo o país um grande inquérito sobre a história e a natureza dos Estados Gerais. Qualquer pessoa instruída poderia, sem temer a censura, redigir e publicar um comentário sobre o assunto, a fim de esclarecer a opinião pública e os próprios responsáveis quanto à maneira de organizar a partir de então essas assembléias. De certa maneira, a liberdade de imprensa acabava de nascer, e os efeitos desse avanço foram tão espetaculares quanto imediatos. Como observa Jacques

Godechot, "entre 1º de janeiro de 1787 e 4 de julho de 1788, cerca de 650 panfletos haviam sido publicados (ou seja, uns quarenta por mês), mais de trezentos surgiram apenas nos meses de julho, agosto e setembro de 1788, ou seja, mais de cem por mês"[238]. A maior parte dessas publicações naturalmente tinha um tom inflamado, muitas atacando, com uma franqueza e mesmo uma violência fora do comum, a política do rei ou a natureza absoluta de seu poder. As liberdades, como se sabe, freqüentemente nascem do excesso.

Em 21 de julho, sem autorização, uma assembléia das três ordens do Dauphiné se reúne, não em Grenoble, onde reina uma efervescência grande demais, mas perto dali, em Vizille. No castelo, encontram-se lado a lado 273 membros do terceiro estado, 165 nobres e cinqüenta representantes do clero. A oposição não vem mais apenas dos magistrados; ela agora é unânime, e os debates de Vizille terão no país uma imensa repercussão. Por influência de um advogado protestante, Barnave, e de um juiz real, Mounier, a assembléia decreta o restabelecimento dos estados do Dauphiné (com duplicação dos deputados do terceiro estado), mas, indo além de seus interesses meramente locais, ela exige a realização rápida dos Estados Gerais *do reino*, também com a duplicação do terceiro estado e, ainda, o voto por cabeça, e não mais por ordem (a duplicação não tinha nenhuma utilidade nessa modalidade de votação). Para encerrar, e depois de ter pedido – requisição suprema – a abertura de todos os cargos aos simples plebeus, ela se declara pronta a se dissolver numa assembléia única e "nacional": uma verdadeira revolução institucional!

Em 8 de agosto, aprendendo com seu fracasso e diante de um movimento popular que adquirira um tamanho inesperado, o rei e Brienne capitulam: eles anulam oficialmente a criação da Corte Plenária e anunciam para 1º de maio de 1789 a convocação dos Estados Gerais. Para o cúmulo da desgraça, os impostos são mal recolhidos e o Tesouro está vazio. A França está na falência, o Estado interrompe seus pagamentos por seis semanas: não apenas os rendeiros e empregados do Estado são lesados, mas logo os negócios correm perigo. O clima não colabora; o verão está chuvoso e inúmeras colheitas são devastadas. Tudo parece ir pelo ralo. Os dias de Brienne estão contados.

Em 24 de agosto, Luís XVI aceita sua demissão. Brienne se retira imediatamente, não sem antes preparar sua partida: nomeado arcebispo de Sens alguns meses antes, ele subitamente aparece usando o chapéu de cardeal. O alívio provocado por sua retirada foi mais ou menos geral, mas ainda era preciso encontrar um salvador – no mínimo, um substituto providencial. Um único nome se impunha, e era, aliás, proposto por todas as partes, o de Necker. O rei, sempre com reservas a esse genebrês protestante de idéias pouco convencionais, dessa vez se viu diante de uma emergência e não teve escolha. O banqueiro suíço apresenta suas condições: quer a maior parte do poder ou nada. Ele ganha tudo. Desde 26 de agosto portando o título de "diretor-geral das Finanças" – e o de "ministro de Estado" (favor que não obtivera sete anos antes) –, ele imediatamente pede a Barentin, presidente da Cour des Aides, que substitui Lamoignon no cargo de ministro da Justiça, que restabeleça os parlamentos em seus antigos poderes. Esse tipo de recuo não era realmente de bom augúrio, mas nada de irremediável fora feito ainda. Luís XVI, Necker e, com eles, a monarquia logo dariam sua última cartada.

Tudo na vida de Luís XVI naquele momento o entristece. Sua filha mais jovem, Sofia Hélène, morrera em junho de 1787, aos onze meses, e o delfim, consumido pela tuberculose óssea, está, por sua vez, num estado de saúde mais que preocupante. Quanto à rainha, ela também é motivo de tormento, pois seu idílio com Fersen toma forma, acentua-se, e ninguém, nem mesmo o rei, duvida da natureza estreita, talvez íntima, de sua relação. Muitos não hesitam em rumorejar, e um escândalo se aproxima.

O mínimo que se pode dizer sobre a vida política do momento é que ela não traz ao rei nenhum consolo pessoal. "Já faz vários anos", ele confidencia a Necker, "que não tenho nenhum instante de felicidade." O ministro tenta – com muito mérito, pois Luís XVI dedica pouca estima a seu interlocutor

– elevar o seu moral garantindo-lhe que com um pouco de paciência "tudo terminará bem"[239].

Por enquanto, as coisas vão mal. O restabelecimento dos parlamentos é acolhido com alegria, mas provoca, em Paris e nas províncias, manifestações populares que às vezes viram motins e visam diretamente o poder real. A excitação que toma conta da opinião pública e da classe política está então grandemente ligada à perspectiva dos Estados Gerais e sua preparação. Os panfletos inundam o mercado, e cada um arrisca sua reforma ou sua proposta. Os clubes se multiplicam, e todos que pensam contribuem para a reflexão comum. Os parlamentares não ficam atrás, mas, preocupados acima de tudo em preservar seus privilégios, eles imprudentemente revelarão seu profundo conservadorismo e enfrentarão uma opinião pública amplamente apegada às idéias de modernização. Em 21 de setembro, o Parlamento de Paris, imitado nesse aspecto por diversos parlamentos de província, pede que os Estados Gerais de 1789 sejam convocados "nas formas [tradicionais] de 1614"[240], isto é, em três câmaras separadas votando por "ordem", fórmula que tornava mais ou menos impossível o registro de qualquer reforma séria. Além do mais, especificava que os deputados do terceiro estado só poderiam ser magistrados. Os parlamentos, até então populares, deixaram imediatamente de sê-lo: eles acabavam de se desacreditar aos olhos da maioria, levando a uma grande ruptura, a primeira do gênero, na frente antimonárquica e em sua unidade de fachada.

Luís XVI e Necker aproveitaram as circunstâncias para avançar seus peões. Dispostos a renunciar às "formas de 1614" e a aceitar a duplicação do terceiro estado, assim como (talvez) o modo de votação por cabeça, eles decidem, em 5 de outubro, convocar a Assembléia dos Notáveis para uma segunda sessão. A partir daí, o debate político girará em torno da decisiva questão da "duplicação" e do "voto por cabeça", e não se restringirá aos círculos oficiais: a discussão agita e diz respeito a todo o país. Dois campos se esboçam: de um lado, o dos "patriotas" (assim batizados em memória da revolução na América e dos rebeldes da Holanda), todos partidários de uma única câmara, da duplicação do terceiro estado e do voto por cabeça; e, do outro, o dos defensores da tradição, que já são chamados de "aristocratas"...

Em 6 de novembro, a Assembléia dos Notáveis se reúne em Versalhes, como previsto. Necker, que começou a reerguer a situação financeira do país e por isso goza de um leve aumento de popularidade, está convencido de que os notáveis vão concordar inteiramente com ele, mas está enganado. Com exceção do conde de Provença e de alguns espíritos esclarecidos, dentre os quais La Rochefoucauld e Lafayette, a assembléia se pronuncia, com uma grande maioria, a favor das formas de 1614, as únicas segundo ela que são "constitucionais" e não contraditórias com as "bases inalteráveis da monarquia francesa"[241]. Enfim, eles dizem não à "revolução que se prepara"[242].

Luís XVI não pretende dar satisfações às duas ordens – a nobreza e o clero –, que há algum tempo procuram entravar seus esforços de renovação e modernização. Encorajado por Necker e Montmorin, ele toma a decisão de apoiar-se no terceiro estado – e ao mesmo tempo o risco de mudar de interlocutores, voltando-se novamente para o Parlamento. Este, como vimos, recentemente se desacreditara junto à opinião pública. Talvez ele aproveite a ocasião para recuperar-se, se esta lhe for apresentada. E é o que acontece. Em 5 de dezembro de 1788, os parlamentares de Paris aceitam a duplicação do terceiro estado, mas sua conversão não é completa: eles não se pronunciam sobre a questão capital do voto por cabeça ou por ordem. Luís XVI lhes comunica secamente que não espera mais nada deles e que seu tempo passou: a partir de então, será "com a assembléia da Nação que eu acordarei as disposições próprias a consolidar, para sempre, a ordem pública e a prosperidade do Estado"[243].

O conde de Artois, que nesse ponto se opõe a seu irmão conde de Provença, não perdera, ao que parece, a esperança de convencer o rei. Ele lhe envia, em seu nome e em nome de diversos príncipes de sangue, um memorando que condena sem rodeios o voto por cabeça: "*Sire*, o Estado está em perigo..."[244] Estamos em 12 de dezembro. O monarca não leva em conta as admoestações de seu irmão mais novo e dissolve, de passagem, a Assembléia dos Notáveis, que não exercera o papel esperado. Depois, no dia 27, após longas deliberações a que a rainha assiste pela primeira vez ("Eu sou a rainha do terceiro estado"[245], ela recentemente dissera), o Conselho do rei comunica oficialmente que aceita a duplicação da representação do Terceiro Estado. A questão do modo de votação, que constitui o centro do problema, não é regulada, mas o decreto especifica que a eleição dos deputados será feita por bailiado e proporcionalmente – e que os simples párocos poderão ser deputados do clero. Esse último ponto é capital, pois vários sacerdotes se juntarão ao terceiro estado durante os Estados Gerais de 1789, permitindo-lhe, em diversos momentos decisivos, ser majoritário.

O ano se encerra, portanto, bastante bem para o rei e seus ministros, mas ninguém sabe o que resultará dos Estados Gerais tão unanimemente esperados. Nem mesmo aqueles que os preparam com excitação, e eles são numerosos – tão numerosos quanto imprevisíveis.

Como um tufão

É simplista demais querer reduzir a origem da Revolução a uma única causa. Nem os resultados da Guerra de Independência, nem o *deficit* orçamentário, nem a crise econômica, nem os danos do clima e a falta de pão, nem a voga dos filósofos, a explosão de novas idéias ou a recente liberdade de divulgação podem, tomados separadamente, explicar um acontecimento tão complexo quanto incontrolável, e que varrerá o país como um tufão. "A partir de 1787", observa com exatidão Éric Le Nabour, "os acontecimentos riem das individualidades"[246]. Ninguém mais comanda: nem aqueles que querem conservar tudo, nem aqueles que querem alterar tudo, nem aqueles que, como Luís XVI, desejam conjugar respeito pela tradição e abertura às mudanças.

Mesmo continuando a acreditar na alta e "divina" missão que a hereditariedade lhe transmitira, o rei sabe melhor que ninguém a que ponto se encontra sozinho e impotente frente às oscilações da história e às transformações que o ultrapassam e ultrapassam todos os demais. Em semelhante contexto, é provável que o mais poderoso dos príncipes também tivesse sido esmagado pelos acontecimentos da época, assim como serão aqueles que imaginam dirigir o movimento – os Brissot, os Desmoulins, os Robespierre, os Danton, os Hébert. Luís XVI tem plena consciência de que a falta de envergadura que alguns lhe criticam não conta no desastre que se anuncia: "Eu sei", ele logo escreverá a Fersen, "que me acusam de fraqueza e indecisão, mas ninguém jamais se encontrou na minha posição"[247].

É verdade, no entanto, que a situação econômica é das piores – que falta trigo, que o povo tem fome, que ao verão chuvoso de 1788 sucede um inverno glacial, com temperaturas abaixo de vinte graus negativos que paralisam os moinhos, congelam os grandes rios, esburacam as estradas, retardam a atividade industrial e comercial. É igualmente verdade que a cólera dos franceses, manifestando-se em todo tipo de movimentos de rua, encontra também maneiras de se expressar na multiplicação de clubes de pensamento e na proliferação de escritos contestatórios: lê-se a revolução, ou fala-se dela, na espera do momento de fazê-la. Mas todos pressentem que o dia está próximo.

Luís XVI, como grande parte dos franceses, aposta bastante na força dos Estados Gerais para recobrar a confiança do país e expulsar os maus demônios que parecem ter tomado conta dele. Em 24 de janeiro de 1789 surgem as "cartas reais", regulamentando em detalhe a organização do escrutínio. "Precisamos", insiste o rei, "da colaboração de nossos fiéis súditos para nos ajudarem a superar todas as dificuldades em que nos encontramos"[248]. A reunião dos Estados Gerais é marcada para 1º de maio (na verdade, ela ocorrerá no dia 5). Luís XVI e seus conselheiros queriam que o sufrágio, previsto para março e abril, fosse tão amplo, para não dizer tão "universal", quanto possível: para participar da votação, era suficiente ter 25 anos, figurar no rol de contribuintes e ser do sexo masculino (somente as nobres herdeiras de um feudo estariam autorizadas a votar – e, ainda assim, por procuração). Nunca se fora tão longe na proposta de uma consulta. Para a nobreza e o clero, a circunscrição era, segundo regiões, o bailiado ou a senescalia. Para o terceiro estado estava previsto um sufrágio em dois estágios nas províncias (assembléias de paróquia, depois assembléias de centros administrativos) e um sufrágio em três estágios nas grandes aglomerações (assembléias de corporações, assembléias de cidades e assembléias de bailiado ou de senescalia). Cada assembléia de centro administrativo era responsável por fazer a síntese das "queixas" da ordem que ela representava, reuni-las em um "caderno" e enviar um exemplar a Versalhes.

A batalha de idéias alastrou-se, e aqueles que tinham a pretensão de escrever exibiam seus talentos. Paralelamente aos cadernos de queixas e às vezes servindo-lhes de modelo, surgiu, no rastro das "cartas reais", uma chusma de panfletos de todos os tipos, saídos da pluma inspirada de intelectuais cujos nomes logo se tornariam famosos: Marat, Camille Desmoulins, o abade Grégoire, Mirabeau – sem esquecer o abade Sieyès e sua brochura eloqüentemente intitulada *O que é o terceiro estado?* Bastava ler as primeiras linhas da flamejante obra de Sieyès para ter sob os olhos toda a agenda da revolução vindoura: "O que é o terceiro estado? Tudo. O que ele foi até o momento na ordem política? Nada. O que ele pede? Para tornar-se alguma coisa"[249].

O tom dos cadernos de queixas foi bem menos virulento, em relação ao rei e ao sistema em vigor, que o dos artigos incendiários da classe pensante. Não apenas as reivindicações são expressas com uma moderação surpreendente, mas nunca, ou quase nunca, a existência da monarquia ou as prerrogativas do monarca são postas em causa, apesar de ficar claro que mudanças importantes são desejadas por muitos. Visivelmente monarquista, a França profunda não espera um milagre de seus governantes. Ela continua a confiar no rei para resolver os problemas existentes e para franquear a sociedade, bem como a esfera política, às novas classes que crescem no país. Luís XVI, e com ele seus ministros, teve a sensatez de manter-se afastado da campanha eleitoral, mas é exatamente sobre essas classes que o rei pretende apoiar-se, após o escrutínio, para enfrentar a coligação de nobres retrógrados e agitadores patenteados.

Infelizmente para ele, a necessidade e a paixão iriam, combinando-se, transtornar o cenário previsto e precipitar a seqüência dos acontecimentos. Uma coisa fundamental já havia mudado. A realidade do poder não estava mais na tradicional verticalidade aristocrática. A fragmentação horizontal e "pré-democrática" da sociedade produzira uma multidão de indivíduos-eleitores que, considerando-se cada vez menos como simples "súditos", não perdiam a chance de dizê-lo.

Os primeiros meses de 1789 foram, desse modo, marcados por um número crescente de motins causados pelo custo elevado do pão e pelo marasmo geral. Em março, violentas manifestações eclodem em Rennes e Nantes; as padarias de Cambrai são tomadas; em Manosque, o bispo, acusado de conluio com os atravessadores de grãos, é apedrejado. Em Marselha, a casa do intendente é atacada pela multidão, enquanto a do diretor dos direitos de alfândega é pilhada: uma "milícia cidadã", prefiguração da futura Guarda Nacional, que surgirá no próximo 13 de julho, é instituída para manter a ordem. A insurreição estende-se dia após dia por toda a Provença, chegando ao Franche-Comté e aos Alpes, depois à cidade de Bergerac e, depois, a diversas cidades da Bretagne, dentre as quais Guingamp, Morlaix e Vannes. O país parece decompor-se. O pior – o "motim do Boulevard Saint-Antoine" – acontece em Paris, de 26 a 28 de abril: a manufatura de papéis de parede Réveillon é saqueada e a casa do dono, pilhada. Agitadores – manipulados, dizia-se (e pensava-se na corte), pelo duque de Orléans – haviam se misturado aos operários, e a situação degenera de hora em hora. Com grande pesar, Luís XVI ordena ao barão de Besenval, general suíço que comanda as tropas estacionadas nos arredores da capital, fazer uso da força contra os sediciosos. É assim que na noite de 28 de abril as guardas francesas matarão aproximadamente trezentos manifestantes e ferirão mil – uma das repressões mais sangrentas da Revolução.

Moral e politicamente, o rei estava, é o mínimo que podemos dizer, num dilema. *Moralmente*, porque, como ele confessará mais tarde ao marquês de Bouillé, "é preciso uma alma terrível para derramar o sangue de seus súditos, para opor resistência e provocar uma guerra civil [...]. Todas essas idéias despedaçaram o meu coração [...]. Para vencer, eu precisaria ter o coração de Nero e a alma de Calígula"[250]. *Politicamente*, porque essas desordens e violências (que ocorrerão novamente, no início de maio, em Limoux, perto de Carcassone) não combinavam com a realização, agora próxima, dos Estados Gerais. No momento em que mil e cem representantes da nação rumavam para o castelo de Versalhes, seria inoportuno demais reprimir, ou reprimir em massa, os autores dessas desordens. De modo que o rei contentou-se em levar a juízo uma dezena de insurgentes parisienses, dos quais dois foram, apesar de tudo, condenados à forca e cinco, mandados para as galeras.

A 2 de maio, em Versalhes, todos os deputados são apresentados ao rei – todos ou quase todos, pois nem todos os representantes de Paris foram designados. De um total teórico de 1.165, estão presentes, durante essa primeira solenidade, apenas 1.139 eleitos: 291 do clero, sendo 208 simples párocos; 270 da nobreza; e 578 do terceiro estado. Alguns pequenos sinais não enganam e dizem muito sobre o espírito de hierarquia que continuava, apesar de seus gestos recentes, a habitar o rei: "Os eleitos das duas primeiras ordens", observa sutilmente Jean-Christian Petitfils, "tiveram direito à abertura dos dois batentes da porta, ao passo que os do terceiro estado tiveram de se contentar com apenas um"[251]! Iniciar os Estados Gerais com uma mesquinharia desse tipo não era de bom augúrio.

Em 4 de maio, acontece na igreja Saint-Louis uma missa solene a que assistem a família real (sem o delfim, doente demais para sair de seu quarto) e toda uma multidão de deputados, príncipes de sangue e altos dignitários do reino. Durante mais de uma hora, o bispo de Nancy, Monsenhor de La Fare, faz então uma homilia que adquire um aspecto tão espantoso quanto inesperado, infinitamente mais próximo da acusação do que da pregação. Suas primeiras palavras, sem dúvida rituais mas pouco de acordo com a novidade dos tempos, são de notável falta de tato: "*Sire*, receba as homenagens do clero, os respeitos da nobreza e as humildes súplicas do terceiro estado"[252]! Depois de pôr cada ordem em seu devido lugar, o bispo se vira então para Maria Antonieta, que vários curiosos haviam vaiado durante a procissão, e entrega-se a uma comparação entre o luxo da corte e a miséria das províncias. Atacando aqueles (e aquelas!) que dilapidam os fundos do Estado, ele estigmatiza – enquanto, coisa inaudita, uma parte da assistência o aplaude – os "miseráveis extorsionários" que, aproveitando-se da bondade do rei, enriquecem e gastam sem limites. Depois, dirigindo-se diretamente ao monarca, ele diz uma frase tão afiada quanto a lâmina de uma guilhotina: "*Sire*, o povo deu provas inequívocas de sua paciência. É um povo mártir, a quem a vida parece ter sido poupada apenas para fazê-lo sofrer por mais tempo"[253]. Atrás dessas sentenças violentas, o grito magnífico mas ameaçador dos futuros *sans-culottes* já podia ser percebido: "O povo está cansado de adiar sua felicidade!"[254] O dia fora insuportável para a rainha, que desabará ao voltar para o castelo, e pesado para o rei, que ficara indignado com as audácias do prelado e que não suportava nada bem os ataques de que sua esposa era alvo cada vez mais freqüente.

É no dia seguinte, 5 de maio, por volta das treze horas, na grande sala dos Menus-Plaisirs, que tem lugar a sessão oficial de abertura. Diante do rei – que usava o manto estampado com a flor-de-lis da Ordem do Espírito Santo e um chapéu de plumas em que brilhavam, entre outras gemas, os 137 quilates do mais belo diamante da Coroa, o Régent –, estão alinhados os representantes empenachados da nobreza, o alto clero em vestes vermelhas ou violetas e os deputados do terceiro estado sobriamente vestidos de preto, como os párocos. O rei, que preparara seu discurso demoradamente, começa definindo seu papel na reunião que se inicia:

– Senhores, o dia que meu coração esperava havia muito tempo finalmente chegou, e vejo-me rodeado pelos representantes da nação que tenho a honra de comandar.

O "comandante" determina então o rumo – a recuperação das finanças:

– A dívida do Estado, já imensa quando de minha ascensão ao trono, aumentou ainda mais durante meu reinado: uma guerra dispendiosa mas honorável foi a causa; o aumento dos impostos foi a conseqüência necessária, e tornou mais delicada sua desigual divisão.

Será preciso então reformar com coragem, mas Luís XVI apressa-se em especificar aonde não se deve ir longe demais:

– Uma inquietude geral e um desejo exagerado de inovações tomaram conta dos espíritos e acabarão por desencaminhar totalmente as opiniões, se não nos precipitarmos em fixá-las por meio de uma reunião de opiniões sábias e esclarecidas.

O rei promete submeter aos deputados "a situação exata das finanças" e os convida a propor, para fortalecer o crédito público, soluções ao mesmo tempo "eficazes" e razoáveis:

– Os espíritos estão agitados; mas uma assembléia de representantes da nação escutará, sem dúvida, apenas os conselhos da sabedoria e da prudência.[255]

Sob uma salva de palmas, o rei volta a sentar-se e passa a palavra a Barentin, ministro da Justiça, que louva o monarca, lembrando que, graças a esse último, os franceses tinham agora um imprensa *livre*, que haviam feito sua a idéia de *igualdade* fiscal e que estavam prontos, conforme demonstrado pela reunião dos Estados Gerais, a *fraternizar*. Não estamos longe da futura divisa republicana, mas o ministro não evoca nenhum dos dois grandes problemas que preocupam a audiência, a saber: o modo de votação das três ordens e o estado das finanças.

É a Necker, considerado por muitos um mágico, que caberá essa honra. Mas ele cumprirá mal sua tarefa, pronunciando – e, após alguns minutos, fazendo um subalterno ler – um discurso decepcionante de mais de três horas, em que apenas desfia platitudes e banalidades, procura adular todo mundo sem convencer ninguém, relembra a existência de um *déficit* igual (no mínimo!) a 56 milhões de libras, não apresenta nenhum plano geral e não anuncia nada de novo – exceto (e aqui os adormecidos se acordam) que é sobretudo desfavorável ao voto por cabeça, fonte, a seus olhos, de divisões sem fim e de impasse nos Estados Gerais.

O rei interrompe a sessão. Houve muito aborrecimento, e boa parte da assistência está decepcionada. O rei fizera sua parte, mas Necker não se revelou nem mágico de verdade, nem homem de Estado: ele desperdiçou uma grande esperança, e a monarquia, por sua vez, deixou passar uma chance histórica. Mas como a política tem, a exemplo da natureza, horror ao vazio, a partir de então a vantagem mudará de lado. A hora do terceiro estado e de Mirabeau logo soará.

No dia seguinte, 6 de maio, os deputados do terceiro estado, reunidos na grande sala, assumem, como na Inglaterra, o nome de *comuns* e propõem às duas outras ordens, que até então ficavam separadas, que se unam a eles a fim de proceder juntos à verificação dos mandatos. Recusa categórica da nobreza; recusa mais sutil do clero. O rei fica interessado pela questão, mas seu filho primogênito, levado para Meudon, está agonizando, de modo que Luís XVI e Maria Antonieta passam boa parte de seu tempo à cabeceira do delfim, em quem, observa então a rainha, "o mal faz progressos assustadores"[256].

Indiferentes ao drama vivido pela família real, os deputados continuam sua estratégia de conquista – ou de preservação – do poder. Em 11 de maio, a nobreza decide, por 141 votos a 47, constituir-se em câmara separada e iniciar a verificação dos mandatos de seus membros. Junto aos representantes do clero, uma grande minoria (114 votos contra 133) se pronuncia a favor de uma câmara comum para os deputados das três ordens. Conciliadores esforçam-se então para aproximar os pontos de vista, mas comunicam em 23 de maio que falharam. No dia seguinte, Luís XVI pede oficialmente que as tentativas de conciliação continuem, mas o rei, deprimido com a morte anunciada de seu filho (que não pode mais caminhar e perdeu a visão) e privado dos representantes do Terceiro estado por um ministro da Justiça que na verdade faz o jogo dos irredutíveis da corte, está mais isolado que nunca, incapaz de dialogar diretamente com um terceiro estado cuja rigidez ele não entende direito. A desconfiança é recíproca, a ponto de o terceiro estado recusar, por fim, qualquer mediação. É o bloqueio.

O delfim morre em 4 de junho, aos sete anos e três meses, sem que o rei e a rainha tenham conseguido revê-lo vivo. A etiqueta proibia, na verdade, que os soberanos assistissem à morte de seus filhos. Ela também proibia, regulamento terrível, que os acompanhassem à sua última morada. Foi o príncipe de Condé quem, enquanto Luís XVI e sua esposa morriam de tristeza, conduziu o pequeno caixão branco de Luís José até a catedral de Saint-Denis. O rei instituiu luto na corte por dois meses e meio e encomendou mil missas ao arcebispo de Paris – pagáveis, conforme exigido, "sobre as despesas da prataria"[257]. Mas os tempos haviam realmente mudado, e os franceses não se sentiram mais aflitos que os próprios deputados com o desaparecimento do jovem príncipe. Luís Carlos, cujos quatro anos haviam sido festejados em 27 de março, carregará a partir de então o título de delfim – antes, para sua desgraça, de tornar-se um dia Luís XVII.

Em 17 de junho, os deputados do terceiro estado, que elegeram o astrônomo Bailly como seu representante, constatam a recusa da nobreza em unir-se a eles. Valendo-se, no entanto, do apoio de uma parte do clero (a cada dia que passa, vários párocos desertam de sua câmara para juntar-se a eles) e percebendo representar 96% do país, eles decidem, por proposta de Sieyès e com 491 votos a 89, autoproclamar-se "Assembléia Nacional" e declarar "ilegal" qualquer imposto criado sem seu aval. Esse é um dia memorável, pois confirma uma ruptura fundamental que se assemelha muito a um golpe de Estado e marca o verdadeiro início da Revolução.

Dois dias depois, o clero decide por fraca maioria unir-se ao terceiro estado. O rei, confuso com o curso dos acontecimentos, consulta e ouve Necker propor um plano audacioso de reformas, próximo às reivindicações do terceiro estado: voto por cabeça, igualdade frente aos impostos, livre acesso a todos os empregos civis e militares, instalação de um sistema bicameral à inglesa... Os ministros ficam divididos; ao contrário de Necker, Barentin deseja que o rei demonstre pulso firme: "Não ser severo", ele diz, "é degradar a dignidade do trono"[258]. Luís XVI, hesitante, não é, ao que parece, contra as concessões, mas teme, como o ministro da Justiça, que ao ceder em tudo a monarquia acabe perdendo tudo. Nada, portanto, é decidido, a não ser a realização de uma "sessão real", prevista para 23 de junho, durante a qual o rei comunicará suas vontades.

Mas, no dia 20, tudo se deteriora: os deputados do terceiro estado descobrem que não podem se reunir na sala dos Menus-Plaisirs. A porta está fechada e bloqueada pela Guarda francesa. Oficialmente, prepara-se o local para a "sessão real" do dia 23. Mas, na verdade, a decisão vem de Luís XVI, que, sobrecarregado pelo luto e sentindo-se traído por um terceiro estado que ele julga guloso demais e aventureiro, cede às pressões de seu *entourage* – de Maria Antonieta (que não se considera mais "a rainha do Terceiro Estado"), de Barentin e demais ministros conservadores, do alto clero e da alta nobreza, chegados em delegação – enfim, de todos aqueles que temem as alterações em curso ou por vir.

Convencidos de que o rei tem em mente dissolver os Estados Gerais, os deputados do terceiro estado, por sugestão do já célebre doutor Guillotin, encontram refúgio em um local situado nas proximidades da sala dos Menus-Plaisirs: a sala do Jogo da Péla. Ali, por iniciativa de Mounier, deputado do Dauphiné, a assembléia, superexcitada e entusiasta, declara-se "convocada a dar uma constituição ao reino"; depois, por unanimidade menos um voto, faz o juramento de "jamais se separar", de prosseguir suas deliberações "em qualquer local onde ela seja forçada a se estabelecer" – até chegar à adoção final da nova constituição do reino: "Onde quer que seus membros estejam reunidos, ali estará a Assembléia Nacional!"[259]

Do outro lado há reflexão, e a estratégia se define. No dia 21, o rei preside a um Conselho de Estado ao qual convidou seus dois irmãos, os condes de Provença e Artois. A monarquia faz frente e exibe sua unidade. O plano proposto por Necker no dia 19 é rejeitado, apesar do apoio de três ministros, Montmorin, Saint-Priest e La Luzerne. Tudo estará em jogo durante a "sessão real". Enquanto isso, é dada ordem para que vários regimentos suíços se aproximem de Versalhes.

No dia 23 de junho, na grande sala dos Menus-Plaisirs e no centro de uma incomum exibição de tropas, abre-se então a "sessão real" decidida pelo rei. Em um discurso relativamente curto, e na ausência notável de Necker, Luís XVI se esforçará para retomar as rédeas da situação sem ferir demais a suscetibilidade de um terceiro estado cada vez mais rebelde. Constatando que em dois meses de conversações os Estados Gerais não conseguiram se entender "sobre as preliminares de suas operações", ele faz um apelo firme à ordem: "Devo ao bem comum de meu reino, devo a mim mesmo, fazer cessar vossas funestas divisões". Luís XVI anuncia que consente com a igualdade perante os impostos, com a liberdade individual e de imprensa, bem como com a cessação total da servidão. Depois, mudando de tom, ele declara nula a famosa sessão de 17 de junho, pronuncia-se a favor da manutenção das três ordens e as instiga a deliberar separadamente e "por ordem", deixando-lhes a possibilidade, se acharem necessário, de discutir coletivamente os assuntos de "utilidade geral". Assim enumerando suas designações, o rei relembra – concluindo e dirigindo-se àqueles que estavam tentados a esquecer – que é, por sua função, o único detentor da autoridade suprema: "Se, por uma fatalidade que não passa por minha cabeça, vós me abandonardes em tão belo empreendimento, sozinho eu farei o bem de meus povos, sozinho eu me considerarei seu verdadeiro representante"[260]. Tímidos aplausos são ouvidos; a sessão é suspensa; todos os deputados são convidados a sair.

As duas primeiras ordens deixam imediatamente a sala, mas os deputados do terceiro estado, muito tensos, passam por um momento de desassossego e hesitação. Alguns estão dispostos a aceitar as idéias do rei – essa mistura de concessões e advertências que ele acabara de impor-lhes. Mas muitos, intrigados com a presença maciça das tropas reais interrogam-se sobre as verdadeiras intenções do monarca. É então que intervém uma primeira vez Honoré Gabriel Riqueti, conde de Mirabeau, deputado de Aix, homem com poderoso talento de orador: "Senhores, confesso que o que vós acabastes de ouvir poderia ser a salvação da pátria, se os presentes do despotismo não fossem sempre perigosos. Que insultante ditadura é esta? O uso das armas, a violação do templo nacional para ordenar a vós que sejais felizes! [...] Catilina está à nossa porta!"[261]

Um tumulto geral imediatamente toma conta da sala. O mestre-de-cerimônias, o marquês de Dreux-Brézé, pergunta a Bailly, decano do terceiro estado, se ele ouvira a ordem de dispersão dada pelo rei. Bailly responde que "a nação em assembléia não pode receber essa ordem". Mirabeau intervém então uma segunda vez e profere a Dreux-Brézé sua famosa apóstrofe: "Vá dizer àqueles que o enviaram que aqui estamos pela vontade do povo e que daqui só sairemos pela força das baionetas"[262]. Informado do incidente e exasperado com a revolta do terceiro estado, Luís XVI teria então exclamado: "Eles querem ficar, pois bem, diabos, que fiquem!"[263]

Mesmo ninguém ainda pensando nomeadamente na república, o divórcio parece consumado, e tudo a partir desse dia dará a impressão de acelerar-se, como se acontecesse subitamente uma contração do tempo e da história. No dia seguinte à sessão real, a maior parte dos deputados do clero une-se ao terceiro estado, logo imitados por 47 deputados da nobreza, dentre os quais o duque de Orléans – o próprio primo do rei, grão-mestre do Grande Oriente de França e campeão do jogo duplo! Luís XVI, desamparado, tenta dissimular e fazer acreditarem que segue a corrente: ele ordena "a seu fiel clero e à sua fiel nobreza"[264] que se unam ao terceiro estado. Mas, ao mesmo tempo, ele se prepara para o pior, ou o prepara desastradamente, ao pedir a três regimentos de infantaria e três de cavalaria que se instalem às portas de Versalhes e Paris. Oficialmente, trata-se de permitir aos Estados Gerais que prossigam serenamente, pois as ruas, habilmente manipuladas, começam a agitar-se; na verdade, o rei, apesar de negá-lo ("nenhum confronto com o povo", ele ordena a Besenval)[265], quer ter os meios de dispersar os deputados pela força, se isso se revelar necessário.

Mas eis que o espírito de desobediência alcança os escalões do Exército. Diversas companhias se recusam a submeter-se às ordens reais; outros depositam suas armas e são aplaudidos, nos jardins do Palais-Royal, pela multidão dos "patriotas". O Palais-Royal, que pertencia ao duque de Orléans (sempre ele!), tornara-se, observa muito bem Bernard Faÿ, uma espécie de "clube ao ar livre"[266], onde todo mundo ia debater sobre tudo. Nos quatro cantos da cidade, os soldados simpatizam com a população e, quando uma quinzena de granadeiros insubmissos acaba na prisão da abadia de Saint-Germain-des-Prés, trezentas pessoas acorrem para libertá-los. "Os hussardos e os dragões enviados para restabelecer a ordem", conta Jacques Godechot, "gritam 'Viva a Nação!' e se recusam a atacar a multidão."[267]

Luís XVI sente que não comanda mais grande coisa e que, doravante, a paixão governa a conduta da maior parte de seus súditos. Para preparar-se para qualquer eventualidade, ele chama dez novos regimentos para a região parisiense, o que eleva a trinta mil o número de efetivos das forças da ordem. A notícia dessa movimentação de tropas só aumenta o nervosismo da opinião pública, bem como o dos deputados e da imprensa. Em 8 de julho, Mirabeau, ainda ele, pede ao rei que afaste da região as tropas estrangeiras (suíças e alemãs). Luís XVI responde-lhe que seu único objetivo é garantir a segurança dos eleitos, chegando a propor, para maior segurança, transferir o local da Assembléia para Noyon ou Soissons...

Mas ninguém é tolo. Em 11 de julho, enquanto a Assembléia, que dois dias antes se autoproclamara *constituinte*, examina uma "Declaração dos direitos do homem" apresentada por Lafayette, o rei desvela seu verdadeiro jogo: ele demite Necker, cuja deserção durante a sessão real ele pouco apreciara, e o substitui por um partidário convicto do absolutismo monárquico, o barão de Breteuil. Para mostrar-se generoso, ele nomeia um "durão" para o Ministério do Exército, o marechal de Broglie. A partir de então tudo fica claro, mas a opinião pública só ficará sabendo das coisas no dia seguinte.

Em 12 de julho, portanto, o boato se espalha e Paris fica imediatamente em efervescência, sobretudo nos arredores do Palais-Royal. É lá que Camille Desmoulins, de pé sobre uma mesa de café, com uma pistola em cada mão, discursará para a multidão:

– M. Necker foi despedido. Essa demissão é o alerta para uma São Bartolomeu dos patriotas*. Esta noite, todos os batalhões suíços e alemães sairão do Champ-de-Mars para nos degolar. Só nos resta uma saída, que é correr às armas...[268]

As manifestações se multiplicam e se propagam por diversos bairros. À frente dos cortejos, a multidão brande os bustos de Necker e do duque de Orléans. Um tiro é disparado, não se sabe por quem. Mas os dragões do Royal-Allemand, agrupados na Place Vendôme e comandados pelo príncipe de Lambesc, recebem ordem de atacar. Eles empurram os

---

* *São Bartolomeu*: alusão ao episódio das Guerras de Religião quando, em 1572, na noite de São Bartolomeu, os protestantes franceses, chamados huguenotes, são massacrados nas ruas de Paris. (N.T.)

revoltosos para dentro do Jardim das Tulherias e utilizam seus sabres. Haverá, do lado dos manifestantes, um morto e diversos feridos. Aquilo que Luís XVI mais temia acaba de acontecer – e é apenas o começo.

Em 13 de julho, os 407 "grandes eleitores" de Paris – aqueles que escolheram os representantes da capital – se reúnem na Prefeitura e se constituem em "comitê permanente". Eles criam, como fora feito em Marselha, uma "milícia burguesa" de 48 mil homens, dirigida por guardas franceses, e decidem, para melhor se reconhecerem durante as manifestações, usar uma insígnia vermelha e azul com as cores da cidade de Paris. Falta encontrar armas. Eles sabem que uma grande quantidade é armazenada no Invalides, mas o administrador se recusa a abrir as portas do edifício para eles.

No dia seguinte – terça-feira, 14 de julho de 1789 – uma imensa multidão, estimada em quarenta ou cinqüenta mil pessoas, comparece ao Invalides com a firme intenção de ter acesso aos estoques de armas. Perto dali, no Champ-de-Mars, estão estacionados, sob as ordens de Besenval, diversos regimentos de infantaria e cavalaria. O general suíço reúne seus oficiais e pergunta-lhes se as tropas que eles comandam aceitarão marchar contra os revoltosos: a resposta, unânime, é "não". A multidão avança então para dentro do Invalides e se apodera de aproximadamente quarenta mil fuzis, sem contar um morteiro e meia dúzia de canhões.

Só faltam pólvora e balas, mas corre o rumor de que o Castelo da Bastilha está repleto. Uma delegação dos "eleitores" de Paris vai até o seu administrador, Jourdan de Launay, e pede-lhe que forneça à "milícia burguesa" as munições que lhe faltam. Recusa do administrador. Renegocia-se. Nova recusa. Launay, irritado, explode 250 barris de pólvora. A multidão vinda do Invalides se amontoa diante da imponente fortaleza, que desde Richelieu serve de prisão estatal. Trocam-se alguns tiros quando, de repente, um antigo sargento da Guarda suíça, cercado por 61 guardas franceses, chega ao local com os canhões roubados do Invalides e os instala em posição de tiro de fronte à entrada do castelo. A Bastilha só podia capitular.

A multidão se precipita, libera os sete pobres prisioneiros que cumpriam pena e se apodera das munições. O assalto acontece ao som do estranho grito de "Viva o rei!", como se os insurgentes tivessem a sensação de libertar Luís XVI da pressão exercida sobre ele pela conjuração de privilégios.

A guarnição, que se defendeu como pôde e mesmo assim massacrou uma centena de agressores, será conduzida a toque de caixa à Prefeitura. O administrador não chega vivo ao destino. A multidão o decapita durante o trajeto e brande triunfalmente sua cabeça na ponta de uma lança. Enquanto esses acontecimentos se desenrolam, o rei, que ainda ignora toda a queda da Bastilha, ordena, mas um pouco tarde demais, que as tropas estacionadas em Paris evacuem a capital.

O movimento fora iniciado e nada o interromperá. Entre a tomada da Bastilha e a noite de Varennes, Luís XVI não passará de um monarca em suspenso ou, mais exatamente, um monarca "absoluto" em suspenso. Pois, por trás do Antigo Regime que desmorona, ainda não aparece com clareza a natureza do sistema que lhe sucederá. Todos, inclusive as mentes mais avançadas, continuam situando a mudança com que sonham no interior do único quadro existente, o quadro monárquico. O poder absoluto do rei sem dúvida não passa de uma casca vazia, mas o poder absoluto da Assembléia (o que Jean-Christian Petifils chama de "absolutismo nacional"[269]) não se inscreve, ao menos por enquanto, em uma perspectiva "republicana".

O rei, por sua vez, só pode optar entre a guerra civil e a resignação. Não tendo nem o coração de Nero, nem a alma de Calígula, ele opta pela resignação e, a partir daí, só poderá, oscilando com o fluxo irresistível dos acontecimentos, ir de concessão em concessão, de recuo em recuo. E é o que ele faz.

Em 15 de julho, ao acordar, ele ouve da boca do grão-mestre do Guarda-Roupa, o duque de La Rochefoucauld-Liancourt, o que acontecera na Bastilha. Donde o célebre (e talvez apócrifo) diálogo: "É uma revolta?", pergunta o rei. "Não, *Sire*", responde o duque, "é uma revolução."[270] Bastante impressionado com as violências da véspera, Luís XVI só tem uma idéia em mente: evitar que o sangue do povo, e o dos soldados, seja novamente derramado. Ele vai então à Assembléia e confirma aos eleitos que ordenara às tropas aquarteladas na região parisiense que se retirassem – as mesmas tropas que, na véspera, Maria Antonieta, o conde de Artois e a duquesa de Polignac, todos partidários do uso da força, haviam ido adular na Orangerie do castelo! O rei se diz então de acordo com seu povo e, sob os aplausos prolongados dos deputados, conclui com estas palavras de tom totalmente novo: "Sei que ousaram publicar que vossas pessoas não estavam nem um pouco seguras. Será, no entanto, necessário tranqüilizardes sobre rumores tão condenáveis, desmentidos de antemão por meu conhecido caráter? Pois bem, eu, que sou apenas um com a nação, entrego-me a vós: ajudai-me, nestas circunstâncias, a garantir a salvação do Estado; é o que espero da Assembléia Nacional"[271]. Ele disse "Estado", não monarquia, e pela primeira vez reconheceu publicamente o primado da "Assembléia Nacional", admitindo, assim, o golpe de força política de 17 de junho. Lá fora, o povo não está enganado e, sempre aos gritos de "Viva o rei!", aclama Luís XVI, enquanto este, satisfeito com o clima de apaziguamento e cooperação que conseguira criar, volta para o castelo.

Conduzida por Bailly, uma importante delegação de deputados vai imediatamente para Paris, com vistas a informar a população sobre as novas disposições do rei e restabelecer a calma na capital. Na Prefeitura, uma acolhida entusiasmada aguarda a delegação. Todos se congratulam, cantam, os discursos se sucedem. Depois das experiências da véspera, todos apreciam a harmonia recuperada e se felicitam que a majestade do rei e a do povo tenham encontrado uma plataforma de entendimento. Bailly é nomeado prefeito de Paris e Lafayette, o herói de Yorktown, colocado à frente da milícia burguesa, logo rebatizada de "Guarda Nacional". Uma única dissonância: não se sabe se Necker, que a multidão – e os rendeiros – reclamam, vai ser chamado novamente.

Em 16 de julho, o rei reúne-se com seus dois irmãos e a rainha, a qual, assim como Artois, suplica-lhe que transfira a corte para Metz, a fim de pôr a família real em segurança. Broglie, secretário de Estado da Guerra, explica a que ponto uma viagem desse tipo, percebida como deserção, seria arriscada para o rei e os seus. Luís XVI, apoiado por Provença, hesita um instante, mas se pronuncia a favor da manutenção da corte em Versalhes (mais tarde, ele lamentará não ter se afastado do epicentro da Revolução)[272]. Ele anuncia, além disso, que chamará Necker, cujo retorno, na véspera, fora-lhe vivamente "sugerido" pelos deputados. O rei, que pouco apreciara o comportamento e a filosofia repressiva do conde de Artois e dos Polignac, ordena-lhes que deixem a França. É o início de uma emigração que mais tarde só aumentará.

No dia 17, enquanto Maria Antonieta, bastante inquieta, se fecha em seus aposentos, o rei, que antes de sua partida convenientemente anunciara a demissão de Breteuil e a reconvocação de Necker, toma a estrada para Paris, onde pretende ir ao encontro de "seu povo" – ou, como costumava dizer, de "seus povos". Ele vai habitado por um espírito de conciliação e de concórdia nacional. O destino que escolheu não é nem a Catedral de Notre Dame, nem o Jardim das Tulherias, mas o centro simbólico da contestação popular: a Prefeitura. "Quando fazemos as coisas", ele confiara a Bailly, "é preciso fazê-las completamente"[273]. Precedido por quarenta deputados e acompanhado por mais uma centena, Luís XVI é recebido pelo novo prefeito em meio a uma considerável multidão, que dessa vez não grita "Viva o rei!", mas "Viva a nação!", como parece que lhe fora instruído (no caminho de volta, haverá alguns "Viva o rei!"). Bailly entrega ao rei uma magnífica insígnia tricolor, que este pendura em seu chapéu antes de subir os degraus e passar sob a abóbada – maçônica ou não – formada pelas espadas dos guardas nacionais. Muito digno, nesse tumulto, e acolhido calorosamente, apesar de bastante empurrado, o rei ouve o cumprimento de Moreau de Saint-Méry, presidente do colégio eleitoral: "O trono dos reis nunca é mais sólido do que quando tem por base o amor e a fidelidade dos povos"[274]. Luís XVI improvisa então, não sem dificuldades, um pequeno discurso, declarando aprovar as nomeações de Bailly e de Lafayette. Depois, aparecendo para a multidão que aguarda abaixo, ele diz, ecoando a observação de Saint-Méry: "Meu povo sempre pode contar com meu amor"[275].

Última homenagem: a pedido do advogado Éthis de Corny, vota-se o levantamento, no exato local da Bastilha, de um monumento a Luís XVI, "regenerador da liberdade pública, restaurador da prosperidade nacional, pai do povo francês"[276]. É um pouco demais, pelo menos para um monarca que sem dúvida todos continuam a respeitar (quatorze séculos de fidelidade não são facilmente esquecidos), mas a quem visivelmente o verdadeiro poder escapa cada vez mais e que logo, pois cada capitulação levava a uma nova, não seria mais capaz de reinar ou de governar.

Durante a recepção, e contrariamente aos costumes, nem Bailly, nem os vereadores haviam se ajoelhado diante de Luís XVI ao dirigirem-se a ele, e esse detalhe é importante: significa que, a partir de então, mais nada é *sagrado* na pessoa do rei, e que este cessara de ser um monarca por direito divino. Como Saint-Méry lhe dissera ao fim de seu cumprimento, se Luís XVI devia até então sua coroa ao seu nascimento, "hoje o senhor a deve somente a vossas virtudes"[277] – dito de outra maneira, à opinião que o povo soberano tiver.

Com a tomada da Bastilha, o poder supremo acabava realmente de mudar de lado.

A Revolução em curso

Ao ir ao encontro dos parisienses, Luís XVI habilmente ganhara uma trégua, mas esta foi de curta duração. Os grandes movimentos da história não são trapaceados por muito tempo. Se tivesse sido Mazarin, o rei poderia ter tirado vantagem do papel de "recurso" que o povo e a classe política pareciam, embora de maneira limitada, ainda lhe atribuir. Mas ele não soube administrar essa vantagem da melhor maneira possível. Sobre o período agitado que acabava de viver, escreve Pierre Lafue que "ele logo só guardará a humilhação infligida à sua autoridade"[278].

Dominada pelo terceiro estado e pelo baixo clero, a Assembléia Nacional governa a partir de então o país. Mas, além de Paris, toda a nação está em transe, e a agitação atinge nossos vizinhos, especialmente Liège, cujo príncipe-bispo é cassado. Nas províncias da França, onde os intendentes do rei abandonam seus cargos um atrás do outro, um "grande medo" apoderou-se repentina e irracionalmente do campesinato francês: eles temem que os senhores locais, abandonados, se vinguem dos acontecimentos em Paris enviando "malfeitores" contra o povo das campinas. A idéia de uma intriga infernal tramada pelos aristocratas abre caminho. A isso vêm se somar a fome, as privações, o ódio dos açambarcadores de trigo. Do Franche-Comté ao Beauvaisis e de Saintonge aos Pirineus, passando pela Champagne ou pela região de Nantes, os camponeses se armam e formam milícias. Mas, em vez de matar os "malfeitores" tão temidos, que não passam de fantasmas e fruto de um inapreensível contágio revolucionário, eles incendeiam castelos e moradas senhoriais são incendiadas, destruindo arquivos e títulos feudais, acabando com tudo o que simbolize as antigas servidões. De passagem, um conde é queimado, um castelão é massacrado, e outro é esquartejado, tendo o seu coração comido. No início de agosto, a Assembléia se preocupa com essas insurreições e carnificinas. Mas hesita em recorrer ao uso da força e decide finalmente enviar emissários para acalmar os ânimos. Ela não sabe que logo a violência voltará a Paris. Na verdade, já voltara: em 22 de julho, Joseph Foulon, conselheiro de Estado, famoso por sua severidade, e seu sogro, Bertier de Sauvigny, intendente de Paris, são degolados na Place de Grèce, vítimas da justiça popular. Todos os diques da razão humana estão cedendo.

No governo, Necker, cujo retorno suscitara momentos de alegria e abraços, retomara então seu cargo, dessa vez com o título de "primeiro-ministro das Finanças". Com a saída de Barentin e Villedeuil, assistiu-se ao retorno conjunto de Montmorin, Saint-Priest e La Luzerne, respectivamente nos Negócios Estrangeiros, na Casa Real e na Marinha. Esse Ministério "popular" tinha boa apresentação, mas Necker, que voltou da Basiléia apenas em 29 de julho, depois de vários dias de hesitação, não tarda a compreender – os deputados o ajudaram – que o único verdadeiro poder pertencia, doravante, à Assembléia.

Esta, durante a noite histórica de 4 de agosto, decidiu, em meio à euforia geral, responder favoravelmente à cólera das massas camponesas e fazer, de uma vez só, tábula rasa de todos os "privilégios" senhoriais herdados da época medieval. Por sugestão de nobres extremamente ricos, como os duques de Noailles ou de Aiguillon, todos concordam, de maneira sacrificial, em acabar com os direitos feudais, as dízimas, as corvéias, as mãos-mortas, as coutadas e demais servidões de outra época. A igualdade de todos perante os impostos, bem como os empregos, é reafirmada, a venalidade dos cargos é abolida e toda a gama de privilégios ancestrais é suprimida, sejam eclesiásticos, nobiliários ou burgueses.

De Versalhes, onde cuida de seus filhos e se consola junto aos seus das desgraças que o atingem, o rei assiste, impotente, ao nascimento da França moderna. Por mais que ele escreva, em 5 de agosto, ao arcebispo de Arles, dizendo que pretende defender até o fim "seu" clero e "sua" nobreza e que jamais dará sua "sanção a decretos que os despojem"[279], nada impedirá, no dia 11 de agosto, que a Assembléia triunfante pronuncie, depois das tratativas finais sobre a não-indenização da dízima, seu decreto definitivo sancionando a morte do sistema feudal.

O campo recuperando uma relativa calma, a Assembléia dá início, em 21 de agosto, à discussão final do texto sobre os "direitos do homem" apresentado por Lafayette – cuja redação Thomas Jefferson, então ministro dos Estados Unidos em Paris, não desconhecia. Estava previsto que essa "Declaração dos direitos do homem e do cidadão", como acabará sendo chamada quando de sua adoção definitiva, em 26 de agosto, serviria de preâmbulo ao texto constitucional em preparação. Com a experiência francesa sendo observada por todo o universo civilizado, tratava-se de propor ao mundo uma bíblia política "para todos os homens, para todos os tempos, para todos os países"[280] e codificar, à francesa mas se inspirando nos precedentes anglo-americanos, a essência do espírito das Luzes e da filosofia dos direitos naturais. A idéia, mais diretamente política, era também opor à antiga e moribunda autoridade real uma nova legitimidade – a do indivíduo, da lei e da nação.

"Os homens nascem e permanecem livres e iguais em direitos": assim começa esse grande texto, que fixa as prerrogativas do "cidadão", e não mais do "súdito" (igualdade perante a lei, respeito à propriedade, liberdade de expressão) e da nação (soberania, separação dos poderes). Como queria Rousseau, a lei é, doravante, expressão da "vontade geral"; donde se segue, sábio contrapeso à liberdade individual, que qualquer atentado à ordem pública deverá ser reprimido. Mas onde começa e onde termina a liberdade de cada um? A questão não é resolvida; caberá aos governantes – e talvez aos futuros déspotas! – determinar seus limites. O texto fora, além disso, adotado "na presença e sob os auspícios do Ser supremo", isto é, de um deus abstrato, filosófico, tirado da história cristã, que não era absolutamente aquele em quem Luís XVI desde sempre depositara sua fé.

Apesar de a Declaração ser no geral bastante simples, os debates haviam sido muito animados, até mesmo tumultuados, com a Assembléia se subdividindo em três (ou quatro) grupos distintos: à direita, isto é, à direita do presidente, os nostálgicos ou *aristocratas*, como Éprémesnil ou o abade Maury, partidários do *statu quo ante*; ao centro, os *monarquianos**, conduzidos por Mirabeau, todos favoráveis a uma aliança entre o rei e o terceiro estado; à esquerda, os *patriotas*, cujos dirigentes são Barnave, Lafayette e Sieyès, e que desejam assegurar a primazia do Legislativo sobre o Executivo, além de conceder ao rei um direito de veto mínimo, isto é, "suspensivo"; e, mais além, à extrema esquerda, os extremistas, ainda pouco numerosos, mas que logo formarão uma vanguarda republicana (com homens como Robespierre ou Pétion). Com a adoção da Declaração, essas divisões se cristalizaram em torno dos primeiros artigos da constituição, tendo ao centro a discussão do problema capital do direito de veto a ser concedido ou não ao rei. O mais estranho era ver tal questão debatida na ausência do principal interessado, como se ele já não passasse de um vestígio um pouco irreal.

De fato, o rei se sentiu profundamente humilhado, sobretudo quando ficou sabendo do resultado das discussões: para surpresa e grande aflição dos monarquianos, a Assembléia pronuncia-se de fato em 11 de setembro, e por ampla maioria (673 votos contra 325), a favor do veto suspensivo proposto pelos patriotas, reduzindo o poder efetivo do rei a pouco em relação a suas prerrogativas anteriores: ele perde a iniciativa das leis e só conserva o direito de promulgação e de advertência. Necker negociara discretamente essa opção com os dirigentes patriotas, pois, no fundo, ela correspondia a suas idéias, e ele finalmente encontrara as palavras para, se não convencer o rei, pelo menos fazê-lo "engolir" o inevitável, em nome do espírito de conciliação. Mas a pena é dura, ainda mais que os deputados só haviam concedido esse veto restrito ao monarca com a condição de que ele avalizasse os famosos decretos da noite de 4 de agosto e oficializasse a abolição dos privilégios.

---

* Monarquianos (*monarchiens*, em francês): termo sinônimo de "monarquista", que ficou associado a este grupo político para não confundi-lo com agremiações monarquistas de orientações diversas. (N.T.)

Em 18 de setembro, Luís XVI envia aos deputados uma longa carta sobre as reformas adotadas em 4 de agosto, carta na qual ele se esforça, com moderação e clareza, para levar em conta as circunstâncias. Apesar de dizer-se de acordo com a maior parte das mudanças propostas, ele chama a atenção dos deputados para o fato de que diversas proposições foram concebidas com demasiada pressa, sem levar em conta os compromissos internacionais da França (por exemplo, os tratados de Westfália concernentes aos direitos feudais dos príncipes germânicos com terras na Alsácia). Era preciso também observar que a abolição de alguns direitos feudais (como o censo ou os direitos de venda) prejudicaria os franceses mais pobres, pois, ao perder essas vantagens, os ricos "buscarão [...] aumentar suas posses territoriais, e as pequenas propriedades diminuirão a cada dia"[281].

Essas observações de bom senso, que evidenciam a competência do rei em matéria de política externa e sua preocupação com o povo, deveriam ter satisfeito a uma boa parte da Assembléia, ainda mais que Luís XVI demonstrava abertura (especialmente quanto aos direitos do homem) e se mostrava visivelmente cooperativo. Mas era um momento de intransigência, de modo que os deputados não aceitaram muito bem que questionassem sua capacidade exclusiva de legislar e fazer justiça. Em resposta, eles apenas intimaram o rei a promulgar os decretos de 4 e 11 de agosto. Ultrajado por essa "maneira impossível de qualificar convenientemente", ou seja, pela maneira inqualificável como a Assembléia recebeu suas "observações"[282], o rei, ainda assim, comunicou, em 21 de setembro, que aceitava o "espírito geral" dos decretos em questão e que os publicaria, sendo que a promulgação ficaria adiada para mais tarde e só caberia às leis específicas que resultariam dos ditos decretos.

Os deputados se declararam satisfeitos com esse primeiro passo e, a partir do dia seguinte, por 728 votos a 223, outorgaram ao rei um direito de veto suspensivo por um período de seis anos, votando, na seqüência, um importante artigo da futura constituição: "O governo é monárquico, o Poder Executivo é delegado ao rei, para ser exercido, sob sua autoridade, por ministros"[283]. O Executivo *delegado* ao rei! Os deputados, graças a essa palavra, haviam contornado a dificuldade que era reformar uma monarquia com um monarca já empossado. Luís XVI, por sua vez, encontrou-se numa posição pouco desejável para um príncipe de direito divino – a de "rei por delegação".

Na Assembléia, uma minoria bastante forte se recusara a conceder sua confiança ao rei, e os insatisfeitos se apressaram em apelar às ruas, contando com as dificuldades econômicas pelas quais o país continuava a passar. Não apenas Necker defendera mal os interesses políticos do soberano, pelo menos aos olhos desse último, mas sua reconvocação não parecia vir acompanhada, como era esperado, por um aumento de confiança. Não conseguindo vencer a crise financeira, o ministro recorreu ao tradicional recurso: o empréstimo. Um primeiro, de trinta milhões de libras, aprovado com relutância pela Assembléia e emitido em 7 de agosto, se saldou em um revés, com receita inferior a três milhões. Um segundo empréstimo, de um montante de oitenta milhões e acompanhado por taxas mais vantajosas, foi imediatamente proposto aos depositantes, mas os resultados se revelaram igualmente medíocres. Posto contra a parede, Necker arriscou tudo. Ele foi à Assembléia e pediu aos deputados que votassem uma contribuição extraordinária que pesaria sobre todos os cidadãos, dos mais ricos aos mais pobres, e equivaleria à quarta parte dos rendimentos líquidos de cada um. Imagine-se o pavor que tomou conta dos membros da Assembléia ante a idéia de exigir semelhante sacrifício a um país já em crise. Mas Mirabeau e sua eloqüência milagrosamente superaram essas legítimas inquietações: "Votai, portanto, este subsídio extraordinário [...] a odiosa bancarrota aí está: ela ameaça consumir a vós, vossas propriedades, vossas honras [...] e vós deliberais!"[284] Repentinamente eletrizada, a Assembléia, de pé, votou o decreto por unanimidade.

Isso não impediu que o preço do pão subisse, sua qualidade baixasse – e o desemprego aumentasse, com a emigração cada vez mais numerosa dos aristocratas e demais franceses com posses traduzindo-se em dispensa de empregados e redução das atividades artesanais. Paris encontrou-se mergulhada num clima de efervescência, ainda mais que as casas de caridade de Montmartre acabavam de ser fechadas, pondo na rua aproximadamente vinte mil necessitados. A opinião pública, sensível a todos os boatos, atiçada pela imprensa de oposição e provavelmente infiltrada por agentes do duque de Orléans, ataca tudo o que contribui para a desgraça do povo: a escassez de trigo, os empréstimos tapa-buraco, o peso do novo imposto, as manobras contra-revolucionárias da corte e o próprio rei, que, a partir de então, é chamado de "Senhor Veto". Tudo indica que o mês de outubro será quente.

Nada se resolve, aliás, com a chegada em Versalhes, em 23 de setembro, das tropas do regimento de Flandres. O que vêm fazer esses milhares de soldados, esses canhões, todo esse aparato de guerra? Há protestos contra a provocação, e a famosa noite de 1º de outubro desencadeará, por assim dizer, a crise. Nessa noite, enquanto a França tem fome, os guardas pessoais do rei convidam para um banquete suntuoso os oficiais do regimento de Flandres. Come-se muito e bebe-se mais ainda. Canta-se, berra-se. Comparecem então o rei, a rainha e o delfim, aos quais os duzentos convivas reservam uma acolhida delirante. Na embriaguez da festa, alguns, ostentando a insígnia negra com as cores de Maria Antonieta e desejosos de manifestar seu apoio à Coroa, chegam a pisotear a insígnia tricolor. Outros, dizem, ousam até gritar: "Abaixo a Assembléia!"[285]

Quando Paris fica sabendo da história, imediatamente retomada e amplificada pelos jornais, há uma explosão. Marat e Desmoulins, temendo um golpe contra a Assembléia, lançam um apelo às armas. A "orgia contra-revolucionária" de Versalhes parece ainda mais escandalosa porque, há dez dias, segundo os registros oficiais, só "entraram em Paris 53 sacas de farinha e quinhentos sesteiros de trigo"[286]. Corre o boato de que a corte quer matar de fome o povo, que o pouco de pão que lhe é vendido está estragado e que enormes estoques de trigo estão armazenados em Versalhes. E outro boato dá a entender que o rei deseja transferir a corte para Metz. É demais. É preciso agir, buscar esse trigo e impedir o rei de partir, ainda que o trazendo para a capital. Um mar de mulheres furiosas invade a Prefeitura reivindicando pão e decide imediatamente levar suas queixas a Versalhes – à Assembléia e ao próprio soberano. Conduzido pelo oficial de justiça Stanislas Maillard, um dos "vencedores da Bastilha", um cortejo de seis ou sete mil mendigas, às quais se misturam agitadores disfarçados, seguido por todo um bando de famintos, põe-se em marcha, conta Petifils, "armado de fuzis, estacas, ganchos de ferro, facas colocadas em bastões, precedido por sete ou oito tambores, três canhões e barris de pólvora e balas, recolhidos no Châtelet"[287].

O rei retorna precipitadamente da caça e reúne seu conselho, enquanto Maria Antonieta vai abrigar-se na gruta do Trianon. Saint-Priest, encarregado da Casa Real, propõe que o soberano vá ao encontro do cortejo solidamente escoltado pelos suíços e pelo regimento de Flandres. Mas, tanto para Luís XVI como para Necker, é impensável assumir semelhante risco, e muito menos recorrer a uma demonstração de força, sobretudo em se tratando de uma inofensiva manifestação de mulheres, apesar de algumas, uma minoria, não passarem de regateiras e prostitutas.

Por volta das dezesseis horas, o cortejo chega em frente à sede da Assembléia. Umas vinte manifestantes são recebidas em delegação na sala dos Menus-Plaisirs; elas exigem um melhor abastecimento de Paris e a promulgação pelo rei dos decretos de 4 e 11 de agosto, bem como a assinatura da "Declaração dos direitos do homem". A sala é então invadida por uma horda de "cidadãs", que vaiam os conservadores, acusam os representantes do clero e gritam: "Abaixo a padralhada! Morte à austríaca! Os guardas do rei para a forca!"[288] Os guardas do rei, mas não o rei...

Este, que por duas vezes hesitara em fugir para Rambouillet, aceita receber cinco manifestantes, acompanhadas pelo grenoblense Mounier, novo presidente da Assembléia. O rei lhes promete pão e abraça uma delas, Louison Chabry, peruqueira de dezessete anos, que desmaia de emoção. As jovens mulheres saem gritando "Viva o rei!", mas a massa de suas companheiras grita à traição, acusando-as de terem sido compradas, e pretende enforcá-las em um poste de iluminação. Elas devem suas vidas à intervenção dos guardas e à promessa de voltar a ver o rei para conseguir ainda mais. O que elas fazem imediatamente. Luís XVI recebe-as novamente e, de boa vontade, dá a Champion de Cicé, ministro da Justiça, ordem por escrito de mandar vir trigo de Senlis e de Lagny, além de comunicar a Mounier que está disposto, naquela mesma noite, a assinar os decretos relativos à abolição dos privilégios, bem como a "Declaração dos direitos do homem" (o que ele fará por volta das 21 horas, com lágrimas nos olhos). Por fim, ele aparece no balcão ao lado de Louison. A multidão fica impressionada e grita "Viva o rei!".

Por volta da meia-noite, Lafayette, um pouco atrasado para os acontecimentos, chega a Versalhes à frente da Guarda Nacional e de quinze mil voluntários armados. Recebido pelo rei, ele se desculpa por não ter impedido a marcha das mulheres, explica que com suas tropas poderá, a partir de então, enfrentar qualquer eventualidade e propõe, o que Luís XVI aceita, assegurar a defesa exterior do castelo, acrescentando, como se tivesse algo por que ser perdoado: "Se meu sangue tiver de ser derramado, que seja a serviço de meu rei"[289].

São duas horas da manhã. É dia 6 de outubro. A multidão acampa na Praça de Armas à luz de fogueiras. Canta-se, brinca-se e, principalmente, bebe-se. Ao alvorecer, sem motivo aparente, o pior acontecerá. Uma briga sangrenta opõe manifestantes a diversos guardas. A multidão, à qual se misturam amotinadores armados de foices e machados, precipita-se para dentro do castelo pela porta da capela, que ficara misteriosamente aberta. No interior do edifício, tem início uma carnificina terrível. Os soldados e os guardas são acossados, massacrados, decapitados uns após os outros, e os assassinos, em sua embriaguez homicida, lambuzam ritualmente o próprio corpo com o sangue das vítimas. Mas eles tinham principalmente a rainha em vista, e seus aposentos são procurados.

"Queremos cortar sua cabeça", diz alguém, "despedaçar seu coração e seu fígado, e não parar por aí!"[290]

Utilizando corredores secretos, o rei, a rainha, o delfim e o resto da família real acabam se encontrando, logo alcançados pelos ministros, enquanto ali perto a multidão grita: "O rei para Paris!", "Morte à austríaca!". Maria Antonieta está fora de si e diz a seu marido: "Você não soube decidir-se a partir quando ainda era possível; agora somos prisioneiros"[291]. Enquanto Necker está desorientado e nada propõe, Luís XVI entende-se longamente com Lafayette, e os dois decidem não apenas ir a Paris, como os revoltosos exigem, mas enfrentar a revolta utilizando a aura ainda associada à pessoa do rei. Lafayette, cujo prestígio continua muito grande, abre uma janela e aparece à multidão, que o aclama por longo tempo e começa a gritar: "O rei ao balcão!" Com uma calma e uma coragem surpreendentes, Luís XVI consente então com o terrível face a face. "Viva o rei!", grita-se; depois, "Para Paris!". Incapaz de falar, ele anuncia, por meio do general, que fará tudo o que estiver a seu alcance para socorrer seu povo. Vozes clamam pela rainha; então, Lafayette vai até Maria Antonieta e lhe suplica que venha até a janela: "Senhora, esta atitude é absolutamente necessária para acalmar a multidão"[292]. Ela consente, pálida e digna, e avança sob as ovações, enquanto o marquês se inclina em sua direção e beija-lhe a mão. Ouvem-se alguns "Viva a rainha!", mais comedidos que os vivas reservados ao rei. Em seguida, o soberano vai ao encontro de sua mulher no balcão, cercado por seus dois filhos e seus ministros. Ele pede à multidão misericórdia para seus guardas pessoais e declara à guisa de adeus: "Meus amigos, eu irei a Paris com minha mulher e meus filhos. É ao amor de meus bons e fiéis súditos que confio o que tenho de mais precioso"[293].

A viagem para Paris, iniciada no início da tarde, durou sete longas horas: triste cortejo escoltado pela Guarda Nacional, mas também pelas cabeças cortadas de numerosas vítimas da manhã. Algumas carroças de trigo acompanham a família real, tanto que a multidão diz que levava para a capital "o padeiro, a padeira e o pequeno aprendiz"[294]. Nunca mais, sem sabê-lo, Luís XVI e Maria Antonieta veriam novamente os dourados e os jardins de Versalhes. Eles chegaram a seu destino por volta das dez da noite, depois de um desvio protocolar pela Prefeitura, e se instalaram no Palácio das Tulherias, tendo como único consolo o fato de que o acúmulo de provações os unia e aumentava mais do que nunca sua intimidade. Um mês depois, a Assembléia vem instalar-se, não longe dali, na sala do Manège, um casarão construído no início do século ao longo do Jardim das Tulherias.

A insurreição triunfara, sem dúvida porque levava consigo toda a força e todo o ímpeto de uma história em curso, mas também porque Luís XVI, fiel a seus princípios morais mais arraigados, não quisera restabelecer a ordem a qualquer preço e salvar a monarquia mandando atirar no povo. Cruel destino, seguramente, o de um rei que, por fraqueza ou por honra, logo pagaria com seu sangue a recusa de derramar o de seus súditos.

*

Por ora, Luís XVI não é apenas um rei por delegação, mas um rei cativo. Acrescente-se a isso que, em virtude de um decreto da Assembléia votado em 10 de outubro, quatro dias depois da viagem forçada a Paris, ele não será mais rei da França, mas *rei dos franceses*. Todas as cartas haviam sido jogadas, e a partir de então a seqüência dos acontecimentos não passará de um longo movimento em direção à morte definitiva do regime. Inútil demorar-se no detalhe das coisas, pois tudo se repete e caminha na mesma direção. Para entender esse período, basta observar o comportamento do rei nos momentos-chave da Revolução – de uma revolução que num primeiro momento ele fará menção de dirigir, mas da qual não passará de uma testemunha ou, melhor, um figurante.

Um dos primeiros campos que lhe escapam é o da política externa, e isso num momento em que a atitude do resto da Europa será determinante para o destino da França.

A Bélgica fica refém, igualmente e por mimetismo, da efervescência revolucionária. Em 24 de outubro de 1789, os insurgentes proclamam a independência do país e destituem o imperador José II de sua soberania. Este, cuja reação violenta é temida, morre subitamente quatro meses depois, em 20 de fevereiro de 1790, imediatamente substituído por seu irmão Leopoldo, grão-duque da Toscana, que é tido como príncipe esclarecido e menos belicoso. Os riscos de conflito diminuem, e diminuem tanto que um mês depois, após dois dias de motins sangrentos, os patriotas belgas são vencidos pela facção dos conservadores. A ordem reina novamente em Bruxelas! Aproveitando essas discórdias, a Áustria se apressa em retomar o controle da Bélgica. Logo a ordem reinará também no principado de Liège: este pedirá em vão sua anexação à França, mas, em 12 de janeiro de 1791, viu-se novamente ocupado pelas tropas alemãs.

E eis que a Espanha, aliada da França, pretende contestar à Grã-Bretanha a possessão da baía de Nootka Sound, estuário situado na parte oeste da ilha de Vancouver. A guerra se anuncia, e a França corre o risco de se ver envolvida. A questão de quem, entre o rei e a representação nacional, dispõe do direito de declarar guerra é logo resolvida. Em 22 de maio de 1790, a Assembléia decreta que essa responsabilidade cabe a ela, e somente a ela – acrescentando, por formalidade, que tomará suas decisões quanto ao assunto *por proposta do rei*: "A nação francesa", especifica o decreto, "renuncia a empreender qualquer guerra com o objetivo de fazer conquistas [...] ela nunca empregará suas forças contra a liberdade de qualquer povo"[295]. Os fatos levariam pouco tempo para desmentir essas louváveis intenções, mas o ponto importante dessa questão é o desapossamento por parte da Assembléia de uma prerrogativa real até então exclusivamente detida pela Coroa.

Durante sua primeira fase, a Revolução se apresenta menos como uma revolta contra a aristocracia do que como um movimento fundamentalmente contra uma Igreja e um clero que "reinam" o país e sugam suas riquezas há séculos. Por certo, em 19 de junho de 1790, a Assembléia decide, contra a opinião de Necker e naturalmente a do rei, abolir a nobreza hereditária, mas os aristocratas esclarecidos – os Lafayette, os

La Rochefoucauld, os Noailles, os Lameth, os Aiguillon, os Beauharnais, sem falar do duque de Orléans – continuam, ao lado do terceiro estado, a ter lugar importante no desenrolar do processo revolucionário: "De 54 presidentes da Constituinte", observam François Furet e Denis Richet, "33 pertenciam à nobreza"[296]. A morte de Mirabeau, em 2 de abril de 1791, marcará, sob esse ponto de vista, o início do fim do papel da aristocracia como motor do movimento.

De resto, o alvo principal dos revolucionários é então o solidéu, e não o título. E é esse aspecto da Revolução, esse furor contra a Igreja, que Luís XVI, não apenas homem de fé, mas profundamente convencido de ser, em sua função, um emissário do Todo-Poderoso, terá mais dificuldade de admitir. Ele, aliás, nunca o admitirá, apesar das concessões públicas que dia após dia é obrigado a fazer por causa de sua situação. Essa capitulação espiritual a que ele é forçado pesará muito em sua decisão final de terminar com o tempo das humilhações e cometer o irremediável, ao tomar a estrada para Varennes.

É preciso dizer que a Assembléia não estava de brincadeira. Em 2 de novembro de 1789, ela decreta, por 568 votos a 346, que os bens do clero, colocados "à disposição" da nação,[297] servirão para sanar o *deficit* nacional que ninguém, é verdade, conseguira até então eliminar: o valor das propriedades da Igreja estava então estimado em cerca de três bilhões de libras, sendo que o clero possuía 10% das terras do reino. A proposta curiosamente viera de um eclesiástico que recebera o sacerdócio contra a sua vontade, Carlos Maurice de Talleyrand, bispo de Autun, o qual assim iniciou uma longa e sinuosa carreira política que terminará somente em 1830-34... como embaixador, em Londres, da Monarquia de Julho!

Em 19 de julho, os deputados, inspirando-se numa idéia de Necker, decidem lançar quatrocentos milhões de *assignats*, isto é, notas do Tesouro destinadas a saldar as dívidas do Estado. O valor desses *assignats*, no montante de duzentas, trezentas ou mil libras e com juros de 5% (a taxa foi rapidamente diminuída para 3%), era, nos termos do decreto, garantido pela venda dos bens do clero, decidida no mês anterior.

A idéia fazia sentido, mas emissões excessivas (dois bilhões estavam em circulação em setembro de 1792) fragilizaram esse papel-moeda, que a partir de 1791 começou a conhecer uma vertiginosa desvalorização, com uma depreciação chegando a atingir 97%!

A França, subdividida a partir de 22 de setembro em 83 departamentos administrados por um conselho geral eleito (um avanço considerável), fora descentralizada apenas na aparência. Todos os cidadãos, e particularmente os sacerdotes, ficaram submetidos como um todo às leis decretadas pela representação nacional, única detentora do poder central. Em 13 de fevereiro de 1790, a Assembléia dá um passo decisivo ao interditar os votos monásticos e suprimir as ordens religiosas, exceção feita às instituições escolares, hospitalares ou caritativas. A simples vida monacal e meditativa permanece autorizada; mas nada mais de beneditinos, jesuítas, carmelitas! As comunidades religiosas estão sob tensão, mas divididas. Em diversas cidades (particularmente em Nîmes e Montauban), confrontos violentos opõem monarquistas católicos e revolucionários protestantes: em 13 de junho, os enfrentamentos entre cidadãos de Nîmes dos dois campos farão quatrocentos mortos.

Em 12 de julho, a dois dias do primeiro aniversário da tomada da Bastilha, um texto fundamental é adotado, o qual intensificará radicalmente o andamento da Revolução, aumentará as divisões entre os cidadãos, inclusive entre os católicos, e encherá de pavor o rei dos franceses: a *Constituição Civil do Clero*. Trata-se primeiro, reforma compreensível, de alinhar as subdivisões da Igreja da França com às subdivisões administrativas que acabavam de ser implantadas. A Constituinte decide, portanto, que haveria no total 83 bispos (em vez de 117) e dez "bispos metropolitanos" no lugar dos dezoito arcebispos existentes.

Mas a reforma não fora negociada com ninguém – nem com os interessados, nem com Roma – e estipulava, além disso, que bispos e párocos seriam a partir de então eleitos pelos cidadãos, católicos ou não. Como os sacerdotes já não dispunham de rendimentos devido à venda dos bens do clero, estava previsto que seriam remunerados pelo governo, mas, gozando assim da condição de "funcionários públicos", eles estariam, como qualquer bom servidor do Estado, obrigados a prestar juramento de fidelidade não a Deus ou ao Santo Pai, mas "à nação, à lei e ao rei"[298]. Luís XVI não se sentiu lisonjeado com essa honra inesperada; pelo contrário, ficou aflito ao ver, no momento em que crescia o ateísmo, um cisma mortal cortar a Igreja em dois campos de força mais ou menos igual, o dos sacerdotes "juramentados" (ligeiramente majoritário), dedicados à causa da Revolução, e o dos "refratários", dispostos a apoiar o exército crescente dos nostálgicos e demais revanchistas.

Em 10 de março de 1791, o papa Pio VI, em um "breve" intitulado *Quod aliquantum*, condenou firmemente a Constituição Civil do Clero e, ao mesmo tempo, a Declaração dos Direitos do Homem. Essa condenação recuperou um certo número de sacerdotes juramentados, inverteu a relação de forças no seio da Igreja francesa, mas intensificou ainda mais o cisma que fora criado. E a Assembléia vingou-se do papa ao adotar, no próximo 11 de setembro, um decreto reanexando ao reino dois territórios pontificais: Avignon e o Comtat Venaissin.

Forçado a curvar-se à vontade preeminente dos eleitos da nação, Luís XVI se resignou, no dia seguinte ao dia de Natal de 1790 (data simbólica!), a homologar a Constituição Civil do Clero e a prestação de juramento imposta aos homens da Igreja. Ele poderia, como já havia feito em 12 de outubro de 1789, enviar uma nova missiva secreta a seu primo rei da Espanha, Carlos IV de Bourbon, repetindo-lhe a que ponto ele firmava todas essas assinaturas a contragosto e condenando novamente todos esses "atos contrários à autoridade real que me foram arrancados à força"[299]. Sem poder demitir-se (ele não tinha essa chance, como confessava seguidamente aos ministros demissionários ou licenciados!), logo só lhe restaria uma única alternativa, partir.

Enquanto isso, ele precisou, em 14 de julho de 1790, concelebrar no Champ-de-Mars o aniversário da Queda da

Bastilha e presidir à festa da Federação, "uma nova festa nacional", escreve Mona Ozouf, "para uma revolução que [não tinha] nenhum precedente"[300]. A cerimônia fora longa e minuciosamente organizada por Lafayette em nome das "federações", isto é, das associações de guardas nacionais de Paris e da província. Arquibancadas haviam sido erigidas para acolher duzentos mil espectadores; no total, compareceram aproximadamente quatrocentos mil. Além dos federados e dos cidadãos comuns, estavam ali, sob um aguaceiro logo substituído por um tímido sol, os dignitários da Revolução, todos os deputados, o duque de Orléans vindo expressamente de Londres, os membros do governo e, naturalmente, Necker, cuja popularidade estava muito em baixa e que, aliás, pede demissão pouco depois (em 4 de setembro). Apesar de mal conhecer as palavras da liturgia, Talleyrand, cercado por trezentos sacerdotes com estola tricolor, deu um segundo passo em sua carreira ao celebrar uma missa tão solene quanto grandiosa. O rei, mais uma vez entrando no jogo – e se esforçando para responder ao desejo de concórdia e ao sopro de unidade que se manifestavam com esplendor nessa gigantesca comemoração –, prestou juramento numa síntese que retoma todas as suas recentes abdicações: "Eu, rei dos franceses, juro à nação empregar o poder que me foi delegado [...] para manter a Constituição decretada pela Assembléia Nacional e aceita por mim, bem como fazer executar as leis"[301]. A rainha tomou então o delfim, com cinco anos, em seus braços e, sob as aclamações (coisa que se tornara rara para ela), apresentou-o à multidão.

Luís XVI havia, naquele mesmo dia, confiado a Lafayette o comando de todas as Guardas Nacionais do país; mas ele não buscava com isso tirar partido de uma festa popular da qual fora, quase a contragosto, o espetacular mestre-de-cerimônia e na qual, por uma estranha osmose que inquietou algumas pessoas, encontrara-se em comunhão com todos aqueles provincianos, todo aquele povo, todos aqueles franceses reunidos pela primeira vez, dos quais muitos, naquela mesma noite, retomando de passagem o novíssimo estribilho

"*Ah, ça ira, ça ira*!", vieram gritar embaixo de suas janelas: "*Reine, Sire, reine*!"[302]

"Se Luís XVI tivesse sido capaz de tirar proveito da Federação", reconhece Barnave, "estaríamos perdidos."[303] Duas razões, no mínimo, podem explicar por que ele não aproveitou essa oportunidade para tentar inverter o andamento das coisas. A primeira se deve a seu temperamento: "Se tivesse tido caráter", enfatizou uma testemunha da festa, "o rei poderia ter se posto à frente dos federados, que estavam tão bem dispostos para com ele que uma simples palavra, um único sinal teria sido suficiente para uni-los em torno do trono e fazer deles instrumentos dóceis da autoridade real"[304]. Sem dúvida, mas isso significaria aquilo que o soberano, nos tormentos de sua consciência, temia acima de tudo: o risco monstruoso de uma guerra civil, com todas as repercussões nacionais e internacionais que se seguiriam. Fersen, a partir de então confidente do rei e da rainha, e que achara a festa da Federação ao mesmo tempo "ridícula" e "indecente"[305], pensava, por sua vez – mas evidentemente não conseguira convencer seu real interlocutor –, que "somente uma guerra externa ou interna poderia restabelecer a França e a autoridade real"[306]. A segunda explicação, que não é contraditória com a primeira, é que Luís XVI *já* tinha a mente alhures e *já* pensava em fugir de uma Revolução que lhe tirava, enquanto rei, toda a razão de ser e toda a verdadeira dignidade.

O fiasco de Varennes

Diante de todas as humilhações políticas pelas quais o faziam passar, Luís XVI poderia ter escolhido abdicar, mas semelhante decisão era impossível para um monarca que recebera a unção sagrada e cujo mais alto dever era assumir a herança de sua linhagem. Era preciso pensar em outras soluções.

Refugiado em Turim, o conde de Artois alimentara o plano, de comum acordo com Calonne, então em Londres, de seqüestrar o rei e sua família a fim de suscitar uma insurreição geral das províncias, pois estas tinham reputação de mais fiéis à monarquia que Paris e sua região; mas o plano, difícil de ser executado, não resultara em nada de concreto. Artois trocara então Turim por Koblenz, que se tornara o principal local de concentração dos emigrados franceses. Dali talvez viesse a salvação.

Em Paris, o conde de Provença tampouco ficara inativo; foi ele quem, ao que parece, no corrente ano de 1790 levara o caprichoso marquês de Favras, ardente defensor da monarquia absoluta, a recrutar trinta mil homens com o intuito, aqui também, de arrancar a família real de sua residência forçada nas Tulherias. A idéia, no mínimo estapafúrdia, consistia em matar Bailly e Lafayette (ninguém menos...) e aproveitar a comoção assim criada na capital para conduzir o rei e os seus a um local seguro, Péronne. Nada disso se sustentava – não tardou a se espalhar –, pois ele era um homem tagarela, e o caso encerrou-se com um processo por "conspiração" que não apenas valeu a Favras o enforcamento, como empestou um pouco mais os ares e pôs o irmão caçula do rei numa situação mais que desconfortável. Provença só se livrou desse mau passo graças aos conselhos de Mirabeau: ele foi até a Comuna de Paris e lembrou o quanto havia militado pela duplicação do terceiro estado, acrescentando generosamente que "a autoridade real deveria ser o baluarte da liberdade nacional"[307].

Fugir pareceu ao rei, e mais ainda à rainha, que estava com os nervos à flor da pele, a saída mais simples e menos arriscada. As coisas foram preparadas no maior sigilo por um prelado, Monsenhor de Agoult, bispo de Pamiers, e por um general de choque, o marquês de Bouillé, comandante do Exército do Reno, sendo o todo orquestrado pelo barão de Breteuil, então refugiado na Suíça: o bispo sonhava em abolir a Constituição Civil do Clero, e o general não hesitara, a 31 de agosto de 1790, em disciplinar a Guarda Nacional de Nancy, fazendo mais de trezentos mortos e feridos, sem contar as dezenas de culpados mandados para a forca ou para as galeras. A logística parisiense seria confiada a Axel de Fersen: ele era um homem de confiança, pois muito próximo do rei – e sem dúvida mais próximo ainda da rainha. O trabalho, dessa vez, não estava nas mãos de amadores desmiolados.

O pretexto para a fuga apresentou-se em 18 de abril de 1791. Luís XVI, que só se cercava de sacerdotes refratários, nesse dia decidira passar a Páscoa com os seus no castelo de Saint-Cloud, como no ano anterior; mas fora impedido de deixar as Tulherias por uma multidão furiosa de manifestantes e granadeiros da Guarda Nacional, que criticavam sua rejeição aos sacerdotes juramentados e pareciam, além disso, recear uma possível evasão, pois muitos rumores circulavam sobre esse assunto. Chamado em socorro, Lafayette, cujo prestígio começava visivelmente a empalidecer, foi vaiado e não conseguiu fazer com que a multidão abrisse caminho para a carruagem do soberano. A família real, despeitada, só pôde retroceder e voltar para o palácio. A partir de então, as coisas ficariam claras tanto aos olhos dos franceses como aos olhos das potências estrangeiras: além de um rei destituído, privado da essência de suas prerrogativas, Luís XVI era um rei cativo.

Enquanto isso, e para despistar, o monarca afastou de si os diversos eclesiásticos não-juramentados que compunham sua capela, dentre os quais seu grão-capelão, o cardeal de Montmorency, enquanto a rainha afastou de seu serviço diversas damas conhecidas por seus sentimentos hostis à

Revolução. Ainda para despistar, e a fim de abrandar a desconfiança dos deputados, o rei foi ao Manège em 19 de abril, no dia seguinte ao incidente. Dirigindo-se à Assembléia, ele renovou sua promessa de promulgação dos decretos: "Eu aceitei e jurei manter esta Constituição, de que faz parte a Constituição Civil do Clero, e mantenho o cumprimento de todo o meu poder"[308].

Apesar de seu plano de fuga o obrigar a mentir desta forma à representação nacional, Luís XVI não quis partir sem dizer a verdade a seu povo. Ele redigiu então, de próprio punho, um longo documento (que preparava na verdade havia vários meses) intitulado *Declaração do rei, endereçada a todos os franceses à sua saída de Paris*, que foi entregue ao presidente da Assembléia no dia seguinte à fuga. Nesse texto denso mas rico em ensinamentos, o monarca procede a um balanço de todas as coisas que fez para evitar o início de uma guerra civil; ele censura a Assembléia por tê-lo destituído de maneira inconstitucional de todos os seus poderes, a ponto de sobrar-lhe apenas um "simulacro" de realeza; culpa os comitês da dita Assembléia, que querem mandar em tudo, inclusive na vida diplomática e na nomeação dos embaixadores, e acabam semeando apenas a anarquia; condena a arrogância dos clubes que invadem tudo, obstinando-se em liquidar "os últimos restos" da realeza e exercendo sua ascendência sobre "todos os corpos administrativos e judiciários, sem exceção da própria Assembléia". E conclui seu discurso com este arroubo:

> Franceses, é isto que vós esperáveis ao enviar vossos representantes à Assembléia Nacional? [...] voltai para vosso rei [...]. Que prazer não sentirá ele em esquecer todas essas injúrias pessoais e tornar a encontrar-se no meio de vós quando uma Constituição, que ele aceitaria livremente, fizer com que nossa santa religião seja respeitada, que o governo seja restabelecido sobre uma base estável e útil em sua ação, que os bens e o estado de cada um não sejam mais perturbados, que as leis não sejam mais infringidas impunemente e que, enfim, a liberdade seja assentada sobre bases firmes e inabaláveis.[309]

Hino à unidade nacional, à liberdade na ordem, à monarquia constitucional, ao compromisso entre o antigo e o novo, apelo a uma reconciliação entre o povo e seu bem-amado rei tudo isso, principalmente a reconciliação, só poderia acontecer, segundo a lógica, depois de um retorno triunfal da família real para Paris – e quem sabe? – para Versalhes. Os historiadores divergem quanto à estratégia escondida (e de fato ela se esconde bem) atrás da fuga do rei na direção de Montmédy e das províncias belgas da Áustria. O que exatamente planejava ele para o fim de sua louca aventura? Existem muitas dúvidas sobre o assunto, e poucas respostas surgem com nitidez, a não ser para dizer – e sobre esse ponto o consentimento é unânime – que Luís XVI era tudo menos um Napoleão Bonaparte! Mas então com quais forças amigas, com quais ajudas externas, com qual levante popular, ou talvez com qual apoio dos Céus, contava ele para recolocar novamente o poder em seu lugar e subjugar o imenso movimento revolucionário que sacudia o país e já o havia tão profundamente transformado? Perdemo-nos em conjeturas diante de um projeto tão quimérico – se realmente esse era o seu.

Tais dúvidas são tanto mais justificadas pelo fato de que, até então, a Europa monárquica havia observado para com a Revolução uma atitude no mínimo passiva, analisando com prudência o curso dos acontecimentos, também consciente dos riscos à integridade física da família real que uma intervenção armada em território francês poderia acarretar. Mas se Luís XVI conseguisse se refugiar a leste do país ou do outro lado da fronteira, então isso mudaria tudo: uma grande coligação poderia formar-se – aliando, entre outros, a Áustria, a Prússia, a Suécia, a Espanha e, por que não, a Inglaterra –, colocando a Revolução de joelhos, apoiando-se na França profunda, invertendo o curso da história e restabelecendo o rei Luís e o regime monárquico em seus direitos imemoriais.

Mirabeau, muito ouvido pelo rei, era partidário de uma perspectiva menos radical, a saber: um simples recuo da família real para Compiègne. Mas ele falecera em 2 de abril, aos 42 anos, envenenado ou, mais provavelmente, vítima de uma pericardite ou de uma apendicite. Em todo caso, a opção moderada perdera um ardente defensor. Dentro de algumas semanas, Fersen, defensor de outra opinião (e havia pouco agente secreto do rei da Suécia, Gustavo III), tomará a dianteira, mantendo farta correspondência com as diversas capitais européias e ocupando de fato um lugar essencial no conjunto das ações.

A partir de então, tudo o que concerne à fuga parece passar por ele. Fersen organiza, programa, prevê os mínimos detalhes:

> É ele [escreve Évelyne Lever] que, em Paris, encarrega-se de mandar fazer passaportes para o rei, a rainha, seus filhos, madame Elisabete [a irmã do rei] e madame de Tourzel [a governanta], que viajarão juntos; é ele que está encarregado de descobrir o meio de sair do castelo tão estritamente vigiado; é ele que prepara os carros que levarão a família real em sua fuga desesperada; é ele que escolhe os guardas pessoais; é ele que fixa o itinerário e ainda é ele que se entende com Bouillé para que tropas de confiança escoltem o comboio real a partir de certo ponto.[310]

Em 19 de junho, Maria Antonieta anuncia a Mercy, o inamovível embaixador da Áustria, que a data da grande partida fora fixada: "Tudo foi decidido: partimos na segunda-feira, dia 20 [o dia seguinte, portanto], à meia-noite. Mais nada pode alterar esse plano"[311]. Ela se diz magoada, no entanto, por ainda não ter recebido nenhuma promessa de ajuda de seu irmão Leopoldo. O plano anunciado por Mercy prevê a utilização da estrada de Metz, enquanto no mesmo momento quarenta hussardos enviados por Bouillé irão se postar em Pont-de-Sommevesle (comandados pelo coronel Choiseul, sobrinho do antigo ministro), tanto quanto em Sainte-Menehould, sem contar cem dragões em Clermont-en-Argonne e mais sessenta em Varennes: o papel deles será proteger a berlinda real até Montmédy, onde o próprio Bouillé acolherá o soberano no meio de suas tropas, até que este cruze a fronteira e chegue à Bélgica, que havia pouco voltara a ser território austríaco.

No dia 20 de junho, portanto, por volta das 21 horas, Fersen envia à porta Saint-Martin a berlinda que ele mandara construir especialmente para a ocasião. Mas o falso dormir do rei fora retardado pela presença interminável de Lafayette, que viera fazer a corte por muito tempo. À meia-noite e meia, a rainha, madame Elisabete e o rei, disfarçado de mordomo, entram num carro de aluguel e alcançam, não sem dificuldade, e novamente atrasados, a berlinda onde Fersen já instalara o delfim, sua irmã e madame de Tourzel.

É dada a partida, com uma primeira parada em Bondy, onde Fersen, que acompanhara os fugitivos, despede-se antes de tomar o caminho de Bruxelas – o que o conde de Provença e sua esposa já tinham feito havia várias horas. Fersen não sabe que nunca mais verá o rei e aquela por quem alimenta, mais ou menos em segredo, ternos sentimentos. (Na verdade, ele os verá novamente, nas Tulherias, em fevereiro de 1792, durante uma breve estada clandestina na qual tentará em vão convencer o monarca da necessidade de uma nova fuga e de um recurso a "ajudas estrangeiras"[312].)

Conhecemos a continuação da história, apesar de os testemunhos de que dispomos serem às vezes divergentes. Em 21 de junho, às sete horas da manhã, o mordomo do rei percebe que seu mestre desaparecera. Avisado, Lafayette irrompe na casa de seu amigo Thomas Paine e exclama:

– Os pássaros voaram.

– Muito bem – responde Paine –, espero que não tentem recapturá-los[313]. A Assembléia também fica sabendo da novidade, a qual se espalha por Paris, que se inflama. As pessoas se perguntam se acaso se trata de um seqüestro ou de uma evasão. Lafayette, por seu lado, não tem dúvidas. Sabe das críticas e da cumplicidade, da negligência ou da lentidão de que vai ser acusado – ele, que é chamado de "Senhor Morfeu" desde a marcha das mulheres para Versalhes e já ouve a voz de Marat reclamando sua cabeça. Assim, ele toma a dianteira, lançando seus oficiais na busca dos fugitivos.

No coração dos franceses há primeiro estupor, seguido de indignação e raiva. Depois, como bem mostrou Alphonse

Aulard, o medo acabou vencendo, e é ele que explica a acolhida relativamente boa que num primeiro momento o povo dará ao rei, quando de seu retorno: "A nação se sentiu abandonada, órfã. Parecera-lhe que o rei levara consigo um talismã protetor. Terríveis perigos foram percebidos: a França encontrou-se invadida e, sem chefe, perdida. [Tudo isso] mostra o quanto a França ainda era monarquista"[314].

Enquanto isso, a fuga continua. A berlinda, alcançada no meio da noite por um cabriolé em que estavam duas damas de quarto da família real, atravessa Châlons-sur-Marne com quatro horas de atraso em relação ao horário previsto. A três léguas dali, em Pont-de-Sommevesle, devem estar os quarenta hussardos de Choiseul. Este não consegue entender o atraso do rei e pensa que esse último deve ter mudado de idéia ou que o plano foi abortado. Seus cavaleiros estão cansados de esperar o "tesouro" de que lhe falaram (oficialmente, um comboio de dinheiro para o Exército). Todos partem, então, sem dúvida para juntar-se a Bouillé; no entanto, extraviando-se na noite escura e na floresta de Clermontois, eles sofrerão quedas e outros pequenos incidentes – Choiseul falará do "acaso ligado à fatalidade"[315].

Às oito horas da noite, os dois carros param na frente da posta de Sainte-Menehould. O responsável pela posta, Jean-Baptiste Drouet, ainda não desconfia de nada. A população, por sua vez, alertada pelos diversos movimentos de tropas, interroga-se a respeito da farda amarela dos condutores da berlinda – farda com as cores do príncipe de Condé. Cogita-se da evasão de ricos emigrados. O comboio retoma a estrada, mas assim que parte o boato se espalha: os fugitivos são nada menos que o rei e sua família. Os sucessivos condutores são quem espalha o boato. Drouet, que até o momento não reconhecera ninguém, é convocado à Prefeitura, onde lhe mostram um *assignat* com a efígie de Luís XVI: não há dúvida – é mesmo o rei.

Ansioso para ser perdoado por sua falta de faro, ele se lança, em companhia de um dragão chamado Guillaume, à perseguição dos carros reais e toma atalhos, o que lhe permite alcançar Varennes-en-Argonne antes da chegada do comboio e avisar as autoridades: por apenas alguns minutos eles o fazem, e esses minutos mudarão tudo, o destino do rei e, sem dúvida, o futuro do país. Quando, por volta das dez horas da noite, a família real chega na entrada do povoado, a ponte está bloqueada. Chamado ao local, o procurador-representante de Varennes, Jean-Baptiste Sauce, pede para examinar os passaportes, especialmente o do viajante principal.

Como tudo parecia mais ou menos normal, todos se preparavam, depois de uma noite curta, para deixar os viajantes partirem novamente, quando um habitante da cidade, o juiz Jacques Destez, que residira em Versalhes e já cruzara com Luís XVI, reconhece-o formalmente: "Ah, *Sire*", ele disse flexionando o joelho. "Pois bem, sim! Eu sou o rei, eis a rainha e a família real."[316] O soberano tentou explicar à sua audiência que vinha viver "entre eles" e que tinha como único desígnio chegar a Montmédy para instalar sua família, mas ninguém acreditou nele, ainda mais que nesse ínterim acabava de chegar o responsável pela posta de Châlons, portador de um decreto da Assembléia que ordenava às autoridades locais que prendessem os fugitivos. O coronel Choiseul, que reencontrara seu caminho, também estava ali; ele propusera ao rei liberar a cidade pela força. Este dissera que preferia esperar a chegada de Bouillé e seus oitocentos cavaleiros, cujo acampamento não ficava longe dali, em Stenay. Mas Bouillé não chegou! Os hussardos, instalados em Varennes naquela mesma manhã, por volta das dez horas, receberam dispensa e rapidamente pactuaram com a população. O tenente Bouillé, filho do general, era um dos oficiais.

Luís XVI apostara e perdera. "Não há mais rei na França"[317], ele dissera, lúcido, à rainha. Politicamente, a viagem para Montmédy, maculada por zonas sombrias e inúmeras trapalhadas, foi um fiasco, e a detenção em Varennes pode com razão ser considerada uma das grandes reviravoltas da Revolução. Sem essa tentativa, quem sabe não poderia ter-se instalado na França uma forma equilibrada de monarquia constitucional, digamos à inglesa, da qual cada uma das partes envolvidas teria finalmente, e de maneira pacífica, se beneficiado? E se, ao contrário, a tentativa tivesse obtido êxito, com todos os Bourbon da França encontrando abrigo no estrangeiro, talvez a república poderia ter-se estabelecido com maior serenidade e talvez pudessem ter sido evitados todos os dilaceramentos que logo aconteceriam – a queda do trono, os "massacres de setembro", o processo e a morte do rei, o Terror. Mas a fuga acontecera e fracassara: a partir de então, nada mais seria como antes. Um atributo profundo fora quebrado, o da *indivisibilidade* do rei e da França. É essa união íntima que Varennes "assassina", retomando a expressão tão exata de Mona Ozouf. Pois, ela explica, essa jornada capital

> expõe aos olhos de todos a separação do rei e da nação: o primeiro, como um simples emigrado, correra clandestinamente para a fronteira; a segunda rejeitará, a partir de então, como irrisória, sua identificação com o corpo do rei, que nenhuma restauração conseguirá reviver; daí que, bem antes da morte do rei, ela efetue a morte da realeza.[318]

Informada, na noite de 22 de junho, dos acontecimentos de Varennes, a Assembléia envia imediatamente três emissários, Barnave, Pétion e Latour-Maubourg, ao encontro da família real. Este ocorre na noite do dia 23 em Dormans, a oeste de Épernay. Depois de uma noite passada em Meaux, e enquanto a Assembléia decreta a suspensão do rei, o cortejo retoma o caminho de Paris, onde uma multidão imensa e nervosa se amontoa ao longo dos bulevares. A berlinda do rei atravessa a cidade, cercada por um cordão da Guarda Nacional, mas as coronhas estavam para cima, como em sinal de luto. Quanto à ordem pública, as autoridades tomaram providências, por meio de cartazes, ao mesmo tempo severas e dizendo muito sobre o estado de espírito dos franceses nesse momento crucial: "Quem quer que aplauda o rei será espancado, quem quer que o insulte será enforcado"[319]. Espancado num caso, enforcado no outro, a balança era desigual: ao que tudo indica, ainda não era o momento do fim da monarquia e, apesar das diversas injúrias que, não obstante a interdição, escapavam da multidão (principalmente dirigidas a Maria Antonieta, "a bugra", "a cadela"[320]), isso deve ter tranqüilizado um pouco o rei quanto ao destino que o aguardava, a ele e aos seus, uma vez de volta às Tulherias.

As testemunhas dessa volta ao lar ficaram impressionadas com a placidez de Luís XVI: "Parecia", observou Pétion, "que o rei voltava de uma caçada [...] ele estava tão impassível, tão tranqüilo como se nada tivesse acontecido [...] fiquei confuso com o que via"[321]. Quando à rainha, sucedeu exatamente o contrário; ela descobriu, olhando-se num espelho, que seus cabelos haviam embranquecido.

O pouco brilhante general Bouillé havia, por sua vez, chegado em Luxemburgo, e é de lá que, em 26 de junho, compensando com a força das palavras a fraqueza de sua ação, ele envia uma carta inflamada à Assembléia, apresentando-se – sem dúvida para cobrir o monarca – como único responsável pela fuga fracassada do rei e avisando que, se algo fosse feito à família real, "logo não sobraria pedra sobre pedra em Paris"[322]!

Essa mensagem não teve como efeito acalmar os espíritos. Alguns quiseram levar o rei e a rainha a julgamento, mas a Assembléia, temendo as repercussões de semelhante acusação, decidiu fazer com que eles simplesmente fossem "ouvidos" por uma comissão e permitir que assim se explicassem sobre aquilo que alguns chamavam de seu "seqüestro" e outros, de sua "partida forçada". Luís XVI contentou-se em dizer aos comissários que ele jamais planejara abandonar o território nacional, acrescentando, para provar sua boa-fé: "Se eu tivesse a intenção de sair do reino, não teria publicado meu memorando no mesmo dia de minha partida; teria esperado estar além das fronteiras"[323]. E acreditaram nele, ou fizeram de conta que acreditaram. Quinze dias depois, em 16 de julho, comunicam-lhe que ele havia sido inocentado, que apenas seus comparsas seriam perseguidos e que ele retomaria suas funções assim que aprovasse a nova constituição, na qual a Assembléia estava dando os últimos retoques.

*

Lentamente mas com segurança, e apesar da distância do sonho à implementação, a idéia republicana começa então, em que pese a indulgente suspensão de pena concedida a Luís XVI, a ganhar terreno. Em 24 de junho, durante o lamentável retorno do rei, uma petição exigindo a instauração da república reuniu em Paris trinta mil assinaturas. Três dias depois, os jacobinos de Montpellier exigem, por sua vez, a criação de uma república. Mas essas aspirações, no momento, são apenas de uma pequena minoria. A massa dos franceses sente-se antes serenada ao ver o monarca voltar para seu povo e seu trono. Thomas Paine e seus amigos – Condorcet, Duchâtelet, Brissot, diretor do *Patriote français*, e Nicolas de Bonneville, co-fundador do Cercle Social – compreendem mal a lógica de uma nação e principalmente de uma classe dirigente que continuam a sorrir para um rei desleal que tão oportunamente os acalmou com sua presença. Nos últimos dias de junho, eles decidem passar à ação e fundam, primeira manifestação concreta do espírito republicano, um novo clube com idéias mais avançadas ainda as que dos jacobinos: a *Société républicaine*. Esse clube nunca possuirá mais que cinco membros e terá uma existência efêmera, mas, graças à pluma afiada do panfletário Thomas Paine, ele elabora um manifesto republicano e convoca os franceses, no espírito da Declaração de Independência americana, a terminar com uma monarquia que só lhes valera uma "longa seqüência de desgraças públicas". O resto da proclamação segue no mesmo estilo:

> A nação não pode jamais entregar sua confiança a um homem que, infiel a suas funções, quebra seus juramentos, trama uma fuga clandestina, obtém fraudulentamente um passaporte, esconde um rei da França sob o disfarce de um serviçal, dirige sua excursão para uma fronteira mais que suspeita, cheia de desertores, e planeja evidentemente voltar a nossos estados com uma força capaz de ditar-nos sua lei [...]. A grandeza da nação não consiste, como dizem os reis, no esplendor do trono, mas num sentimento enérgico de sua dignidade e no desprezo dessas loucuras reais que, até o momento, devastaram a Europa.[324]

Esse chamado, que propõe por fim uma proclamação imediata da república e uma deposição não-violenta de "Luís Capeto", foi imediatamente afixada nos muros da capital e, na manhã de 1º de julho de 1791, pregada no próprio portal da Assembléia Nacional. A iniciativa suscitou grande comoção entre os deputados, pois, como explica o publicista Étienne Dumont, "a idéia de uma república não se apresentara diretamente a ninguém, e esse primeiro sinal semeou o pânico na ala direita e entre os moderados da ala esquerda"[325]. Malouet, deputado de Riom, falou de um "violento ultraje" à Constituição e à ordem pública; Martineau, eleito de Paris, exigiu a prisão imediata dos autores do cartaz; quanto a Robespierre, ele exclamará alguns dias depois, no clube dos jacobinos: "Acusaram-me, no meio da Assembléia, de ser republicano. Honraram-me demais, não o sou"[326]!

Aparentemente, ainda há muito a ser percorrido até se darem as costas à monarquia, mas as coisas acontecerão mais rapidamente do que se poderia prever, pois em suas profundezas a opinião pública se agita, os clubes lhe fazem eco, os intelectuais e os responsáveis políticos se interrogam. Condorcet pressente que não pode haver demora e comunica em 9 de julho ao Cercle Social: "Se fizermos uma república agora, enquanto a Assembléia goza de poder absoluto, a transição não será nada difícil; e é melhor que ela ocorra nesse momento em que o rei, por sua situação, não manda em mais nada do que quando lhe devolverem poder suficiente para que sua queda seja um esforço"[327].

Mas a transição será menos pacífica do que imagina Condorcet. Em Paris, a segunda festa da Federação ocorre sem incidentes. Mas dois dias depois, em 16 de julho, os jacobinos se dividem quanto à questão da república, e a ala majoritária, hostil a uma mudança de regime e reunida em torno de Lafayette, retira-se e cria o clube dos Feuillants. No dia 17, o clube dos Cordeliers, dirigido por Danton, Marat e Camille Desmoulins e que lançara uma petição a favor da república, leva seu texto e suas seis mil assinaturas recolhidas ao altar da Pátria, que fora erigido no Champ-de-Mars para o

14 de Julho: a petição exige que o destino do rei seja confiado à *vox populi*. Uma multidão imponente e agressiva está presente. A Assembléia, que teme excessos, ordena sua dispersão imediata. Bailly, o prefeito, proclama lei marcial, e Lafayette faz a Guarda Nacional entrar em ação. A tropa, sobre quem recai uma chuva de projéteis, atira sumariamente, apesar das ordens recebidas, e faz mais de cinqüenta mortos entre os manifestantes. O "massacre do Champ-de-Mars", como será chamado esse sangrento episódio, agrava imediatamente a ruptura entre revolucionários moderados e partidários de uma mudança mais radical. O Cordeliers será fechado, Marat se esconde, Danton se refugia além-Mancha. Quanto a Lafayette e Bailly, que sujaram as mãos no sangue do povo, seus nomes logo figurarão, e já figuram, na lista negra dos adversários da Revolução. Com a chegada do outono, Bailly pedirá demissão de suas funções de prefeito e Lafayette, candidato à sua sucessão, será vencido por um revolucionário convicto e nitidamente mais à esquerda, Jérôme Pétion.

Em 8 de agosto, a Constituinte, levando em conta o famoso manifesto real em que Luís XVI consignara seu pensamento político, volta ao trabalho e procura elaborar um texto de compromisso aceitável pelo rei e que permita, portanto, a convivência de algumas novas aspirações com a manutenção do regime monárquico existente. Precedida pela Declaração dos Direitos do Homem e do Cidadão de 1789, a versão final do que ficou conhecido desde então como "Constituição de 1791" reconhecia a "inviolabilidade" do rei, representante hereditário da nação, e sua preeminência à frente da administração e dos exércitos, bem como na nomeação dos diplomatas e de determinados generais. A Constituição Civil do Clero fora retirada do texto constitucional e trazida ao *status* de lei comum, o sistema eleitoral fora definido como censitário e os ministros, escolhidos pelo rei fora da Assembléia. Os poderes estavam separados de maneira estanque, o grosso da autoridade cabendo à Assembléia, eleita por dois anos e indissolúvel; mas nada estava previsto em caso de desacordo entre o Executivo e o Legislativo. O rei não podia dissolver a Assembléia, e esta não tinha nenhum meio de censurar os ministros – e, por meio deles, a ação do rei –, a não ser levá-los à Alta Corte. Foi esse texto sobretudo conservador e mal concebido que, para grande descontentamento da esquerda, da extrema esquerda e dos poucos monarquistas que ainda não haviam fugido do país, fora adotado pela Assembléia, em 3 de setembro, e imediatamente levado com grande pompa às Tulherias.

Luís XVI, que teria desejado um texto mais à sua conveniência, não se precipitou, tergiversou, levantou diversas objeções, especialmente quanto à excessiva divisão dos poderes; mas, não tendo muita escolha, fez seu juramento no dia 14, esperando que melhoramentos pudessem ser feitos mais tarde nesse documento que Maria Antonieta, mais reticente, qualificou de "sucessão de insolências e absurdos impraticáveis"[328]. No momento de jurar, o sangue do rei gelou, pois os deputados, contrariamente a qualquer tradição protocolar, inclusive à dos Estados Gerais, acabavam de sentar-se e permaneciam cobertos! Ultrajado, ele sentou-se por sua vez e presenciou, como num pequeno consolo a essa revolução da etiqueta e a essa afronta pública sem precedentes, o voto pela Assembléia de um decreto de anistia concernindo aos acusados de Varennes e aos peticionários do Champ-de-Mars. "Tudo está perdido!"[329], ele confidenciou a Maria Antonieta ao voltar para as Tulherias.

É nessa atmosfera ambígua – e que por trás das aparências pressentia o fim do reinado – que em 30 de setembro de 1791 a Assembléia Constituinte realizou sua última sessão. A partir do dia seguinte, 1º de outubro, começaria a decisiva era da Assembléia Legislativa.

Mas a França não estava só: a Europa a olhava, enquanto os emigrados, cada vez mais numerosos, sonhavam com uma revanche. Em 27 de agosto, por pressão e na presença do conde de Artois, e para a grande mas calada satisfação de Maria Antonieta, que sonhava com uma intervenção armada das potências estrangeiras, o imperador Leopoldo II e o rei da Prússia, Frederico Guilherme, haviam se encontrado na

Saxônia, em Pillnitz. Em uma declaração comum, eles haviam convidado todos os soberanos europeus a "agir com urgência para estarem prontos", a fim de organizar represálias caso a Assembléia não adotasse uma constituição de acordo com "os direitos dos soberanos e o bem-estar da nação francesa"[330]. Enquanto isso, concluíam, eles não deixariam de dar "a suas tropas as ordens convenientes para que estivessem em condições de entrar em ação"[331]. Tratava-se apenas de uma advertência, mas Provença e Artois cometeram a imprudência de enviar o texto da declaração de Pillnitz a seu irmão, ao mesmo tempo difundindo uma carta aberta, na qual incitavam o rei a rejeitar o projeto de constituição e dando a entender que eles não obedeceriam mais a um soberano forçado a prestar juramento e privado de sua plena soberania.

Luís XVI ficou ainda mais preocupado e exasperado com essa atitude, porque acabava de endereçar a seus irmãos uma missiva secreta, na qual explicava que preferia tentar a cartada difícil, aleatória mas pacífica, da *reunião* dos franceses em lugar daquela, de conseqüências incalculáveis, de recurso à *força* – e, portanto, à ajuda externa. O rei logo fez com que eles soubessem a que ponto censurava tal atitude: "Assim vocês me mostrarão à nação como que aceitando com uma mão e com a outra fazendo uma solicitação às potências estrangeiras. Que homem virtuoso poderia estimar semelhante conduta?"[332]

A virtude, sempre ela, contra a violência e a política do quanto pior melhor; o risco não-sangrento da derrota ante a desonra e o sangue derramado: essa foi, em nome do cálculo político e de seus valores morais, a escolha, ingênua ou nobre, de Luís XVI – uma escolha que, no período crucial que se iniciava, ele teria bastante dificuldade em sustentar e que o destino se preparava para não confirmar. O sangue, de seus súditos e logo o seu, consolidaria a república.

Fim de partida

"Você está no chão, não tem remédio."[333] Assim falou Samuel Beckett. E é sem dúvida esse sentimento cruel que habitou o coração de Luís XVI durante os últimos meses de seu reinado – um Luís XVI ainda rei da França ou dos franceses, mas rei constitucional, rei enfraquecido, rei tolerado, rei encarcerado em seu palácio, cada vez mais abandonado por seu povo e principalmente por aquilo em que ele acreditava acima de tudo: a Providência.

A nova Assembléia, que – idéia proposta por Robespierre – não admite nenhum dos membros que participaram da Constituinte, é composta, portanto, sem dúvida para sua desgraça, por novatos em política. Os novos deputados haviam sido eleitos por aproximadamente quatro milhões de "eleitores ativos", isto é, que pagavam em impostos diretos o equivalente a dez jornadas de trabalho, eles mesmos [os deputados] tendo sido designados por seus colegas como "cidadãos ativos", isto é, com no mínimo vinte e cinco anos e pagando em impostos o equivalente a no mínimo três jornadas de trabalho. Fruto desse sistema censitário de dois graus (vivamente criticado pela esquerda), a Assembléia Legislativa iniciou sua existência em 1º de outubro e solenemente abriu seus trabalhos no dia 7, em presença do rei, sendo que dessa vez os deputados ficaram de pé e descobertos! Sua configuração é inédita: 264 eleitos se inscrevem no grupo dos Feuillants, 136 no dos jacobinos e há 345 não-inscritos, que na maior parte das vezes ficarão ao lado dos jacobinos.

Nem o rei, nem os novos deputados desconfiam das provações que aguardam o país e que se traduzirão, sem que ninguém possa frear seu movimento, numa extraordinária aceleração da Revolução.

No fim de 1791 tudo se radicaliza: as divisões aumentam no seio da opinião pública, tumultos eclodem em diversos locais, dentre os quais Avignon, e a agitação dali a pouco vai chegar às Antilhas, reduzindo os desembarques de açúcar e café. Os preços desses produtos sobem rapidamente, e revoltas acontecem em Paris. O valor dos *assignats* continua a baixar. O dinheiro retorna mal aos cofres do Estado. O preço do trigo aumenta. Crises de abastecimento afetam diversas regiões e criam vivas tensões. O aumento do número de emigrados desorganiza diversos setores da vida econômica, e, enquanto a classe política canta as virtudes do liberalismo, o povo tem fome e exige uma regulamentação dos preços, mas quase ninguém o escuta.

Às dificuldades econômicas e sociais vêm somar-se as discórdias políticas e as ameaças de guerra. Em 30 de outubro e 9 de novembro, a Assembléia aprovou dois decretos sobre a emigração que iam no mesmo sentido: o primeiro exigia que o conde de Provença voltasse para a França nos próximos dois meses, sob pena de perder seus direitos à regência. Alguns queriam ir mais longe e sonhavam, para salvar a monarquia, encerrar essa linhagem e oferecer o trono à casa de Orléans, mas os espíritos não estavam prontos para semelhante revolução palaciana. O segundo decreto pediu a todos os emigrados que voltassem ao país, sem o que seriam acusados de "conjuração contra a França"[334] e estariam passíveis de pena de morte. Em 11 de novembro, o rei validou o primeiro decreto, sabendo muito bem que seu irmão não se curvaria a ele, mas vetou o segundo, prejudicando, assim, o frágil equilíbrio constitucional entre os dois poderes. Ele brandirá novamente seu direito de veto em 19 de novembro, anunciando que diria não a outra determinação, que visava, dessa vez, a tornar obrigatório o juramento cívico para os sacerdotes refratários. A Assembléia se vingará três semanas depois, ao decidir pelo confisco dos bens dos emigrados em proveito da nação. A guerra de nervos estava apenas no início.

Mas outra ameaça de guerra ocupava os espíritos, a que pairava no ar pela atitude das potências estrangeiras, estimuladas pela turbulenta massa de emigrados – no centro do debate, a questão era saber quem, entre a França ou os demais, deveria sacar primeiro as armas. Nem Luís XVI nem Robespierre, a nova estrela da Assembléia, desejavam o desencadeamento de um conflito. O primeiro não acreditava nas virtudes da violência internacional; o segundo temia que uma eventual derrota da França sepultasse todas as aquisições da Revolução e, intuição profética, levasse, por fim, a uma ditadura militar! Outros, como Brissot, preocupados em reanimar a chama patriótica e fazer esquecer a crise econômica e social, exigiam que a França declarasse, sem demora, guerra à Áustria, a fim de cortar pela raiz todas as veleidades agressivas do imperador e de seus aliados.

Em 21 de janeiro de 1792, a Assembléia pede ao rei, que obedece, para enviar a Leopoldo II uma advertência solene, intimando-o a denunciar a declaração de Pillnitz e a manifestar em relação à França uma atitude mais pacífica. É-lhe concedido um prazo de um mês e meio, além do qual seu silêncio será considerado uma declaração de guerra. Algumas semanas antes, em 14 de dezembro, Luís XVI também enviara um ultimato ao arcebispo eleitor de Trier, dando-lhe um mês para dispersar os agrupamentos de emigrados em seu território. Leopoldo não responde à intimação de 21 de janeiro, pois fica doente e morre subitamente em 1º de março, duas semanas depois de assinar com a Prússia, uma aliança inédita e importante que não deixa de inquietar os revolucionários franceses. Ele é imediatamente substituído por seu filho mais velho, que assume sob o nome de Francisco II. Esse sobrinho de Maria Antonieta tem vinte e quatro anos e é considerado um príncipe brutal e "militar na alma", que pretende enfraquecer a Revolução Francesa: "É tempo", ele diz, "de deixar a França na necessidade de obedecer, de travar a guerra conosco, ou de dar-nos o direito de travá-la"[335]. Outra morte vem mostrar a que ponto a Europa estava exaltada: o assassinato em 16 de março, em pleno baile de máscaras, do rei da Suécia, Gustavo III.

Em Paris, desconfia-se de que a rainha e suas correspondências secretas tenham alguma coisa a ver com o endurecimento da Áustria para com a França, e certos girondinos*,

---

* Na Assembléia, chamava-se de "girondino" o grupo, então majoritário, oposto ao dos jacobinos, pois vários de seus membros – Vergniaud, Guadet, Gensonné – eram deputados desse departamento [a Gironde].

dentre os quais Condorcet, Pétion, Lafayette e Sieyès, ameaçavam levá-la à Alta Corte, pois, ao contrário de seu marido, ela não gozava de inviolabilidade. O casal real fica com medo e, mais uma vez (mas poderia ele fazer de outra forma?), o rei cede, demite seus ministros moderados, com exceção do coronel de Grave, mantido na Guerra, e nomeia uma nova equipe, composta principalmente por girondinos: Roland de La Platière (esposo da famosa Madame Roland) para o Interior, Clavière – banqueiro suíço como Necker! – para as Finanças e, especialmente, o tenente-general Dumouriez para os Negócios Estrangeiros.

Em 25 de março, um ultimato é enviado a Francisco II, intimando-o a cassar os emigrantes franceses de seu país. Nenhuma resposta. Em 20 de abril, o rei, único a possuir este direito, aceita, a pedido quase unânime da Assembléia e porque este recurso à violência armada não é de seu feitio, declarar guerra – não à Áustria, pois Francisco II ainda não fora oficialmente coroado imperador, mas "ao rei da Boêmia e da Hungria". Luís XVI sabe que o Exército francês não é mais o que já fora: ele dispõe, por certo, de 160 mil homens, mas está minado pela indisciplina e pela anarquia sem do que, por causa da emigração, perdeu aproximadamente dois terços de seus oficiais. Nessa matéria que o desespera, o rei joga (contra sua vontade) ao mesmo tempo para perder e para ganhar. Se a França ganhar, ele sairá fortalecido da experiência; se perder (e essa é a esperança de Maria Antonieta), ele será libertado e poderá retomar, graças ao apoio dos vencedores, todos os seus poderes monárquicos tradicionais: muitos lhe censuram esse "jogo duplo". A Assembléia pensa, por sua vez, que a França esmagará sem grandes dificuldades a "mosquetaria" inimiga, e Dumouriez, também convencido da imperícia das tropas austríacas, partilha do mesmo sentimento – sem contar que ele gostaria, enquanto salvador da monarquia constitucional, de ocupar um lugar privilegiado na futura vida política do país. O que ninguém sabe é que esse conflito continuará, com algumas breves calmarias, por 23 anos, até a queda final de Napoleão, em junho de 1815!

No plano militar, as coisas começam mal e todos se perguntam se os primeiros reveses sofridos pelo Exército se devem ao despreparo das tropas francesas ou à superioridade técnica dos áustrio-prussianos. O certo é, explica Jean-Christian Petifils, "que as tropas de Théobald de Dillond, por medo de entrar em contato com o inimigo, debandaram lamentavelmente perto de Tournai e lincharam seu general, que Biron foi derrotado diante de Valenciennes, que Lafayette recuou frente aos ulanos, que Rochambeau, o herói de Yorktown, chefe do Exército do Norte, pediu demissão e que três regimentos, dentre os quais o Royal-Allemand, passaram para o lado inimigo"[336].

Essas notícias desastrosas geraram aflição na Assembléia e na opinião pública, exacerbando os conflitos de clãs e iniciando uma nova era, uma era terrível: a da *desconfiança*. Começou-se a culpar o pretenso "comitê austríaco", que, nos salões sossegados das Tulherias, trabalhava secretamente para a derrota da França. Em 29 de maio, a Assembléia decidiu demitir os seis mil homens da Guarda Real, considerados pouco confiáveis e prontos a conspirar contra a Revolução. Dois dias antes, os deputados, voltando-se para outro bode expiatório, haviam decretado que qualquer sacerdote refratário poderia ser deportado caso o pedido viesse de vinte cidadãos ativos do cantão interessado.

A Assembléia desconfiava também das ruas, cada vez mais nervosas e cada vez mais manipuladas pelos *sans-culottes*, os revolucionários radicais que, para se diferenciar dos "burgueses" da Legislativa, haviam substituído o calção aristocrático pela calça e pelo casaco estreito (ou "carmanhola") das pessoas do povo. Decidiu-se então que vinte mil "federados" seriam recrutados e estacionados nas proximidades de Paris, com o motivo oficial de que isso permitiria enviar ao *front* as tropas que haviam ficado de guarnição na capital. Mas essa medida não enganou ninguém: os parisienses viram-na como sinal de desconfiança, e Dumouriez, não consultado, ficou furioso. O rei, por sua vez, estava menos preocupado em proteger os deputados ou mesmo as Tulherias contra as violências das ruas do que em reforçar a proteção das fronteiras. Em 11 de junho, ele apresentou seu veto à criação do campo dos federados e, matando dois coelhos com uma cajadada só, rejeitou o decreto de 27 de maio, relativo à deportação dos sacerdotes não-juramentados.

Em 10 de junho, Roland, seu próprio ministro, enviara-lhe uma carta espantosamente desrespeitosa, e mesmo cheia de ameaças, na qual o conjurava a renunciar a seu duplo veto: "Mais algum tempo", ele escreve, "e o povo entristecido acreditará perceber em seu rei um amigo e cúmplice dos conspiradores"[337]. Inacreditável! No dia seguinte, Luís XVI, por uma vez fora de si, demite diversos membros do governo, dentre os quais Roland e Clavière, e faz de Dumouriez seu novo ministro da Guerra. Este, logo vaiado por uma Assembléia que se apressa em garantir aos ministros afastados a "confiança da nação"[338], suplica ao rei que volte atrás em seu veto, a fim de acalmar a representação nacional. Recusa do monarca. Dumouriez pede então sua demissão. Para surpresa do interessado, o rei a aceita, roga ao general que assuma o comando do Exército do Norte e que vá ao *front*. Ele nomeia então um novo Ministério, composto por ilustres desconhecidos do partido Feuillant, que dali a um mês dariam lugar, por sua vez, a uma nova equipe, igualmente inconsistente: nenhum grande nome quer mais participar de um poder que, fora a obstinação real, parece ter perdido todo o senso de realidade.

Os jacobinos, como os girondinos, estavam exasperados, mas sonhavam em fazer as ruas intervirem, pois ninguém mais era escutado pelo rei – nem seus ministros, nem os representantes do povo. Eles escolhem o dia 20 de junho, terceiro aniversário do juramento do Jogo da Péla, para amotinar uma multidão de milhares de manifestantes, todos vindos dos *faubourgs* de Saint-Antoine, Saint-Marceau, dos bairros de Montreuil e do Observatoire, e fazê-la confluir primeiro para a Assembléia, onde protestam contra a má gestão da guerra, depois para o Palácio das Tulherias, onde, conduzidos pelo cervejeiro Antoine Santerre, eles penetram em massa, sem encontrar verdadeira resistência.

Depois de pôr sua mulher e seus filhos em lugar seguro, Luís XVI, imperturbável, por sua conta e risco, e em meio a uma imensa barafunda insurrecional, vai misturar-se aos contestadores, que ele recebe na Œil-de-Bœuf, antecâmara da grande sala de gala. Estes se dizem portadores de uma petição e exigem que o soberano retire seu veto e reconvoque os ministros dispensados. Enquanto isso – a ocupação do local durou das duas horas da tarde até as dez horas da noite –, eles o forçam a vestir o barrete frígio, a usar a fita tricolor e a beber (água ou vinho?, não se sabe) à saúde do povo. O rei, empoleirado numa banqueta para melhor ver e melhor respirar, presta-se de bom grado a esse jogo, mas, no fundo, agüenta firme e não cede em nada. Sua calma é impressionante: "A força nada fará sobre mim", ele disse, "estou acima do terror"[339]. E durante todo esse tempo, os dignitários da Assembléia, bem como os da Prefeitura, petrificados (ou, para alguns, contentes), guardam silêncio, e somente depois de três horas de cerco o prefeito, Pétion, todo embaraçado, manda notícias: "o povo", ele diz, "se apresentou com dignidade; o povo sairá da mesma maneira; que vossa Majestade fique tranqüilo"[340].

A Assembléia saiu sobretudo desacreditada da experiência, e o extraordinário sangue-frio do soberano, assim como sua coragem e sua determinação, reforçaram por mais algum tempo sua imagem aos olhos da opinião pública. Mas a partir de então, sem poder contar com seus ministros e não dispondo mais da representação nacional, ele ficaria sozinho, não frente ao vasto povo que ele amava, mas frente às ruas. "Eu estou à espera da morte", ele reconheceu então, convencido de que sua pequena recuperação de popularidade não teria seguimento. Alguns dias antes, ele confidenciara a um sacerdote: "Tudo está acabado para mim entre os homens; é para o Céu que se volta o meu olhar"[341].

Sempre defasado em relação aos acontecimentos, Lafayette, que comandava o Exército do Centro (de Moselle até Vosges) e que em 16 de junho enviara à Assembléia uma carta virulenta em que culpava, entre outras coisas, as manobras jacobinas, fica sabendo do que acontecera nas Tulherias e decide voar em socorro de um rei que, como vimos, livrara-se da situação sozinho. Sua idéia, que ele expõe ao soberano, é tentar, com a Guarda Nacional, promover um golpe de Estado contra os jacobinos. Luís XVI o desencoraja imediatamente e lhe mostra a inutilidade e os perigos de semelhante tentativa. "M. de La Fayette quer nos salvar", diz Maria Antonieta (que não gosta dele), "mas quem nos salvará de M. de La Fayette?"[342]. O marquês insiste, contudo, em reunir seus amigos da Guarda Nacional no Champs-Élysées no dia seguinte: apenas um punhado apresenta-se. Este homem que tanto contara não existia mais. Ele volta, despeitado e de mãos abanando, para seu quartel general.

Preocupada em consertar sua culpada inação de 20 de junho, a Assembléia dá início, em 6 de julho, a perseguições contra os autores da manifestação – as quais não darão em nada – e suspende o prefeito – que ela restabelecerá em suas funções uma semana depois. Essa seqüência de contradições cheira a jogo duplo e mostra bem a que ponto a Assembléia não sabe mais o que fazer. Ela mostra principalmente que o verdadeiro poder já estava em outro lugar: nem em seu seio, nem na pessoa do rei. A prova dessa nova situação acontece em 14 de julho, quando da terceira comemoração, no Champ-de-Mars, da tomada da Bastilha. Os federados, numerosos, comparecem de toda a França, e a imprensa estima em aproximadamente cinqüenta mil pessoas a multidão de provincianos e *sans-culottes* que vem aumentar-lhe o número. Pétion é aclamado; o rei, que dessa vez passa, por assim dizer, despercebido, renova ritualmente seu juramento à Constituição e volta às Tulherias. Ele não sabe (ou talvez saiba) que, contando com a presença dessa multidão hostil, os jacobinos se preparam para dar o golpe de misericórdia em uma monarquia que, como todos pressentem, está por um fio. Os federados e seus aliados parisienses não perdem tempo: em 17 de julho, eles entregam à Assembléia uma petição exigindo a suspensão pura e simples do rei.

Nesse momento crítico da Revolução, somente uma vitória das potências estrangeiras parece capaz de garantir a salvação do regime, e é essa a questão que a partir de então ficará no centro do debate e da ação política. Em 11 de julho, inteirando-se do avanço das forças austríacas e prussianas no Norte (onde Orchies e Bavay estão prestes a cair), a Assembléia proclama "a Pátria em perigo". Em 25 de julho, o duque de Brunswick, que comanda um exército de setenta e cinco homens e concentra suas forças na Renânia, assina em Koblenz um manifesto que se tornou famoso e que desencadeará uma catástrofe. Se o menor mal for feito à família real, avisa o generalíssimo, e se os parisienses não se submeterem "imediatamente e sem condições a seu rei", Paris estará destinada "a uma execução militar e a uma subversão total, e os revoltosos [...] aos suplícios que merecem"[343].

A difusão do texto desencadeia a cólera dos parisienses e provoca neles duas psicoses: a do medo e a da vingança, que se alimentarão mutuamente. Alguns percebem que Maria Antonieta talvez não estivesse alheia à idéia do manifesto de Brunswick: não escrevera ela recentemente a Mercy que, como diversos revolucionários haviam formulado o projeto de assassinar o rei, "seria necessário que um manifesto tornasse a Assembléia Nacional e Paris responsáveis por seus dias e pelos da família real"[344]? E Luís XVI também não pedira, havia alguns meses, ao jornalista genebrês Mallet du Pan, depois ao marquês de Limon, que redigissem um texto de mesmo teor? A tese do "comitê austríaco" novamente podia ser brandida, e é o que acontece.

Paris está em ebulição. Em 29 de julho, Robespierre, diante dos jacobinos, exige a deposição do rei, imitado em 3 de agosto por Pétion, em nome das quarenta e sete "seções" (isto é, bairros) de Paris. Os regimentos suíços aquartelados em Courbevoie e em Rueil vêm, como reforço, garantir a proteção das Tulherias. Em 9 de agosto, a Assembléia, que na véspera rejeitara um decreto de acusação contra Lafayette proposto por Brissot, separa-se sem se pronunciar sobre a petição das seções parisienses.

À meia-noite, o sino toca e inicia, com uma nota lúgubre, o decisivo dia 10 de agosto. Por volta das cinco horas da manhã, as seções dos *faubourgs*, bem como os federados marselheses e bretões, põem-se em marcha, encontram-se na Pont-Neuf e invadem a Place du Carrousel. A defesa do Palácio das Tulherias está desorganizada, pois seu comandante, o marquês de Mandat, convocado à Prefeitura, onde acabara de se formar uma "comuna insurrecional", é decretado preso e imediatamente assassinado com um tiro. Ele é substituído por Santerre, um dos líderes do 20 de Junho.

Às dez horas, o rei desce para o pátio e passa em revista os guardas nacionais. Em vez de gritar "Viva o rei!", a maioria grita "Viva a nação!". Luís XVI se dá conta imediatamente de que o palácio não está mais protegido. Apesar das fortes reticências de Maria Antonieta, ele decide refugiar-se, com sua família, junto à Assembléia, não sem antes ordenar aos suíços que não utilizem suas armas, persuadido de que sua partida acalmará os amotinados. Mas, assim que ele parte, a multidão dos insurgentes se precipita para o castelo e massacra tudo o que encontra, a começar pelos suíços, sem esquecer os serviçais, cozinheiros, as damas de quarto, atirando uns pelas janelas, atravessando outros com estacas. Os mortos são mutilados ou emasculados: "Eu vi", dirá Napoleão, "mulheres bem vestidas cometerem as piores indecências nos cadáveres dos suíços"[345]. No solo e na maior parte dos muros escorre sangue. A essa assustadora loucura assassina soma-se a pilhagem sistemática: os móveis são quebrados, as jóias e os objetos preciosos se volatilizam, o guarda-roupa, a prataria, os livros, os vinhos, tudo desaparece. O assalto teria feito mais de mil mortos, sendo seiscentos dos novecentos suíços: os sobreviventes serão levados à corte marcial e quase todos serão executados. As ruas triunfaram sobre o sangue da monarquia constitucional e escreveram a primeira página de uma segunda fase da Revolução, fase tumultuosa e frenética, que terá como única palavra de ordem fazer do passado tábula rasa.

A monarquia está morta, viva a República! Mas ainda é preciso que ela tenha instituições que lhe sejam próprias e que rompam com as do extinto regime. Enquanto reina o caos no Palácio das Tulherias, a comuna insurrecional imporá suas idéias à Assembléia, reduzida a uma centena deputados. Esta decreta prontamente a suspensão do rei, bem como sua reclusão – suspensão, e não deposição, o que no momento evita a questão de uma eventual regência. Ela decide, além disso, convocar o corpo eleitoral a fim de eleger, com a abolição do censo, uma "Convenção" representativa, inspirada na convenção americana da Filadélfia, cuja missão seria elaborar uma constituição de acordo com "a soberania do povo"[346] e com a nova situação da França.

Enquanto os deputados deliberam, o rei e os seus aguardam numa pequena câmara contígua, geralmente reservada aos secretários. Ao penetrar no Manège com sua desolada família, Luís XVI se contentara em dizer: "Acho que eu não estarei mais seguro do que no meio de vós, senhores"[347]. Como o rei não podia, legalmente, assistir aos debates, cogitou-se que a pequena câmara resolveria o assunto. Por volta das dez horas da noite – ainda estamos no dia 10 de agosto –, a família real é finalmente transportada para o convento dos Feuillants. Ela ficará lá durante três dias, no maior despojamento.

No dia 11, a Assembléia elege um Conselho Executivo composto por seis ministros, com Danton na Justiça, Roland no Interior. Ela fixa para o início de setembro a eleição da Convenção, restabelece a censura (para as publicações monarquistas), pede aos cidadãos que denunciem os suspeitos e decreta que a família real será instalada no Palácio de Luxembourg, antiga residência do conde de Provença, atualmente emigrado. Mas a Comuna de Paris não está de acordo e exige que o rei e sua família sejam encarcerados, sob sua própria guarda, na Tour du Temple. A Assembléia, que não controla mais nada, cede. A transferência ocorre em 13 de agosto. Escoltada por milhares de homens armados, a família real é conduzida por Pétion até a velha torre, antiga propriedade do conde de Artois. Enquanto a grande torre é arrumada, o monarca e os seus são instalados na residência do arquivista – residência modesta, mas distribuída em três andares. O rei e seu mordomo, Chamilly (logo denunciado, encarcerado e substituído por Jean-Baptiste Cléry), ocupam a parte superior;

a rainha e os dois filhos compartilham o primeiro andar. Madame Elisabete e Madame de Tourzel precisam se contentar com a cozinha, situada no térreo.

*

No dia seguinte, 13 de agosto, em Sedan, Lafayette tenta lançar suas tropas contra Paris para salvar o rei e a monarquia constitucional, mas não é seguido e, perdendo as esperanças, passa para o lado inimigo com 22 de seus oficiais. Ele é imediatamente substituído por Dumouriez.

No Temple, a vida dos prisioneiros se organiza, sob a vigilância cada vez mais estreita e minuciosa dos guardas. Luís XVI se ocupa da educação do delfim e lhe inculca os grandes clássicos – César e seus *Comentários*, Corneille, Racine. Ele mesmo lê bastante, pois há no local uma biblioteca de mil e quinhentos volumes. Ele também dedica cada vez mais tempo às orações, pois sente que seus dias estão contados: para o homem de fé que ele é, a primeira urgência torna-se, a partir de então, sua salvação eterna. Às vezes, ele também se distrai jogando bola com o filho ou numa partida de gamão com as damas, que, por sua vez, matam o tempo entregando-se à costura. A rainha, por outro lado, encarrega-se dos filhos, ensinando história ao delfim, então com sete anos, e passando ditados ou exercícios musicais à filha, Madame Royale, que está com quatorze.

Lá fora, na cidade, uma espécie de frenesi parece ter tomado conta do povo e de uma parte crescente da classe política – frenesi alimentado dia após dias por rumores, falsas notícias, por uma campanha da imprensa (especialmente os artigos de Marat no *L'Ami du peuple*) que alimenta e amplifica a era da desconfiança. O governo deixa estar e até mesmo encoraja esse desvio. Os inimigos da Revolução são perseguidos sem trégua. As prisões da capital estão repletas de sacerdotes não-juramentados, de agitadores monarquistas e de suspeitos de todos os tipos, três mil ao todo – talvez dez! –, que, dizem, sonham apenas em fugir e correr em socorro do rei. Ao "complô das prisões", habilmente exagerado e orquestrado pelos líderes da Comuna, vêm acrescentar-se inquietantes notícias, nas quais os espíritos mais exaltados vêem a confirmação de uma conjuração geral: os prussianos cruzaram a fronteira, tomaram Longwy, e Verdun está sitiada; ao mesmo tempo, levantes hostis ao novo poder acabam de acontecer em três províncias – na Bretagne, na Vendée, no Dauphiné.

A Revolução está esgotada, e a agitação de alguns parisienses – não de todos, longe disso – está no auge. É preciso, explicam os enfurecidos da Comuna, acabar com os traidores antes que seja tarde demais. Um oficial municipal informa ao rei que "o povo está em furor e quer se vingar[348]". Em 2 de setembro, bandos armados e sedentos de sangue invadem as prisões de Paris – a Abbaye, o convento das carmelitas recentemente transformado em casa de detenção, o Châtelet, a Force, a Salpêtrière, Bicêtre – e recriam, talvez de maneira até pior, o terrível cenário de 10 de agosto. Os "massacres de setembro" vão durar quase uma semana. Na Abbaye, vinte e três sacerdotes refratários são degolados; nas carmelitas, cento e quinze sacerdotes são brutalmente fuzilados. Por toda parte há mortes violentas e generalizadas: na Salpêtrière, os loucos e as prostitutas são degolados; na Conciergerie, uma florista é torturada até a morte; na Abbaye, o coração de um oficial é arrancado; na Force, a princesa de Lamballe, próxima a Maria Antonieta, é decapitada e sua cabeça é levada à Tour du Temple, brevemente sitiada: a rainha desmaia. Ao todo, umas mil e trezentas pessoas perderão a vida nessa carnificina, isto é, aproximadamente a metade de todos os detidos. Apontados como perigosos, os prisioneiros em questão geralmente não passavam de pobres-diabos, vagabundos, escroques sem envergadura, presos comuns; aqueles que apresentavam um perfil de conspiradores eram apenas uma minoria.

Sem aquietar os espíritos, três acontecimentos acalmarão as coisas: a vitória de Valmy, a eleição dos membros da Convenção e o processo do rei.

Em 14 de setembro, as tropas prussianas atravessam a Argonne, mas cinco dias depois o exército de Kellermann, vindo de Metz, e o de Dumouriez, vindo de Sedan, reúnem-se. As forças francesas se encontram conseqüentemente em superioridade numérica, e a nova artilharia de que dispõem graças ao general-engenheiro Gribeauval (e a Luís XVI, que tivera a idéia) lhes dará uma vantagem decisiva. A batalha acontece em Valmy, não longe de Sainte-Menechould, em 20 de setembro; ela é breve mas de rara violência: vinte mil tiros de canhão são disparados do lado francês. Os prussianos, cuja invencibilidade é lendária, são derrotados. Em seu recuo, eles abandonam Longwy, logo imitados pelos austríacos, que partem e se refugiam atrás de suas fronteiras. Um formidável bloqueio acaba de ser infligido à invasão estrangeira, e os franceses podem recuperar o fôlego. Goethe, que acompanha o Exército prussiano, escreverá nesta noite: "A partir daqui e deste dia, começa uma nova era na história do mundo"[349].

A França está não apenas tranqüilizada, mas galvanizada com esse sucesso inesperado, e a Assembléia, que realizara suas últimas sessões antes de ceder lugar à Convenção, acolhe a notícia com entusiasmo – e alívio. Vindos de toda a França, os membros da Convenção se reúnem pela primeira vez em 21 de setembro: de 749 eleitos, somente 371 estão presente. Paris votou nos jacobinos, a província majoritariamente optou pelos girondinos. Todos os grandes nomes que farão a história estão presentes: Danton, Robespierre, Marat, Saint-Just, Barère, o abade Grégoire, Camille Desmoulins, o duque de Orléans, rebatizado Philippe Égalité, Condorcet, Pétion, Fabre d'Églantine, o pintor David. Perseguido na Inglaterra por ter escrito os *Direitos do homem*, Thomas Paine, a quem a Assembléia concedera a nacionalidade francesa em 26 de agosto, está cruzando a Mancha: eleito (sem ter sido candidato!) em quatro departamentos, ele somente assumirá seu lugar na Convenção em 22 de setembro. Enquanto isso, e desde a primeira sessão, os membros da Convenção decretam por unanimidade e com júbilo que "a realeza está abolida na França". No dia seguinte, 22 de setembro, por proposta de Billaud-Varenne, decide-se que a partir daquele dia "todos os atos públicos levarão a data do ano primeiro da República"[350]. Em 1º de outubro é instituída uma comissão, baseando-se principalmente nos documentos confiscados nas Tulherias, encarregada de instruir um eventual processo contra o rei.

Luís XVI inteira-se dessas novidades, que não o surpreendem, mas que confirmam sua idéia de que, com a página da monarquia dessa vez oficialmente virada, ele não passa, enquanto rei destituído, de um vestígio e de um símbolo incômodos dos quais muitos, se não todos, vão querer se desvencilhar. Resta saber como.

Enquanto isso, o regime a que está submetida a família real se endurece: inspeções e outras pequenas humilhações cotidianas se multiplicam. Em 29 de setembro, é anunciado ao rei que ele será transferido, com seu filho e Cléry, para o segundo andar da grande e sinistra torre. Como o terceiro andar ainda não está pronto, o resto da família real ficará onde está. Apenas um mês depois, em 26 de outubro, a rainha, madame Elisabete, Madame Royale e seus dois serviçais poderão instalar-se acima dos aposentos onde o rei está alojado. Um vestíbulo, dois quartos de dormir e uma sala de jantar: os dois aposentos tinham quase o mesmo tamanho e a mesma configuração.

Em 6 de novembro, a comissão designada em 1º de outubro envia um relatório preliminar que conclui que "Luís Capeto", culpado por jogo duplo e por todos os tipos de artimanhas, pode e deve ser julgado pela Convenção "pelos crimes que cometeu ao trono"[351]. No dia seguinte, a Convenção aborda os aspectos jurídicos do processo, se processo houver, e decide que numa República a noção de "inviolabilidade" do monarca não mais se apresenta, já que, por definição, não existe mais monarca. Nada se opõe, legalmente, a que o rei seja julgado. Mas por quem?

Em 13 de novembro, trava-se um debate fundamental sobre esse ponto. Um advogado de Vendée, Morisson, apoiado por diversos deputados, enfatiza que a condenação do rei – a destituição – já fora pronunciada e que seria inútil ir mais longe. Mas esse não é, visivelmente, o sentimento dominante, e Saint-Just se enfurece. Em um discurso bastante áspero e contundente, que imediatamente o fará famoso, ele explica que "não se pode reinar inocentemente", que o rei é o "inimigo" natural do povo e que esse fora-da-lei destituído não deve nem sequer ser julgado: uma execução sumária seria suficiente.

Mas nem todos querem precipitar as coisas, ainda mais com um dossiê de acusação não muito espesso. Muitos na Assembléia ainda estão inclinados a uma certa clemência, simplesmente porque têm medo do desconhecido e porque à perspectiva do vazio eles preferem a manutenção de um monarca, mesmo que como fantoche e mantido à distância. Mas de repente, em 20 de novembro, o dossiê engrossará de uma só vez com a descoberta, nas Tulherias, de um "armário de ferro", dissimulado num esconderijo secreto, que contém, dizem, documentos muito comprometedores. Esses documentos, afirma Roland, ministro do Interior, que os percorreu, demonstram com estrondo o conluio do rei e da rainha tanto com os emigrados quanto com os chefes da coligação estrangeira. O serralheiro François Gamain e o arquiteto Heurtier, a quem este confessou seu segredo, é que informaram ao ministro a existência desse esconderijo: "Esta manhã mandei abrir o armário", continua Roland, "e percorri rapidamente esses papéis. Acho importante que a Assembléia nomeie uma comissão urgente para tomar conhecimento". Há um clamor nos bancos da Convenção, que fica indignada com o ministro por ter aberto os documentos antes da Assembléia apoderar-se deles. Novo clamor quando ele acrescenta que "diversos membros da Assembléia Constituinte e de a Assembléia Legislativa parecem estar comprometidos". "Quais?", grita-se em todos os bancos.

O caso é ainda mais sombrio e misterioso porque, na verdade, Roland não tivera tempo material de ler os documentos incriminatórios: "Eu atesto", dirá Heurtier sobre o assunto, "que não perdi os papéis de vista desde o momento em que foram descobertos até o momento em que o ministro, que sempre acompanhei, entrou na Convenção para ali depositá-los, e que a ordem na qual eles foram encontrados nem chegou a ser alterada"[352]. A isso se soma o fato de que a fechadura do famoso armário era perfeitamente banal. A investigação estabelecerá que ela era aberta por uma espécie de chave mestra que o rei, perito em serralharia, utilizava todos os dias para ter acesso a diversos gabinetes. A hipótese mais verossímil, e muitas foram aventadas, é que Roland tenha inspecionado o esconderijo *antes* da data de 20 de novembro e tenha feito, sem dúvida, uma certa triagem (para proteger amigos?), a menos que ele tenha acrescentado outros documentos encontrados em outro lugar do palácio... Podemos também imaginar que antes de deixar precipitadamente as Tulherias Luís XVI tenha procurado abandonar no armário em questão apenas papéis sem grande importância. O que Madame Campan confirma em suas *Memórias*: "A rainha exortou-o em minha presença a não deixar nada dentro do armário, e o rei, para tranqüilizá-la, disse que não havia deixado nada", quer dizer, nada que pudesse ser utilizado contra ele.[353] O estudo dos documentos incriminados revelou-se, de resto, bastante decepcionante, apesar de confirmar as reticências do rei em assinar certos textos, seu apego aos privilégios da Igreja, seu jogo duplo com Mirabeau. Mas nada atestava claramente alguma traição ao país. Esses documentos, enfatizava Albert Soboul, "não trazem a prova formal do conluio do rei com as potências inimigas"[354].

Então por que essa sombria maquinação, por que essa história extraordinária, onde as obscuridades rivalizam com as contradições e onde a verdade parece escapar às análises mais minuciosas? A resposta deve sem dúvida ser buscada na psicologia da época, nesse medo doentio do segredo, nessa psicose do complô e da traição em que o simbólico tem infinitamente mais peso que a realidade e a materialidade das provas. Nada poderia, mais que essa sensacional revelação, prejudicar a causa do rei e selar seu destino. Nada, escreve Éric Le Nabour, melhor que o "armário de ferro" para responder às exigências do que ele chama de "imaginário da Revolução"[355]. E isso Roland, ao que parece, havia perfeitamente entendido.

Robespierre se precipitará na brecha assim aberta. Em 3 de dezembro, retomando a tese de Saint-Just, ele faz um discurso memorável, no qual afasta a idéia de um longo processo.

O rei, ele martela, não tem de ser julgado – o povo já o fizera –, mas tem de ser punido, e quanto mais cedo melhor:

> Os povos [...] não proferem sentenças, eles lançam sua ira; não condenam reis, eles os mergulham no vazio [...]. Eu concluo que a Convenção Nacional deve declarar Luís traidor da pátria, criminoso para com a humanidade, e puni-lo como tal [...]. Luís deve morrer porque é preciso que a pátria viva.[356]

Ele repetia assim o que escrevera, alguns dias, antes a seus comitentes sobre o rei, a saber: que "era preciso consolidar a revolução com sua morte"[357]. Mas Robespierre ainda não tinha ascendência suficiente sobre a Assembléia para levá-la a uma justiça tão expeditiva. Pétion opôs-se a suas propostas. Ao fim de um debate agitado, a Convenção decidiu que Luís XVI seria realmente julgado e que o tribunal, seria a própria Convenção. Em 6 de dezembro, ela confirmou que "Luís Capeto" – e não Luís XVI – seria de fato "apresentado perante o tribunal para ser submetido a interrogatório"[358]. Voltando à carga, Saint-Just especificou o objeto real do processo: "Não é somente [um monarca] que iremos julgar; é a monarquia [e a] conspiração geral dos reis contra os povos"[359].

No dia seguinte, temendo que o rei decida pôr um fim a seus dias, todos os objetos cortantes que ele utiliza são confiscados: navalhas, tesouras, facas, canivetes. A mesma regra é aplicada à rainha.

O dia 11 resultou, para o monarca, mais penoso ainda, pois foi o de seu primeiro comparecimento perante seus juízes da Convenção, e também o dia escolhido pela Comuna para separar a família no interior da torre. O delfim teve de se juntar à sua mãe, sua irmã e sua tia no andar superior. Doravante, qualquer encontro e qualquer comunicação seriam proibidos entre Luís XVI e os seus (de fato, eles só se verão novamente uma única vez, para breves efusões, na véspera da execução do rei). A medida aplicava-se também a Cléry, reduzido a servir apenas ao soberano, no seu andar. Assim encerrado, tendo seu mordomo como único companheiro, o antigo rei da França encontrou-se sozinho num aposento deserto e sinistro, que só poderia parecer-lhe, nesse dia sombrio, a antecâmara da morte.

Por volta das treze horas, Pierre Chaumette, procurador da Comuna, e Santerre, recentemente promovido a comandante da Guarda Nacional, foram buscar "Luís Capeto" a fim de conduzi-lo à Convenção para o primeiro interrogatório. "Capeto não é meu nome, é o nome de um de meus ancestrais", disse o soberano, pensando no rei Hugues, fundador da dinastia. E acrescentou: "Vou segui-los, não para obedecer à Convenção, mas porque meus inimigos têm a força nas mãos"[360].

É um Luís XVI envelhecido, de rosto abatido e que uma barba de três dias deixa ainda mais deplorável, quem penetra na sala do Manège. O presidente da Convenção, Barère, que alguns momentos antes dizia: "É preciso que um silêncio tumular assuste o culpado!"[361], pede-lhe cortesmente que se sente e, a seguir, dirige-se a ele: "Luís, leremos para o senhor o ato enunciativo dos delitos que lhe são imputados". Um contínuo inicia então a leitura do ato, mas Barère retoma cada artigo e pede ao rei que responda a suas perguntas. "Luís, o povo francês vos acusa de ter cometido uma variedade de crimes para estabelecer vossa tirania, destruindo sua liberdade."[362] E ele enumera toda uma série de críticas, dentre as quais ao fato de o rei ter feito um exército marchar contra os cidadãos de Paris e ter na consciência os massacres das Tulherias e do Champ-de-Mars, de não ter mantido o juramento feito à Federação, de ter deixado uma insígnia nacional ser pisada durante uma orgia versalhês, de ter apoiado os sacerdotes refratários e encorajado a emigração, de ter fugido de suas funções ao tomar a estrada para Varennes, de ter calado sobre a declaração de Pillnitz, de ter secretamente conspirado com seus dois irmãos contra a Revolução, de ter feito tratativas desleais e antipatrióticas com as cortes estrangeiras, de ter sabotado a defesa nacional e destruído a Marinha, facilitando, até mesmo organizando, a fuga dos oficiais.

A tudo isso Luís XVI responde com calma e concisão, sabendo que cada uma de suas palavras corria o risco de ser usada contra si. Ele explica que jamais agiu desrespeitando as leis existentes, que sempre se opôs ao uso da violência pública, inclusive em 10 de agosto, que jamais solicitou a intervenção das forças estrangeiras e que "desaprovou todas as atitudes de [seus] irmãos"[363]. Ele afirma não reconhecer nem sua letra, nem sua assinatura na maior parte dos documentos que lhe são apresentados. Depois, pede uma cópia dos pontos da acusação que acabam de ser enumerados, bem como dos documentos anexados, e solicita a concessão de um ou diversos conselheiros para assegurar sua defesa, o que lhe é concedido por quase unanimidade.

O interrogatório durara quatro horas. Digno mas desconfortável, o rei falara o menos possível, deixando aos acusadores o encargo de provar suas acusações, de se repetirem, eventualmente de se contradizerem, evitando, por sua vez, enrolar-se em suas respostas. Ele voltou esgotado para a Tour du Temple por volta das seis e meia da noite. Lá sozinho estava Cléry, a quem ele pôde então confidenciar: "Eu estava muito longe de pensar em todas as perguntas que me foram feitas". E o mordomo escreve em seu caderno algo impressionante: "Ele se deitou com bastante tranqüilidade"[364].

No dia seguinte, três conselheiros oferecem sua ajuda, que Luís XVI apressa-se em aceitar: François Tronchet, antigo chefe da confraria dos advogados e recentemente membro da Constituinte, Marc-Antoine de Sèze, advogado parisiense, e especialmente Lamoignon de Malesherbes, seu antigo secretário na Casa Real. Não é sem importância observar que Olympe de Gouges, mãe do feminismo moderno e revolucionária de primeira hora, havia também se candidatado para a defesa do rei: "Ofereço-me, depois do corajoso Malesherbes, para ser defensora de Luís. Deixemos de lado meu sexo, o heroísmo e a generosidade também cabem às mulheres, e a revolução fornece mais de um exemplo [...]. Acredito que Luís seja culpado enquanto rei; mas, desprovido desse título de proscrito, ele deixa de ser culpado aos olhos da República"[365]. Foi má idéia a sua, pois, a partir de então colocada no lado dos traidores da nação, ela será, no ano seguinte, guilhotinada, não sem antes propor a Robespierre atirar-se na água em sua companhia!

A Convenção não recebera um mandato para constituir-se em tribunal, e o rei não a reconhecia, nessa função, como legítima. Convencido de que continuava a gozar de uma espécie de aura vinda do início dos tempos, ele cogitara então adotar uma estratégia que consistia em dirigir sua defesa não a esses juízes-deputados, visivelmente dedicados à sua ruína, "mas à França inteira, que julgará meus juízes e reservará para mim, no coração de meu povo, um lugar que nunca mereci perder"[366]. A idéia era astuciosa, mas ele renunciou a ela, pois, apesar de ser útil à sua causa e evitar-lhe o pior, corria muito o risco de voltar-se contra a rainha, cuja impopularidade era então enorme.

O processo do rei foi seguido de perto e com paixão pela opinião pública e pela imprensa, mas as cortes estrangeiras não estavam menos atentas ao que acontecia em Paris: em Londres, onde o tribunal do King's Bench acabava de "proscrever da vida" Thomas Paine por seus escritos sediciosos, a Câmara dos Comuns, por intermédio de diversos deputados *whigs* (curiosamente encorajados por Danton), pediu ao primeiro ministro que interviesse a favor de Luís XVI. Feliz demais em ver seu ancestral inimigo em dificuldades, e dizendo-se que seria mais fácil erguer a Europa contra a França quando esta se tornasse efetivamente regicida, William Pitt recusou-se a tomar tal atitude. Em 28 de dezembro, a Espanha comunicou à Convenção, em contrapartida, que uma condenação à morte de Luís XVI poderia recolocar em causa a neutralidade observada até então por Madri.

O processo durava demasiado; os interrogatórios se sucediam dia após dia, sem que se avançasse um milímetro na busca de uma verdade perdida que todos se esforçavam por negar ou travestir. E, em 26 de dezembro, as alegações da defesa não haviam mudado de tom: "Eu procuro entre vocês, juízes", clamara De Sèze, "e só vejo acusadores"[367]. Mas ele não impressionara ninguém. Chegara o momento, por assim dizer, de pôr um fim a tudo. Os partidários da clemência imaginaram, como fizera o próprio Luís XVI, que o melhor seria talvez apelar aos cidadãos como um todo, por intermédio das assembléias primárias, e entregar a sorte do rei destituído nas mãos do povo soberano. Uma proposta nesse sentido é feita em 27 de dezembro pelo deputado Salle, eleito da região da Meurthe, e provoca um vivo debate, do qual Saint-Just novamente tirou vantagem, argüindo que a questão não era apenas francesa: "Julgamos os reis diante do universo"[368].

No dia seguinte, segue o debate sobre a questão de saber a quem caberia a decisão final. Nove dias antes, Thomas Paine, não sem malícia, lembrara a Robespierre o excelente discurso que este pronunciara em 30 de maio na tribuna da Assembléia Nacional: "A pena capital", explicara esse último, "não passa de um ignóbil assassinato, punindo um crime com outro, o assassínio com o assassínio. Já que os juízes não são infalíveis, eles não têm o direito de pronunciar sentenças irremediáveis"[369]! Mas a lembrança desse sublime arroubo ético não impede absolutamente que o Incorruptível peça a cabeça do rei e exija que a Convenção assuma suas responsabilidades, em vez de apelar a reuniões públicas a que o verdadeiro povo pouco comparecerá e onde os bem-falantes da aristocracia procurarão desviar a assistência: "Quem é mais eloqüente, mais hábil, mais cheio de recursos que os intrigantes [...], isto é, que os velhacos do antigo e mesmo do novo regime?"[370]

Nesse debate capital, opuseram-se os jacobinos, minoritários mas profundamente unidos ("A minoria", diz então Robespierre, "tem por toda parte um direito eterno [...] o de fazer ouvir a voz da verdade"), aos girondinos, ainda majoritários mas divididos em suas análises e nas formas a dar a um eventual apelo ao povo. Encerrando o debate, Barère preocupou-se, em 4 de janeiro de 1793, em enfatizar a unidade da conspiração, as divisões dos girondinos e o absurdo de um apelo ao povo:

> *Argumento nº 1*: "Todos os atos de conspiração possuem laços estreitos; foi o mesmo sistema que produziu o exército de 14 de julho de 1789; o projeto de fuga para Metz em 5 de outubro do mesmo ano; a fuga para Varennes, o dia 20 de junho e o 10 de agosto [...]. Só vejo uma horrível seqüência de conspirações estendendo seus véus fúnebres sobre a liberdade francesa."

Argumento nº 2, sobre as divisões dos girondinos: "Salle remete à nação para aplicar a pena; Buzot pede a ratificação do julgamento pelo povo [...]; Vergniaud exige que se consulte a nação, como um de nossos deveres; Brissot declara que isso não passa de uma homenagem à soberania [...]; Gensonné invoca a censura do povo em todos os atos dos representantes."

Argumento final: "As variações nos oradores do mesmo sistema [os girondinos] provam evidentemente que o recurso à nação não está baseado em direitos rigorosos e princípios incontestáveis [...]. Remeter ao povo o julgamento de um assunto particular é destruir a natureza do corpo constituinte; é alterar os princípios do governo representativo; é reportar ao soberano o que o soberano o encarregou de fazer."[371]

Com a comunicação de todos os argumentos essenciais, o debate foi unanimemente declarado encerrado. Estava previsto que as deliberações recomeçariam em 15 de janeiro e versariam sobre três questões distintas mas decisivas: a culpabilidade do rei, o apelo ao povo, a pena a infligir.

Luís XVI aproveitou esse parêntese para preparar-se para um veredicto cuja aproximação deixava pouco lugar ao otimismo. Com a instrução do processo concluída, ele pensava, talvez fosse autorizado lhe rever os seus ou a comunicar-se com eles, já que em 19 de dezembro ele não pudera comemorar o aniversário de sua filha? Nada disso aconteceu, e a estrita vigilância das sentinelas permaneceu idêntica. As únicas visitas que o rei podia receber eram as de seus advogados.

O resto do tempo era dedicado à oração, à leitura – mas também à escrita. O soberano havia, duas semanas antes, escolhido o dia de Natal para redigir seu testamento, que imediatamente entregou a Malesherbes. Trata-se de um texto ao mesmo tempo patético e majestoso, que resume o conjunto inseparável de sua grandeza e suas deficiências, um texto que mostra igualmente a que ponto o destino se equivocara ao fazer rei, na cruel era das revoluções, um homem concebido para a felicidade e os prazeres simples, para o amor dos seus e de seus súditos, para a paixão das ciências e das técnicas, para a preocupação de espalhar o bem, para o ódio ao sangue derramado – um homem mal feito para enfrentar, apesar de sua coragem, seu senso de dever e sua dignidade, as violências inexoráveis da história. Mas quem, nas mesmas condições, com exceção talvez de Nero e Calígula, teria feito melhor que ele?

> Em nome da Santíssima Trindade, do Pai e do Filho, e do Espírito Santo. Hoje, vigésimo quinto dia de dezembro de mil setecentos e noventa e dois, eu, de nome Luís XVI, rei da França, há quatro meses encerrado com minha família na Tour du Temple, em Paris, por aqueles que eram meus súditos e privado de qualquer tipo de comunicação, mesmo com minha família, desde o dia onze deste mês; ainda por cima envolvido em um processo cujo resultado é impossível prever, por causa das paixões dos homens, e do qual não se encontra nenhum pretexto nem meios em nenhuma lei existente; tendo apenas Deus por testemunha de meus pensamentos, e a quem posso dirigir-me, eu declaro aqui, em sua presença, minhas últimas vontades e meus sentimentos.

Apesar de nesse belo prólogo o rei deixar pairar a dúvida sobre o "resultado" do processo, ele sabe o que o espera e não tarda em reconhecê-lo: "Eu *morro* na união de nossa santa madre Igreja, católica, apostólica, romana..." Sem poder confessar-se desde 10 de agosto, ele pede então ao Altíssimo o perdão por seus erros, desculpa-se junto à Igreja por ter, sob coação, assinado textos contrários a seus interesses, declara perdoar "de todo [o seu] coração aqueles que se fizeram [seus] inimigos" e acrescenta estas palavras de contrição a que não falta elegância e que estão de acordo com a imagem do personagem: "Eu rogo a todos aqueles a quem eu possa ter ofendido por inadvertência (pois não me lembro de ter conscientemente ofendido ninguém) [...] que me perdoem pelo mal que acreditam eu possa ter-lhes feito".

Ele recomenda em seguida "[seus] filhos à [sua] mulher", antes de acrescentar, a respeito de Maria Antonieta, esta frase ao mesmo tempo delicada e sibilina, sobre a qual parecem pairar algumas sombras: "Eu rogo à minha mulher que me perdoe por todos os males que ela sofre por mim, e pelos desgostos que posso ter-lhe causado durante nossa união; da mesma forma, ela pode ter certeza de que eu não guardo nada contra ela, caso ela acredite ter alguma coisa a censurar-se". Mas a passagem mais incômoda, e ao mesmo tempo mais terrível, é a que diz respeito a seu filho, o futuro (e hipotético) Luís XVII: "Eu recomendo a meu filho, se ele tiver o azar de tornar-se rei, que pense que deve dedicar-se por inteiro à felicidade de seus concidadãos"[372]. *O azar de tornar-se rei...*: toda a tragédia de Luís XVI está condensada nessas poucas palavras.

Em 15 de janeiro, a Convenção pronunciou-se sobre as duas primeiras questões previstas para a agenda do dia, cada deputado votando individualmente na tribuna ao chamado de seu nome. Por unanimidade dos 691 presentes, Luís Capeto foi declarado "culpado de conspiração contra a liberdade pública e contra a segurança geral do Estado". Depois, por 424 votos a 287 e 12 abstenções, a Assembléia decretou que o julgamento não seria submetido à ratificação popular: uma derrota contundente para os girondinos, em cujas fileiras uma primeira debandada prenunciava outras.

Restava escolher a sentença. Como cada deputado podia explicar seu voto, a sessão, iniciada em 16 de janeiro, pouco depois das dez horas da manhã, só terminou no dia seguinte, às oito horas da noite. Diversas opções se apresentavam: morte imediata, morte com adiamento (a fim de não indispor demais as potências estrangeiras), detenção até o fim da guerra seguida por banimento (solução proposta por Thomas Paine em 7 de janeiro), trabalhos forçados. Os jacobinos uniram suas forças, seguidos, durante a votação, por uma parte dos girondinos (dentre os quais Vergniaud) preocupada em seguir o sentido da maré – e pelo próprio primo do rei, Philippe Égalité! Resultado do escrutínio: 366 votos (com seis votos de maioria) pela morte imediata; 34 votos pela morte com adiamento; 319 votos pela detenção seguida de banimento; dois votos pelos trabalhos forçados.

Tão logo pronunciada pelo presidente, a sentença foi imediatamente contestada pela direita da Assembléia, que argüia que alguns deputados estavam em desacordo com a categoria em que seu voto fora classificado. Ela exigiu e obteve um escrutínio retificativo, que ocorreu no dia seguinte, 18 de janeiro. Dessa vez, o voto foi irrevogável, mas a "morte imediata" obteve apenas 361 votos contra 360: por apenas um voto, o destino do rei, como o do país, poderia ter sido alterado.

Uma última votação ocorreu no dia 19, sobre uma questão que fora dissociada do escrutínio precedente: a do adiamento. O resultado só foi proclamado no dia 20, às duas horas da manhã: o adiamento fora rejeitado por 380 votos a 310. Dessa vez, tudo estava encerrado.

*

Já contamos o desfecho da história – a resignação serena do rei, seu conhecido desejo de chegar ao outro mundo, a última noite passada com os seus, o deslocamento até a guilhotina, o último recado aos franceses, a decapitação.

Ao cortar a cabeça do supliciado, o carrasco, que talvez não medisse todo o alcance histórico de seu gesto, não apenas guilhotinara Luís XVI ou a monarquia; ele também guilhotinara, de certa maneira, a história da França. Pois parece legítimo pensar que houve, a partir desse dia, um *antes* e um *depois*, e que foi nesse 21 de janeiro de 1793 que iniciou, dessa vez para sempre, o Ano I da França moderna.

O paradoxo trágico – e girardiano[373] – da história que acabamos de contar é que, à semelhança das sociedades mais arcaicas, esta República moderna, à qual todos os franceses de hoje são sincera e legitimamente apegados, precisara, para nascer (ou, como dissera Robespierre, para "se consolidar" e para que "a pátria viva"), de um sacrifício fundador, de uma imolação que lhe servisse de sagração: é por isso que ela matou o mais humano e o menos imoral de seus reis – e perseguiu em seguida sua mulher e seu filho, fazendo-os expiar, com uma crueldade de outros tempos, todos os crimes, reais ou supostos, "de sua raça"[374].

# ANEXOS

Referências cronológicas

1750. *26 de agosto*, nascimento de Marie-Zépherine, irmã mais velha do futuro Luís XVI, filha do delfim Luís Ferdinando e de Maria Josefa da Saxônia.

1751. *13 de setembro*, nascimento do duque de Borgonha, irmão mais velho de Luís XVI. Borgonha é destinado a ser delfim.

1753. *8 de setembro*, nascimento do duque de Aquitânia, segundo irmão mais velho de Luís XVI.

1754. *23 de agosto*, nascimento de Luís Augusto, duque de Berry, futuro Luís XVI.
21 de dezembro, morte do duque de Aquitânia.

1755. *2 de novembro*, nascimento em Viena de Maria Antonieta.
17 de novembro, nascimento do conde de Provença, futuro Luís XVIII.
Dezembro, morte de Marie-Zéphirine.

1757. *9 de outubro*, nascimento do conde de Artois, futuro Carlos X.

1761. *21 de março*, morte do duque de Borgonha. Berry torna-se delfim em potencial.

1763. *10 de fevereiro*, Tratado de Paris, consagrando a vitória da Inglaterra sobre a França na Guerra dos Sete Anos.

1764. *14 de abril*, morte de Madame de Pompadour.

1765. *20 de dezembro*, morte de Luís Ferdinando, delfim, filho de Luís XV e pai de Luís Augusto, duque de Berry, que se torna delfim.

1767. Morte de Maria Josefa da Saxônia, mãe de Luís XVI.

1770. *16 de maio*, casamento do duque de Berry e de Maria Antonieta, arquiduquesa da Áustria, de quem nascerão Maria Teresa, chamada de Madame Royale (1778), Luís José de França (1781), Luís Carlos, futuro Luís XVII (1785), Sofia Helena (1786).
24 de dezembro, queda de Choiseul.

1771. *Janeiro*, exílio do Parlamento de Paris.
Fevereiro, instalação do "parlamento de Maupeou" (reforma da Justiça, abolição da venalidade de cargos, criação de novos parlamentos).
14 de maio, casamento do conde de Provença com Maria Josefa de Savoie.

1772. *25 de julho*, tratado de partilha da Polônia entre a Rússia e a Prússia.

1773. *16 de novembro*, casamento do conde de Artois com Maria Teresa de Savoie.

1774. *10 de janeiro*, Fersen apresentado a Maria Antonieta.
10 de maio, morte de Luís XV; Berry sucede-lhe com o nome de Luís XVI; no dia *13*, Maurepas é convocado como ministro de Estado.
24 de agosto, queda dos ministros de Luís XV. Turgot nomeado nas Finanças, Sartine na Marinha, Vergennes nos Negócios Estrangeiros.
Outubro-novembro, restabelecimento dos antigos parlamentos.

1775. *19 de abril*, início da guerra americana de independência, em Lexington.
Primavera, "guerra das farinhas" (ameaça de fome, as padarias são pilhadas).
11 de junho, sagração de Luís XVI em Reims.

1776. *12 de maio*, queda de Turgot.
4 de julho, Filadélfia, Declaração de Independência dos Estados Unidos da América; Luís XVI, por intermédio de Beaumarchais, ajuda financeiramente os insurgentes americanos.
Novembro, visita de Franklin a Paris.

1777. *18 de abril*, visita de José II a Versalhes.
26 de abril, Lafayette embarca para a América do Norte, com o consentimento tácito de Luís XVI.
29 de junho, Necker nomeado diretor-geral das Finanças.
17 de outubro, vitória americana em Saratoga.

1778. *6 de fevereiro*, Luís XVI assina um tratado de aliança com os Estados Unidos.
13 de abril, o almirante de Estaing deixa Toulon em direção à América; *em agosto*, ele fracassa diante de Sandy Hook.
Fundação do Mont-de-Piété.
Morte de Jean-Jacques Rousseau.
20 de dezembro, nascimento de Madame Royale.

1779. *12 de abril*, tratado franco-espanhol de Aranjuez.
Junho-julho, fracasso da esquadra franco-espanhola na Mancha.
Estaing fracassa diante de Savannah; Lafayette consegue o envio de um corpo expedicionário francês para a América.
Abolição da servidão nas terras do rei; abolição da tortura dos prisioneiros.

1780. Rochambeau nomeado à frente do corpo expedicionário enviado para a América.
29 de novembro, morte da imperatriz Maria Teresa.

1781. *19 de maio*, queda de Necker.
Luís XVI proíbe qualquer promoção aos oficiais que não podiam provar quatro quartos de nobreza; aumento dos impostos.
Verão, visita de José II a Versalhes.
5 de setembro, De Grasse impede que a frota inglesa entre na baía de Chesapeake.
19 de outubro, capitulação de Cornwallis em Yorktown.
22 de outubro, nascimento de Luís José de França.
21 de novembro, morte de Maurepas.

1782. *12 de abril*, De Grasse vencido na Batalha das Santas.
Nova ameaça de fome, o preço do pão aumenta, revoltas eclodem.
Luís XVI recebe Paulo I, czar da Rússia.

1783. *3 de setembro*, assinatura da Paz de Paris, que reconhece a independência dos Estados Unidos; a França não ganha quase nada, e seus cofres estão vazios.
10 de novembro, Calonne nomeado controlador-geral das Finanças.

1784. *27 de abril*, estréia de *As bodas de Fígaro*, de Beaumarchais.
Início do Caso do Colar.
Novos empréstimos para evitar a bancarrota.
Questão da foz do rio Escaut.

1785. *27 de março*, nascimento de Luís Carlos, duque da Normandia, futuro Luís XVII.
1º de agosto, La Pérouse sai de Brest para viagem ao redor do mundo.
15 de agosto, detenção do cardeal de Rohan no Caso do Colar.

1786. *31 de maio*, Rohan inocentado.
Fim de junho, viagem do rei para Cherbourg.
9 de julho, nascimento de Sofia-Hélène.
20 de dezembro, Luís XVI convoca uma Assembléia dos Notáveis, à qual Calonne deve propor um plano de reformas.

1787. *13 de fevereiro*, morte de Vergennes, substituído por Montmorin.
22 de fevereiro, início da Assembléia dos Notáveis.
8 de abril, queda de Calonne.
Fim de abril, Brienne nomeado principal ministro.

25 de maio, dissolução da Assembléia dos Notáveis.
18 de junho, morte de Sofia-Hélène, de onze meses.
Junho-agosto, Luís XVI reúne o Parlamento em Versalhes para cobrar novos impostos; recusa do Parlamento, que pede a convocação dos Estados Gerais; Luís XVI não leva em conta a objeção e faz os impostos serem registrados por um leito de justiça; o Parlamento declara esse registro ilegal.
15 de agosto, Luís XVI exila os parlamentares em Troyes. Motins em Paris.
19 de setembro, volta do Parlamento para Paris.

1788. *29 de janeiro*, édito concedendo estado civil aos protestantes.
7 de junho, "Dia das Telhas" em Grenoble.
8 de agosto, anúncio da convocação dos Estados Gerais para 1º de maio de 1789.
25 de agosto, demissão de Brienne e volta de Necker.
23 de setembro, Luís XVI restabelece o Parlamento de Paris, que exige a igualdade de todos perante os impostos.
Novembro, segunda Assembléia dos Notáveis.
27 de dezembro, Luís XVI aceita duplicar o número de deputados do terceiro estado e dá a idéia dos cadernos de queixas.

1789. *5 de maio*, abertura, em Versalhes, dos Estados Gerais, reunindo as três ordens: a nobreza, o clero e o terceiro estado.
4 de junho, morte do delfim Luís José de França.
O terceiro estado recusa o voto por ordem; o terceiro estado e uma parte dos deputados da nobreza e do clero se organizam em Assembléia Nacional.
20 de junho, juramento do Jogo da Péla.
Luís XVI ordena aos deputados da nobreza e do clero que se reúnam ao terceiro estado, avalizando, assim, a formação da Assembléia Nacional; ele manda concentrar tropas ao redor de Paris; a Assembléia pede-lhe que as retire; a Assembléia Nacional se torna Assembléia Constituinte.
14 de julho, tomada da Bastilha; Lafayette é nomeado comandante-em-chefe da Guarda Nacional; Paris elege seu primeiro prefeito, Jean-Sylvain Bailly; Luís XVI é recebido na Prefeitura; eleição dos membros da Comuna de Paris.
4 de agosto, abolição dos "privilégios" pela Assembléia Nacional; abolição do regime feudal.
26 de agosto, adoção da Declaração dos Direitos do Homem e do Cidadão.
Luís XVI recusa promulgar as decisões de 4 de agosto.
5 de outubro, os parisienses, coléricos, marcham até Versalhes

e obrigam Luís XVI e sua família a instalar-se em Paris (*no dia 6*); inúmeros nobres decidem emigrar.

2 de novembro, os bens do clero são confiscados.

22 de dezembro, a Assembléia divide a França em 83 departamentos.

1790. *13 de fevereiro*, a Assembléia suprime as ordens religiosas e define por decreto os poderes do rei; depois, abole os títulos de nobreza. A emigração se acelera.

12 de julho, votação da Constituição Civil do Clero.

14 de julho, festa da Federação no Champ-de-Mars.

4 de setembro, demissão de Necker.

26 de dezembro, Luís XVI, muito reticente, sanciona a Constituição Civil do Clero.

1791. *10 de março*, o papa Pio VI condena a Constituição Civil do Clero.

2 de abril, morte de Mirabeau.

20 de junho, Luís XVI e sua família fogem, são reconhecidos e detidos em Varennes.

25 de junho, o rei é suspenso de suas funções e levado para Paris.

17 de julho, tiroteio do Champ-de-Mars.

A nova constituição está pronta; o rei é restabelecido em suas funções e presta juramento em *14 de setembro*.

30 de setembro, a Assembléia Constituinte se dissolve; início da Assembléia Legislativa.

31 de outubro, Provença é intimado a voltar para a França, sob pena de perder a regência.

9 de novembro, os emigrados são intimados a voltar o mais rapidamente possível, se não quiserem ver seus bens confiscados.

Luís XVI dá seu veto a essas duas decisões.

1792. *27 de maio*, Luís XVI dá seu veto à deportação dos sacerdotes refratários.

15 de março, Dumouriez nos Negócios Estrangeiros.

25 de março, ultimato à Áustria.

20 de abril, declaração de guerra ao rei da Boêmia e da Hungria.

27 de maio, decreto sobre a deportação dos sacerdotes refratários.

8 de junho, decreto sobre a formação de um campo de federados em Paris.

11 de junho, veto do rei a esses dois decretos.

20 de junho, a multidão invade o Palácio das Tulherias, mas Luís XVI não cede.

11 de julho, a Assembléia proclama "a Pátria em perigo".

19 de julho, coroamento do imperador Francisco II.

25 de julho, o general-duque de Brunswick, chefe dos exércitos aliados da Prússia e da Áustria, publica um manifesto no qual ameaça Paris e a França de repressão sangrenta caso seja feito o menor mal à família real.

10 de agosto, a multidão invade as Tulherias, a família real se refugia na Assembléia, os deputados votam a "suspensão" do rei.

13 de agosto, Luís XVI e sua família são conduzidos à prisão do Temple.

23 de agosto, capitulação de Longwy.

20 de setembro, vitória de Valmy. Início da retirada dos austro-prussianos.

21 de setembro, a Convenção, que substitui a Assembléia Legislativa, decreta a abolição da realeza.

22 de setembro, proclamação do Ano I da República.

20 de novembro, descoberta nas Tulherias de um "armário de ferro" que conteria documentos comprometedores; abertura do processo de Luís XVI; ele é julgado pela Convenção.

1793. *20 de janeiro*, Luís XVI reconhecido culpado e condenado à morte.

21 de janeiro, Luís XVI é guilhotinado na Place de la Révolution.

24 de junho, em Verona, o conde de Provença reconhece Luís XVII rei da França e se proclama regente.

2 de agosto, Maria Antonieta é transferida para a Conciergerie.

14-16 de outubro, processo de Maria Antonieta.

16 de outubro, Maria Antonieta é guilhotinada.

Luís XVII, de 8 anos, fica sozinho, encerrado na prisão do Temple. Ele morre em *8 de junho de 1795*.

Referências bibliográficas

ALSOP, Susan Mary. *Les Américains à la cour de Louis XVI*. Paris: Lattès, 1983.

AMIABLE, *Louis. Une loge maçonnique d'avant 1789: la loge des Neuf Soeurs*. Paris: Édimaf, éd. Carlos Porset, 1989.

BERTIÈRE, Simone. *Marie-Antoinette l'insoumise*. Paris: Éditions de Fallois, 2002.

BOUILLÉ, comte A. de. *Varennes et la dernière chance de Louis XVI*. Lyon: Audin, 1969.

BRUNEL, Y. *La mère de Louis XVI, Marie-Josèphe de Saxe, dauphine de France*. Paris: Beauchesne, 1960.

CHAUSSINAND-NOGARET. *Louis XVI: le règne interrompu*. Paris: Taillandier, 2002.

CHAPPE, Jean-François. *Louis XVI, I. Le Prince, II. Le Roi, III. L'Otage*. Paris: Perin, 1987-1989.

CLÉRY, Jean-Baptiste Hanet dit. *Journal de ce qui s'est passé à la Tour du temple*. Paris: Mercure de France, 1968.

EBELING, J.-B. *Louis XVI. Extraits des Mémoires du temps*. Paris: Plon, 1939.

FAURE, Edgar. *La disgrâce de Turgot*. Paris: Gallimard, 1961.

FAŸ, Bernard. *Louis XVI ou la fin d'un monde*. Paris: La Table Ronde, 1981 [1966].

FURET, François. *Penser la Révolution française*. Paris: Gallimard, 1983 [1978].

___ *La Révolution en débat*. Paris: Gallimard, 1999.

GIRAULT DE COURSAC, Paul et Pierrette. *Enquête sur le procès du roi Louis XVI*. Paris: F. X. de Guibert, 1982.

___ *Entretiens sur Louis XVI. Deux ou trois choses que vous devriez savoir et qu'on n'a jamais osé vous dire*. Paris: OEIL, 1990.

___ *Le voyage de Louis XVI autour du monde. L'expédition La Pérouse*. Paris: La Table Ronde, 1985.

___ *Louis XVI, roi martyr?* Paris: Téqui, 1985.

___ *Sur la route de Varennes*. Paris: La Table Ronde, 1984.

___ *Un visage retrouvé. Portrait physique et moral du dernier Roi Très-Chrétien*. Paris: OEIL, 1990.

___ *Louis XVI a la parole*. Paris: OEIL, 1989.

GIRAULT DE COURSAC, Pierrette. *L'éducation d'un roi: Louis XVI*. Paris: Gallimard, 1972.

___ (éd.) *Derniers messages de Louis XVI au Français*. Paris: OEIL, 1991.

HALÉVI, Ran. *Les loges maçonniques dans la France d'Ancien Régime: aux origines de la sociabilité démocratique*. Paris: Armand Colin, 1984.

HARDMAN, John. *Louis XVI: The Silent King*. Londres: Arnold, 2000.

JULLIAN, Marcel. *Louis et Maximilien: deux visages de la France*. Paris: Perrin, 1998.

LAFUE, Pierre. *Louis XVI, l'échec de la révolution royale*. Paris: Hachette, 1942.

La Tour du Temple. Les derniers jours de Louis XVI et Marie-Antoinette par Cléry, son valet de chambre, l'abbé Edgeworth de Firmont, son confesseur, Marie-Thérèse de France, sa fille. Paris: Horizons de France, 1942.

LE NABOUR, Éric. *Louis XVI: le pouvoir et la fatalité*. Paris: Jean-Claude Lattès, 1988.

LENOTRE, G. *Le roi Louis XVII et l'énigme du Temple*. Paris: Perrin, 1950.

LEVER, Évelyne. *Louis XVI*. Paris: Fayard, 1985.

___ *Marie-Antoinette*. Paris: Fayard, 1991.

___ *L'affaire du Collier*. Paris: Fayard, 2004.

OZOUF, Mona. *L'homme régénéré. Essai sur la Révolution française*. Paris: Gallimard, 1989.

___ *Varennes, la mort de la royauté, 21 juin 1791*. Paris: Gallimard, 2005.

PETITFILS, Jean-Christian. *Louis XVI*. Paris: Perrin, 2005.

PHILONENKO, Alexis. *La mort de Louis XVI*. Paris: Bartillat, 2000.

SAGNAC, Philippe. *La fin de l'Ancien Régime et la Révolution américaine (1763-1789)*. Paris: PUF, 1947.

SOBOUL, Albert. *Le procès de Louis XVI*. Paris: Gallimard/Julliard, 1973 [1966].

___ *La Révolution française*. Paris: Gallimard, 1984.

TACKETT, Timothy. *Le roi s'enfuit. Varennes et l'origine de la Terreur*. Paris: La Découverte, 2004.

TAILLEMITE, Étienne. *Louis XVI ou le navigateur immobile*. Paris: Payot, 2002.

VÉRY, Joseph-Alphonse de (abbé) éd. Jehan de Witte. *Journal* [1774-1780]. Paris, 1928-1930, 2 vol.

VIGUERIE, Jean de. *Louis XVI, le roi bienfaisant*. Paris: Éditions du Rocher, 2003.

VINCENT, Bernard. *Thomas Paine ou la religion de la liberté*. Paris: Aubier, 1987.

VOVELLE, Michel. *La chute de la monarchie, 1787-1792*. Paris: Le Seuil, 1999 [1972].

WOODGATE, M. V. *Le dernier confident de Louis XVI, l'abbé Edgeworth de Firmont*. Paris: Téqui, 1992.

ZWEIG, Stefan. *Marie-Antoinette*. Paris: Grasset, 1933.

Notas

1. Pierre Lafue, *Louis XVI, l'échec de la révolution royale*. Paris: Hachette, 1942.
2. *Ibid.*
3. Bernard Faÿ, *Louis XVI ou la fin d'un monde*. Paris: La Table Ronde, 1981 [1966].
4. Jean de Viguerie. *Louis XVI, le roi bienfaisant*. Paris: Éditions du Rocher, 2003.
5. G. Lenotre, *Le roi Louis XVII et l'énigme du Temple*. Paris: Perrin, 1950, p. 71; Hébert, *Le Père Duchesne*, nº 173, automne 1792; Éric Le Nabour, *Louis XVI: le pouvoir et la fatalité*. Paris, Jean-Claude Lattès, 1988.
6. Lafue, *op. cit.*, p. 276-277; J-F. André, *Examen impartial de la vie publique et privée de Louis XVI*. Hamburgo e Paris, 1797.
7. M. V. Woodgate, *Le dernier confident de Louis XVI, l'abbé Edgeworth de Firmont*. Paris: Téqui, 1992.
8. Lafue, *op. cit.*
9. Le Nabour, *op. cit.*
10. Lafue, *op. cit.*
11. Simone Bertière, *Marie-Antoinette l'insoumise*. Paris: Éditions de Fallois, 2002.
12. *Ibid.*
13. *Ibid.*
14. Le Nabour, *op. cit.*
15. Lafue, *op. cit.*
16. *Ibid.*
17. Faÿ, *op. cit.*
18. Jean-Christian Petitfils, *Louis XVI*. Paris: Perrin, 2005.
19. Théodore de Lameth, *Mémoires*. Paris, 1913.
20. Le Nabour, *op. cit.*
21. Jean-François Chiappe, *Louis XVI, I. Le Prince, II. Le Roi, III. L'Otage*. Paris: Perrin, 1987-1989.
22. Pierrette Girault de Coursac, *L'éducation d'un roi: Louis XVI*. Paris: Gallimard, 1972.
23. *Le Mercure de France*, octobre 1754.
24. Abbé Proyart, *Louis XVI et ses vertus aux prises avec la perversité de son siècle*. Paris, 1808, livro I, tomo I.
25. Lafue, *op. cit.*
26. *Ibid.*
27. *Ibid.*
28. *Ibid.*
29. Faÿ, *op. cit.*
30. *Ibid.*

31. Lafue, *op. cit.*
32. Fénelon, *Télémaque*. Paris : Flammarion, 1999 [1699], 18e livre.
33. Lafue, *op. cit.*
34. Le Nabour, *op. cit.*
35. Coursac, *op. cit.*
36. Archives départementales de l'Aube, E 1583.
37. *Le Mercure de France*, janvier 1761, tome I.
38. Coursac, *op. cit.*
39. Coursac, *op. cit.*
40. *Ibid.*
41. Duc de Croÿ, *Journal inédit, 1718-1784*. Paris : Flammarion, 1906. t. II.
42. Du Puget de Saint-Pierre, *Histoire de Charles de Sainte-Maure, marquis de Salles, duc de Montausier*. Paris, 1784.
43. John Hill Burton, *Life and Correspondance of David Hume*. Edimburgo, 1846, tomo II.
44. Prince de Montbarey, *Mémoires autographes*. Paris, 1826-1827, tome II.
45. Louis Petit de Bachaumont, *Mémoires secrets pour servir à l'Histoire de la République des Lettres de France*. Londres, 1784, tome I.
46. Abbé Proyart, *Louis XVI et ses vertus aux prises avec la perversité de son siècle*, *op. cit.*, seguindo *Louis XVI détrôné avant d'être roi*. Paris, 1817.
47. Archives nationales, K 144, nº 13, 13.
48. Duc de La Vauguyon, *Première conversation de M. de La Vauguyon avec le duc de Berry le 1er avril 1763*. BNF, F. f. sup. nº 4.428, ffos 1-2.
49. Abbé Proyart, *Vie du dauphin père de Louis XVI*. Lyon, 1788 [1781].
50. Lafue, *op. cit.*
51. Abbé Proyart, *Vie du dauphin, op. cit.*
52. Coursac, *op. cit.*
53. Lafue, *op. cit.*, p. 27; Petitfils, *op. cit.*
54. Bertière, *Marie-Antoinette, op. cit.*, p. 118; Coursac, *op. cit.*
55. Coursac, *op. cit.*, p. 89-92; Lafue, *op. cit.*
56. Duc de La Vauguyon, *Seconde conversation de M. de La Vauguyon avec Monseigneur le duc de Berry*. BNF, F. f. sup. nº 4.428. O texto será objeto de uma edição pública em Paris em 1814.
57. *Ibid.* (edição de 1814).
58. Abbé Sicard, *Vie de Madame la dauphine*. Paris, 1817.
59. *Ibid.*
60. Archives départementales de l'Aube, E 1512.
61. Bertière, *op. cit.*
62. Faÿ, *op. cit.*
63. Stefan Zweig, *Marie-Antoinette*. Paris: Grasset, 1933.
64. Faÿ, *op. cit.*
65. *Ibid.*
66. *Ibid.*

67. Casimir Stryienski, *La mère des trois derniers Bourbons, Marie-Josèphe de Saxe, et la cour de Louis XV*. Paris, 1902.
68. Coursac, *op. cit.*
69. Le Nabour, *op. cit.*
70. *Réflexions sur mes Entretiens avec M. le duc de La Vauguyon*, publicado, com uma introdução de M. de Falloux, em Paris em 1851, *passim*.
71. Bertière, *op. cit.*
72. Zweig, *op. cit.*
73. Gilles Cantagrel, *Les plus beaux manuscrits de Mozart*. Paris : La Martinière, 2005, p. 22.
74. Le Nabour, *op. cit.*
75. *Ibid.*
76. *Ibid.*
77. Zweig, *op. cit.*
78. *Ibid.*
79. Bertière, *op. cit.*
80. *Ibid.*
81. *Ibid.*
82. http://leroietmoi.free.fr/presentation.htm (texto em inglês no *site*). Também em Le Nabour, *op. cit.*
83. Le Nabour, *ibid.*
84. Zweig, *op. cit.*
85. Le Nabour, *op. cit.*
86. Faÿ, *op. cit.*
87. Jean de Viguerie, *op. cit.*
88. Coursac, *op. cit.*
89. Zweig, *op. cit.*
90. *Ibid.*
91. Bertière, *op. cit.*
92. Lafue, *op. cit.*
93. Zweig, *op. cit.*
94. *Ibid.*
95. Bertière, *op. cit.*
96. *Ibid.*
97. *Ibid.*
98. Faÿ, *op. cit.*
99. Bertière, *op. cit.*
100. Zweig, *op. cit.*
101. Bertière, *op. cit.*
102. Faÿ, *op. cit.*
103. Bertière, *op. cit.*
104. *Ibid.*
105. *Ibid.*

106. Zweig, *op. cit.*
107. Bertière, *op. cit.*
108. Faÿ, *op. cit.*
109. Lafue, *op. cit.*
110. Faÿ, *op. cit.*
111. *Ibid.*
112. Bertière, *op. cit.*
113. Chiappe, I, *op. cit.*
114. Bertière, *op. cit.*
115. Faÿ, *op. cit.*
116. Bertière, *op. cit.*
117. Le Nabour, *op. cit.*
118. Lafue, *op. cit.*
119. Bertière, *op. cit.*
120. Chiappe, I, *op. cit.*
121. http://www.medarus.org/Medecins/MedecinsTextes/jenner.html
122. Le Nabour, *op. cit.*
123. Lafue, *op. cit.*
124. *Ibid.*
125. *Ibid.*
126. Faÿ, *op. cit.*
127. Zweig, *op. cit.*
128. Le Nabour, *op. cit.*
129. Marie-Antoinette, *Correspondance secréte entre Marie-Thérèse et le cte de Mercy-Argenteau*. Éd. Alfred d'Arneth et M. A. Geffroy, 3 vol. Paris: Firmin-Didot, 1874, tome II.
130. Le Nabour, *op. cit.*
131. *Ibid.*
132. http://butte.cailles.free.fr/page_5_2.htm
133. Le Nabour, *op. cit.*
134. http://www.1789-1815.com/vergennes.htm
135. Le Nabour, *op. cit.*
136. Faÿ, *op. cit.*
137. Le Nabour, *op. cit.*
138. *Ibid.*
139. *Ibid.*
140. Évelyne Lever, *Louis XVI.* Paris : Fayard, 1985.
141. Le Nabour, *op. cit.*
142. *Ibid.*
143. Lafue, *op. cit.*
144. *Ibid.*
145. Faÿ, *op. cit.*
146. Le Nabour, *op. cit.*

147. Lafue, *op. cit.*
148. *Ibid.*
149. Le Nabour, *op. cit.*
150. *Ibid.*, p. 132; e http://fr.wikipedia.org/wiki/Sacre_(France)
151. Lever, *Louis XVI, op. cit.*
152. *Ibid.*
153. Le Nabour, *op. cit.*
154. Lafue, *op. cit.*
155. *Correspondance secrète entre Marie-Thérèse et le cte de Mercy-Argenteau, op. cit.*
156. Bertière, *op. cit.*
157. http://www.cosmovisions.com/Malesherbes.htm
158. Lafue, *op.cit.*
159. *Ibid.*
160. *Ibid.*
161. *Ibid.*
162. Abbé de Véri, *Journal*, 1928, 2 vol. Paris, Tallandier, 1928-1930.
163. Faÿ, *op. cit.*
164. Le Nabour, *op. cit.*
165. Bertière, *op. cit.*
166. Le Nabour, *op. cit.*
167. John Hardman, *Louis XVI: The Silent King*. Londres, Arnold, 2000.
168. Lafue, *op. cit.*
169. *Ibid.*
170. *Ibid.*
171. Citado por Hardman, *Lousi XVI, op. cit.*
172. Lafue, *op. cit.*
173. *Ibid.*
174. *Ibid.*
175. Jean-Louis Soulavie, *Mémoires historiques et politiques du règne de Louis XVI*. Paris, 1801, citado por Hardman, *op. cit.*
176. Lafue, *op. cit.*
177. Faÿ, *op. cit.*
178. Lafue, *op. cit.*
179. Petitfils, *op. cit.*
180. Louis Amiable, *Une loge maçonnique d'avant 1789. La loge des Neuf Soeurs*. Paris, 1897 [reedição crítica por Carlos Porset. Paris: Edimaf, 1989].
181. Carlos Porset. *Hiram Sans-Culotte? Franc-maçonnerie, Lumières et Révolution. Trente ans d'études et de recherches*. Paris: Honoré Champion, 1998.
182. Albert Mathiez, "La Révolution française", *Annales historiques de la Révolution française*, X, 1933.

183. Jean-André Faucher, *Les francs-maçons et le pouvoir de la Révolution à nos jours*. Paris, Perrin, 1986.

184. François Furet, *Penser la Révolution française*. Paris: Gallimard, 1978.

185. Citado por Bernard Cottret, *La Révolution américaine*. Paris, Perrin, 2003.

186. Philippe Erlanger, "Louis XVI, fondateur des États-Unis", *Histoire Magazine*, nº 43, setembro 1983.

187. Petitfils, *op. cit.*

188. Étienne Taillemite, *Louis XVI ou le navigateur immobile*. Paris, Payot, 2002.

189. *Ibid.*

190. Petitfils, *op. cit.*

191. Taillemite, *op. cit.*

192. La Fayette, *Mémoires, correspondances et manuscrits*. Paris, 1837, tomo I.

193. Mark M. Boatner, *Encyclopedia of the American Revolution*. New York: McKay, 1976.

194. Michel Vovelle, "La fondation de la République", *Hommes et libertés*, nº 68, agosto 1992.

195. Alphonse Aulard, *Histoire politique de la Révolution française*. Paris, 1901.

196. Carl Van Doren, *Benjamin Franklin*. New York, Viking Press, 1964.

197. "Lettre [...] à M. le Docteur Price", *in* Mirabeau, *Considérations sur l'Ordre de Cincinnatus*. Londres, 1784.

198. Citado por Jean d'Ormesson em "Chateaubriand", *Le Figaro littéraire*, 19 outubro de 1995.

199. John Hardman, *op. cit.*

200. Chiappe, II, *op. cit.*

201. Jacques Godechot, *La Révolution française. Chronologie commentée, 1787-1799*. Paris: Perrin, 1988.

202. Taillemite, *op. cit.*

203. *Ibid.*

204. *Ibid.*

205. *Ibid.*

206. *Ibid.*

207. *Ibid.*

208. *Ibid.*

209. Petitfils, *op. cit.*

210. Le Nabour, *op. cit.*

211. *Ibid.*

212. Petitfils, *op. cit.*

213. Lafue, *op. cit.*

214. *Ibid.*

215. Le Nabour, *op. cit.*

216. Lafue, *op. cit.*
217. Le Nabour, *op. cit.*
218. *Ibid.*
219. Petitfils, *op. cit.*
220. Chiappe, II, *op. cit.*
221. *Ibid.*
222. Viguerie, *op. cit.*
223. Petitfils, *op. cit.*
224. Le Nabour, *op. cit.*
225. Petitfils, *op. cit.*
226. Le Nabour, *op. cit.*
227. Petitfils, *op. cit.*
228. Viguerie, *op. cit.*
229. Godechot, *op. cit.*
230. Le Nabour, *op. cit.*
231. *Ibid.*
232. *Ibid.*
233. Godechot, *op. cit.*
234. Le Nabour, *op. cit.*
235. Petitfils, *op. cit.*
236. *Ibid.*
237. *Ibid.*
238. Godechot, *op. cit.*
239. Le Nabour, *op. cit.*
240. Godechot, *op. cit.*
241. Le Nabour, *op. cit.*
242. Godechot, *op. cit.*
243. Petitfils, *op. cit.*
244. *Ibid.*
245. *Ibid.*
246. Le Nabour, *op. cit.*
247. Zweig, *op. cit.*
248. Petitfils, *op. cit.*
249. *Ibid.*
250. http://arsmagnalucis.free.fr/bourbons.htm
251. Petitfils, *op. cit.*
252. Chiappe, II, *op. cit*
253. Le Nabour, *op. cit.*
254. *Le Moniteur*, réimp., XVI.
255. Chiappe, II, *op. cit.*
256. Petitfils, *op. cit.*
257. Chiappe, II, *op. cit.*

258. Lever, *op. cit.*
259. Petitfils, *op. cit.*
260. *Ibid.*, p. 669-670; Le Nabour, *op. cit.*
261. Le Nabour, *ibid.*; Chiappe, II, *op. cit.*
262. Petitfils, *op. cit.*
263. Le Nabour, *op. cit.*
264. Godechot, *op. cit.*
265. Le Nabour, *op. cit.*
266. Faÿ, *op. cit.*
267. Godechot, *op. cit.*
268. Le Nabour, *op. cit.*
269. Petitfils, *op. cit.*
270. Lever, *op. cit.*
271. Chiappe, II, *op. cit.*
272. Petitfils, *op. cit.*
273. *Ibid.*
274. Chiappe, II, *op. cit.*
275. Petitfils, *op. cit.*
276. Chiappe, II, *op. cit.*
277. Petitfils, *op. cit.*
278. Lafue, *op. cit.*
279. Le Nabour, *op. cit.*
280. *Ibid.*
281. *Ibid.*
282. Petitfils, *op. cit.*
283. Godechot, *op. cit.*
284. Lever, *op. cit.*
285. Le Nabour, *op. cit.*
286. Petitfils, *op. cit.*
287. *Ibid.*
288. *Ibid.*
289. Le Nabour, *op. cit.*
290. Lever, *op. cit.*
291. Petitfils, *op. cit.*
292. *Ibid.*
293. *Ibid.*
294. Godechot, *op. cit.*
295. *Ibid.*
296. François Furet e Denis Richet, *La Révolution française*. Paris: Marabout, 1979.
297. Petitfils, *op. cit.*
298. Godechot, *op. cit.*

299. Lever, *op. cit.*
300. http://tecfa.unige.ch/~grob/1798/fete696.html
301. Petitfils, *op. cit.*
302. Lafue, *op. cit.*
303. Lever, *op. cit.*
304. Lafue, *op. cit.*
305. Lever, *op. cit.*
306. *Ibid.*
307. Lever, *op. cit.*
308. Petitfils, *op. cit.*
309. *Ibid.*; Viguerie, *op. cit.*
310. Lever, *op. cit.*
311. *Ibid.*
312. Petitfils, *op. cit.*
313. Bernard Vincent, *Thomas Paine ou la religion de la liberté*. Paris: Aubier, 1987.
314. Alphonse Aulard, *Histoire politique de la Révolution française*. Paris, 1901.
315. Mona Ozouf, *Varennes, la mort de la royauté, 21 juin 1791*. Paris: Gallimard, 2005.
316. Petitfils, *op. cit.*
317. Mona Ozouf, *Varennes*, *op. cit.*
318. *Ibid.*
319. *Les collections de l'Histoire*, octobre-décembre 2004.
320. Petitfils, *op. cit.*
321. *Ibid.*
322. Godechot, *op. cit.*
323. Petitfils, *op. cit.*
324. Vincent, *op. cit.*
325. *Ibid.*
326. *Ibid.*
327. *Ibid.*
328. Le Nabour, *op. cit.*
329. Lever, *op. cit.*
330. Godechot, *op. cit.*; Petitfils, *op. cit.*
331. Le Nabour, *op. cit.*
332. Petitfils, *op. cit.*
333. Samuel Beckett, *Théâtre 1*, *Fin de partie*. Paris, Éditions de Minuit, 1971 (réplica de Hamm). [Em português: *Fim de partida*, tradução de Fábio de Souza Andrade. São Paulo, Cosac & Naify Edições, 2002.]
334. Godechot, *op. cit.*
335. Lever, *op. cit.*
336. Petifils, *op. cit.*

337. *Ibid.*
338. Godechot, *op. cit.*
339. Le Nabour, *op. cit.*
340. Petifils, *op. cit.*
341. *Ibid.*
342. *Ibid.*
343. Godechot, *op. cit.*; Petitfils, *op. cit.*
344. Le Nabour, *op. cit.*
345. *Ibid.*
346. Petitfils, *op. cit.*
347. *Ibid.*
348. Lever, *op. cit.*
349. Godechot, *op. cit.*
350. *Ibid.*; Petitfils, *op. cit.*
351. Lever, *op. cit.*
352. Le Nabour, *op. cit.*
353. Petitfils, *op. cit.*
354. Le Nabour, *op. cit.*
355. *Ibid.*
356. Vincent, *op. cit.*; Albert Soboul, *Le procès de Louis XVI*. Paris: Gallimard/Julliard, 1973; Godechot, *op. cit.*
357. Soboul, *op. cit.*
358. Godechot, *op. cit.*
359. Vincent, *op. cit.*
360. *La Tour du Temple. Les derniers jours de Louis XVI et Marie-Antoinette par CLéry, son valet de chambre, l'abbé Edgeworth de Firmont, son confesseur, Marie-Thérèse de France, sa fille*. Paris: Horizons de France, 1942.
361. Lever, *op. cit.*
362. Soboul, *op. cit.*
363. *Ibid.*
364. *La Tour du Temple, op. cit.*
365. Soboul, *op. cit.*
366. Petitfils, *op. cit.*
367. Lever, *op. cit.*
368. Godechot, *op. cit.*
369. *Archives parlementaires*, Paris, 1867-1913, 82 vol., tome LVII.
370. Soboul, *op. cit.*
371. *Ibid.*
372. *La Tour du Temple, op. cit.*
373. Ver especialmente: René Girard, *La violence et le sacré*. Paris: Grasset, 1972; ou, mais recentemente: *Les origines de la culture*. Paris: Desclée de Brouwer, 2004.
374. Petitfils, *op. cit.*

Agradecimentos

Eu gostaria de agradecer especialmente a Nicole Vincent, primeiríssima leitora do manuscrito, e a Simone Bertière, cujo *Marie-Antoinette* ninguém esqueceu e que, também ela, mergulhou nestas páginas. As duas quiseram me beneficiar com sua vigilância e suas sugestões.

Meu reconhecimento igualmente a Mona Ozouf e a Jean-Christian Petitfils, que, em 2005, enquanto eu redigia minha própria obra, tiveram a feliz idéia de publicar dois livros notáveis (*Varennes* da primeira, *Louis XVI* do segundo), cuja competência e rigor me foram de grande ajuda.

B. V.

Sobre o autor

Bernard Vincent é professor emérito de História e Civilização Americana na Universidade de Orléans e ensina na Universidade Ca' Foscari de Veneza. Antigo presidente da Associação Francesa de Estudos Americanos, ele dedicou numerosas obras à história do século XVIII, especialmente à dos Estados Unidos: *Thomas Paine ou la religion de la liberté (Aubier-Montaigne, 1987), Amistad: les mutins de la liberté (Archipel, 1998), Le sentier des larmes: le grand exil des Indiens cherokees (Flammarion, 2002), Présent au monde: Paul Goodman (Bordeaux, L'Exprimerie, 2003).*